UTB

W0378428

**Eine Arbeitsgemeinschaft der Verlage**

Böhlau Verlag · Wien · Köln · Weimar
Verlag Barbara Budrich · Opladen · Toronto
facultas.wuv · Wien
Wilhelm Fink · München
A. Francke Verlag · Tübingen und Basel
Haupt Verlag · Bern
Verlag Julius Klinkhardt · Bad Heilbrunn
Mohr Siebeck · Tübingen
Nomos Verlagsgesellschaft · Baden-Baden
Ernst Reinhardt Verlag · München · Basel
Ferdinand Schöningh · Paderborn · München · Wien · Zürich
Eugen Ulmer Verlag · Stuttgart
UVK Verlagsgesellschaft · Konstanz, mit UVK/Lucius · München
Vandenhoeck & Ruprecht · Göttingen · Bristol
vdf Hochschulverlag AG an der ETH Zürich

Daniel Candel Bormann

# Literatur interpretieren

## Ein Analyse-Tool

Vandenhoeck & Ruprecht

Daniel Candel Bormann wurde 1969 in Barcelona geboren und ist Anglistikprofessor an der Universidad de Alcalá (Spanien). Sein Spezialgebiet hat sich im Laufe der Jahre verlagert: Anfänglich galt sein Interesse zeitgenössischen englischen Romanautoren (u.a. Julian Barnes, Graham Swift und A.S. Byatt) und dem Verhältnis von Natur, Naturwissenschaft und Religion in der Literatur (vor allem im neoviktorianischen Roman). In den letzten Jahren hat er sich vermehrt der Frage zugewandt, wie Literaturtheorie und Pädagogik zu vereinbaren sind. Er hat u.a. bei Peter Lang, *English Studies*, der *ZAA* und *Neophilologus* veröffentlicht.

Mit 53 Abbildungen

Online-Angebote oder elektronische Ausgaben sind erhältlich unter **www.utb-shop.de**

Bibliografische Information der Deutschen Nationalbibliothek
Die Deutsche Nationalbibliothek verzeichnet diese Publikation in der Deutschen Nationalbibliografie; detaillierte bibliografische Daten sind im Internet über http://dnb.d-nb.de abrufbar.



Umschlaggestaltung: Atelier Reichert, Stuttgart
Satz: Ruhrstadt Medien AG, Castrop-Rauxel
Druck und Bindung: CPI books GmbH, Ulm

UTB-Band-Nr. 3852
ISBN 978-8252-3852-0

# Inhalt

# Vorwort

Selbstständiges Denken wird seit dem Bolognaprozess groß geschrieben (Bologna Working Group 2005: 38). Solches Denken schließt Abstraktionen und Modelle ein, geht aber auch darüber hinaus. Wie sich dies in der Praxis auswirkt, ist allerdings nicht immer offensichtlich: Dabei scheint der Übergang vom abstrakten Modell zum Tool, vom Tool zum Skill sowie die Verbindung des Spezifischen – in unserem Falle der Literatur- und Fiktionsanalyse – mit dem Allgemeinen – dem Denken – ein relativ unerforschtes Gebiet zu sein.

Dieser Band erkundet das Gebiet auf praktische Weise, um Studierenden und Interessierten die Literatur- und Fiktionsanalyse als Handwerk oder Kunst zu vermitteln. Wer interpretiert, soll eine Fertigkeit trainieren, die ihn zu einer Art Denkkünstler oder -handwerker macht. Diese Kunst bzw. dieses Handwerk ist im Laufe von fünf Jahren bei zahlreichen Tests an Gymnasien und Universitäten in Deutschland und Spanien ausgereift.

Eine Kunst bzw. ein Handwerk sind weitgehend praxisorientiert. Das hat zur Folge, dass der theoretische Teil nur soweit ausgebaut wurde, wie es für die Praxis nötig ist. Ausführlichere theoretische Erklärungen findet der Leser in Candel (2013a und 2013b).

Drei Anmerkungen erscheinen mir hier noch wichtig: Sie beziehen sich auf Titel, Sprache und den Fachbegriff *Metaphysik*. Obwohl auf dem Cover des Bandes „Literatur interpretieren…" steht, wird hier alles Mögliche analysiert, von Literatur bis zu Filmen, aber auch Cartoons, Kindergeschichten und Werbespots. In diesem Sinne hätte man vielleicht von *Fiktion* anstatt von *Literatur* reden können. Andererseits haben Studierende normalerweise immer noch öfter Literatur- als Fiktionsunterricht, sodass der weit gefasste Literaturbegriff richtiger erschien.

Auch tauchen im Titel dieses Bandes die Konzepte „Analyse" und „Interpretation" auf. Wann wird aber aus einer Analyse eine Interpretation? Wann bleibt sie eine Beschreibung des Textes? Inwiefern kommt all dies einem Verstehen des Textes gleich? Warum? Die Beantwortung dieser Fragen ist äußerst komplex und hängt wahrscheinlich auch vom Leser und seinem Können ab. In diesem Band werden die Begriffe *Analyse* und *Interpretation* auf ziemlich naive Weise verwendet, in der Hoffnung, dass sie dem Leser verständlich sind.

Was die Sprache angeht, geht es mir hier nicht um eine oder mehrere Nationalliteraturen, sondern allgemein um Literaturanalyse. Da ich von Haus aus Anglist bzw. Amerikanist bin, sind die meisten Beispiele der englischsprachigen Literatur entnommen. Es finden sich aber auch Beispiele auf Deutsch, Spanisch und Französisch. Ich habe alle Originalsprachen beibehalten, übersetze fast nie, erwarte aber vom Leser eigentlich nur Deutsch- und Englischkenntnisse. Das Wenige, was nur auf Spanisch oder Französisch vorkommt, wird so erklärt, dass man die Beispiele auch ohne Kenntnis dieser Sprachen versteht.

Wie schon das Cover des Bandes zeigt, wird vornehmlich mit vier Begriffen gearbeitet: Einer davon ist *Metaphysik*. Ich bin darauf hingewiesen worden, dass der Begriff *Übernatur* bzw. *übernatürlich* besser passen würde. Dieser Einwand hat seine Richtigkeit. Andererseits will ich die in der Literaturtheorie gängige Verwendung von Metaphysik als *Metaphysik der Präsenz* (siehe Kapitel 10) nicht missen.

Abschließend möchte ich mich hier noch bedanken, und zwar ganz besonders bei Dr. Ulrike Gießmann-Bindewald. Sie hat von Anfang an an mein Projekt geglaubt und die Erarbeitung des Manuskripts tatkräftig, aber auch geduldig unterstützt und begleitet. Ganz herzlichen Dank auch an Sonja Kirschstein, Sonia Schwärzchen, Robert Böse und Christine Halbach-Suárez, die einzelne Kapitel korrigiert und mein nicht immer fehlerfreies Deutsch veredelt haben. Was im Text immer noch verbessert werden könnte habe natürlich ich zu verantworten.

Mein letzter Dank gilt meiner Familie: Ana Halbach, meine Frau, kennt sich genauso gut mit dem Tool aus wie ich, da sie sich seit fünf Jahren meine Überlegungen anhören und meine Seiten durchlesen musste ... und sich nie beklagt hat. Als Fachdidaktikerin hat sie dem Tool auch eine entscheidende pädagogische Komponente hinzugefügt. Auch meinen Kindern Sara, Juan, Andrés und Ignacio gebührt großes Lob für ihre Geduld. Wie oft haben sie der Mama berichtet, Papa hätte mal wieder vom Tool erzählt. Berta García-Wülfing sei hier auch gedankt; wofür, weiß sie selber.

Madrid, im November 2012 *Daniel Candel Bormann*

## Literatur

Bologna working group on qualifications frameworks. 2005. A Framework for Qualifications of the European Higher Education Area. Copenhagen: Ministry of Science, Technology and Innovation.

Candel Bormann, Daniel. 2013a. Advanced Literacy and the Place of Literary Semantics in Secondary Education: a Tool of Fictional Analysis. *Semiotica.* Im Druck.

–. 2013b. Moving Possible World Theory from Logic to Value. *Poetics Today* 34(1–2).

# *Kapitel 1*
# Das Analysemodell: Grundzüge und theoretische Begründung

*In diesem Kapitel wird*
- *das Analysemodell, mit dem in diesem Buch gearbeitet wird, in seinen Grundzügen vorgestellt, konkret seine vier Dimensionen – Natur, Gesellschaft, Metaphysik und Individualität – und ihre Zuordnung zu den Werten Gut und Böse. Dazu wird ein Auszug aus dem Film* The Man in the Iron Mask *analysiert (Einheit 1–3). Anschließend wird*
- *auf die heutige Problematik der Analyse aufgrund von Modellen Bezug genommen und das Analysemodell unter Berufung auf die Modallogik und die Literatursemiotik, die die theoretischen Grundlagen zum Modell bieten, begründet (Einheit 4).*

## 1. Analysieren ohne Werkzeug

Dieses Buch zeigt, wie man mit einem Analyse-Tool für fiktionale Texte arbeitet. Im Laufe der Kapitel soll dieses Werkzeug zu einer Fertigkeit heranreifen und immer kunstvoller angewendet werden. Noch sind wir aber nicht so weit. In diesem Kapitel möchte ich Sie zunächst einladen zu beobachten, was passiert, wenn man ohne Werkzeug und mit Werkzeug analysiert. Dazu ist eine Aufgabe zu erledigen: Am Anfang des Films *The Man in the Iron Mask* (1997) treffen sich Alexandre Dumas inzwischen etwas in die Jahre gekommenen vier Musketiere D'Artagnan (David Byrne), Athos (John Malkovich), Aramis (Jeremy Irons) und Porthos (Gerard Depardieu). Die Aufgabe besteht darin, den folgenden Auszug zu interpretieren (http://www.dailymotion.com/video/xjzj80_the-man-in-the-iron-mask-01-www-watch32-com_people [ab Min. 2:20]):

*Aramis betet allein in einer Kammer. Porthos, in Begleitung von zwei Prostituierten, öffnet die Tür. Als er sieht, dass Aramis betet, schickt er sie weg.*

**Porthos**: Stop praying and revel with me, Aramis! I need my spirits lifted. I'm old, I'm weak, my strength is gone.

**Aramis**: Porthos! I'm praying [...].

**Porthos**: Are you blind too? I know you're blind, because if you'd seen those tits, you'd have tears in your eyes.

**Aramis**: There's more to life than a good pair of tits.

**Porthos**: Really? If you can name me one thing, one only thing, that is more sublime than the feel of a plump pink nipple between my lips, I'll build you a new cathedral.

**Aramis**: Forgiveness.

**Porthos**: Forgiveness.

*Furzt absichtlich.*

Oh, I'm so sorry, forgive me. Forgive me. *Schlägt Aramis leicht, dann fester.*

Am I forgiven? Am I forgiven?

*Aramis ohrfeigt ihn.*

I can see that your forgiveness isn't sweeter than a plump nipple.

**Aramis** *verzweifelt*: Don't you understand? I'm trying to pray.

**Porthos** *aggressiv*: You're always praying. *Sie raufen. D'Artagnan kommt ins Zimmer; sie hören auf, sich zu raufen, und freuen sich, D'Artagnan zu sehen.*

**Porthos**: D'Artagnan! D'Artagnan! How are you, young pup?

**Aramis**: You interrupted a theological discussion.

**D'Artagnan**: So I see.

**Aramis**: Sit down.

**D'Artagnan**: No, I come upon the king's business. He wishes to see you.

**Aramis**: Still you serve him loyally, even though people throw rotten eggs at his emblem.

**Porthos**: D'Artagnan, look at you! You look so young and I feel so old.

**D'Artagnan**: The king says immediately. *Geht.*

*Später besucht D'Artagnan Athos. Athos ist allein zu Hause und spielt Geige.*

**Athos** *erstaunt und froh*: D'Artagnan!

**D'Artagnan**: You have improved.

**Athos**: It's been so long!

**D'Artagnan**: So it has, my friend.

**Athos**: What's the occasion?

**D'Artagnan**: As you say, it's been too long. [...] I'm sorry I haven't been to see you lately.

**Athos**: Head of the King's bodyguards? Must keep you busy. Especially with this king.

**D'Artagnan**: Still, I should have come more often.

**Athos**: I belong to the past, when grown men wore the uniform.

**D'Artagnan**: At least it gives you the time to practice your violin.

**Athos**: And feel sorry for myself.

## 2. Das Analysemodell: Eine vierdimensionale Welt

Sie sind aufgefordert worden, einen Auszug aus *The Man in the Iron Mask* zu interpretieren. Vielleicht ist es Ihnen dabei so ergangen wie vielen meiner Studierenden, denen ich dieselbe Aufgabe gestellt habe: „Verstehen tu ich den Text schon, aber wie soll ich den Auszug interpretieren? Nach welchen Kriterien? Worauf hin?" Diese und ähnliche Fragen tauchen häufig auf. Sie geben zu erkennen, dass dem bloßen „Interpretieren Sie bitte ...", das vom Leser eine freie Interpretation erwartet, etwas fehlt.

Die Freiheit zu interpretieren, wie einem der Schnabel gewachsen ist, verwandelt sich leicht in Schwerelosigkeit: So wie es im schwerelosen All kein Oben und Unten, kein Links und Rechts gibt, gibt es in der ‚freien' Interpretation kein Richtig und Falsch, kein Besser und Schlechter. Es fehlt der Fixpunkt, an dem man sich orientieren könnte. Ohne Grundlagen kann jeder interpretieren, wie er will. Überdies gibt es die absolut freie Interpretation gar nicht, da beim Lesen ständig Prognosen über die mögliche Welt, die im Text erscheint, aufgestellt werden (Reichl 2009: 102).

Prognosen beim Lesen stellen wir aufgrund von mehr oder weniger reflektierten Modellen auf. Da „fiktionale Texte fiktionale Welten kreieren" (Fludernik 2010: 18), und Interpretation darauf zielt, diese fiktionalen Welten auf grundlegende Weise verständlich zu machen, kann ein Analysewerkzeug damit beginnen, sich ein grundlegendes Modell einer fiktionalen Welt vorzustellen. Dieses sollte für möglichst viele Welten gelten. Ein solches Modell wird auf der nächsten Seite vorgestellt (Abbildung 1). Es teilt die Welt in vier aufeinander bezogene Grunddimensionen auf – Natur, Gesellschaft, Metaphysik und Individualität –, definiert jede dieser Dimensionen und teilt sie weiter auf. Eine ausführlichere Definition und Erläuterung jeder dieser Dimensionen finden Sie in Kapitel 6.

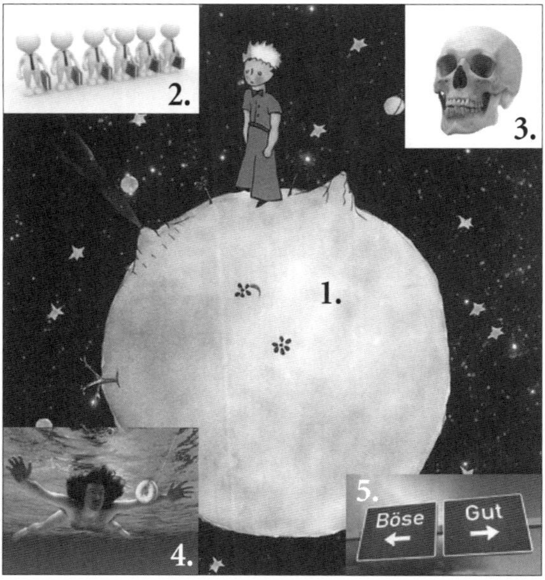


*Abbildung 1: Vier Dimensionen der Welt*

[1] **Natur:** Das große Bild zeigt einen Jungen (den kleinen Prinzen von Saint-Exupéry) auf einem Planeten mitten im Universum. Dieses Universum stellt die natürliche **Außenwelt** dar, ein wildes Ökosystem mit seinen Blumen, seinem Baum und den Vulkanen, aber auch mit den Sternen und Planeten, die es umringen (Taylor 1986: 3), und die **Naturgesetze**, die darin walten (Detel 2007a: 59–60). Es gibt aber auch eine **Innenwelt** in diesem Bild, und zwar im Jungen, seinem Körper sowie den Instinkten und Gefühlen, die sich von innen nach außen ausdrücken: Hunger, Durst, sexuelles Verlangen, Wünsche und Abneigungen (MacIntyre 1999: 68). Diese Dimension nennen wir NATUR. Sie

- stellt die Welt dar, WIE SIE IST und
- wird unterteilt in INNEN- (Körper, Instinkte, Gefühle) UND AUSSENWELT (die wilde ‚grüne' Welt, Naturgesetze).

[2] **Gesellschaft:** Außer der Natur gibt es aber auch andere Dimensionen. Auf dem kleinen Bild oben links (Nr. 2) erkennt man sechs Menschen in Reih und Glied. Menschen sind soziale Wesen, die mit anderen Menschen **zusammenleben**, und dieses Zusammenleben ist nur möglich aufgrund von **Regeln**, die die Menschen aufstellen (Detel 2007b: 39–40). Menschen sind auch ‚Macher': Sie setzen bei der Natur, d.h. der Welt, wie sie ist, an, machen aber etwas aus ihr (Spaemann 1994: 21): **Dinge** (z.B. ein Haus) und **Immaterielles** (z.B. Institutionen, Kultur, Ideen) (Posner 2004). Diese Dimension ist die GESELLSCHAFT. Sie

- stellt die Welt dar, WIE SIE GEMACHT IST,
- äußert sich in der Welt vornehmlich als REGEL.

[3] **Metaphysik:** Über die Grundkonstellation der Welt hinaus – Natur, Gesellschaft – gibt es einiges, was eigentlich gar nicht sein sollte, aber irgendwie doch ist, siehe kleines Bild oben rechts (Nr. 3). Und gerade weil es trotz allem da ist, bietet es die Möglichkeit der **Transzendenz.** Darunter verstehen wir

- Dinge, vor denen wir Angst haben oder die wir letztlich **nicht erklären** können, wie der Tod oder das Böse,
- das **Wunder der Welt,** wie z.B. die Erfahrung einer besonders schönen Landschaft oder die der Liebe,
- das **Übernatürliche,** das ganz **Andere** (Otto 1920).

Viele Menschen glauben nicht an etwas jenseits unserer materiellen Welt. Wir können dieses Etwas akzeptieren, verneinen oder zu erklären versuchen (Levinas 1969: 33–34). Nichtsdestotrotz arbeiten Texte und Kultur sehr oft mit einer transzendentalen Dimension. Darum tun wir gut daran, bei der Analyse an sie zu ‚glauben'. Diese Dimension ist die METAPHYSIK. Sie stellt die Welt dar

- wie sie eigentlich NICHT IST,
- als GEHEIMNIS, als das ANDERE, als ÜBERMACHT und TRANSZENDENZ.

[4] **Individualität:** Irgendwie definieren uns die drei gerade eingeführten Begriffe als Menschen. Ich werde definiert und begrenzt durch

- meinen Körper, meine Gefühle und Instinkte (Natur),
- das Zusammenleben zu Hause oder innerhalb institutioneller Strukturen (Gesellschaft),
- meine Erfahrung von Grenzsituationen wie Geburt und Tod (Metaphysik).

Schauen Sie aber jetzt auf den nackten Schwimmer im Bild unten links (Nr. 4) (von einem Album der Pop-Gruppe Nirvana), der hinter einem weißen Donut her schwimmt. Er ist genau wie wir durch Natur, Gesellschaft und Metaphysik konstituiert. Und doch tut er etwas, was ich (Autor) oder Sie (Leser) wahrscheinlich nicht tun würden. Indem er es tut, zeigt er sich trotz Begrenzung als **einzigartiges** (Ricoeur 1992: 2, 28) **freies** (Pinckaers 1995: 242–43) Individuum. Die Dimension, die er verkörpert, ist die der INDIVIDUALITÄT. Sie stellt

- die Welt in ihrer EINZIGARTIGKEIT dar,
- eine Welt, die ORIGINELL und FREI ist.

[5] **Gut und Böse:** Von Kindesbeinen an teilt der Mensch die Welt in Gut und Böse ein (Egan 1998: 37–38). Diese Grundtendenz zeigt sich auch in der Fiktion, siehe kleines Bild unten rechts (Nr. 5). Dort wird die Welt zwar in Dimensionen aufgeteilt, aber diese neigen dazu, sich um das Konzept ‚Gut' oder ‚Böse' zu gruppieren und somit ‚Bündnisse' und ‚Feindschaften' mit den anderen Dimensionen einzugehen.

## 3. Analysieren mit Werkzeug

Vier Dimensionen – Natur, Gesellschaft, Metaphysik, Individualität – vier Musketiere: Der eine betet, der andere denkt nur an Frauen, der dritte an seinen König, der vierte sitzt allein zu Hause und schmollt. Nun ist es ein Leichtes, den Auszug aus *The Man in the Iron Mask* zu interpretieren. Wir haben nämlich ein Gerüst, in dem jeder der Musketiere eine der vier Dimensionen repräsentiert.

*Abbildung 2: Die vier Musketiere*

- **Aramis** (Jeremy Irons, 2. von rechts) lässt sich der **Metaphysik** zuordnen. Er versucht zu ‚beten', und beten ist ein religiöser Akt, weil er die Verbindung mit dem Übernatürlichen sucht. Religion wird zunächst mal metaphysisch interpretiert.
- **Porthos** (Gerard Dépardieu, 1. von links) denkt eher an Frauen als ans Beten, und identifiziert Frauen mit Sex („tits", „nipple"). Sexualität ist mit dem Instinktleben verbunden, und Instinkt mündet fast zwangsläufig in Natur. Außerdem furzt Porthos auch. Er erfüllt seine natürlichen Bedürfnisse ohne Rücksicht auf andere. Er steht für **Natur**.
- **D'Artagnan** (David Byrne, 2. von links) nimmt als Kapitän der Musketiere einen wichtigen Platz in der Hierarchie eines gesellschaftlichen Systems ein. Außerdem erfüllt er gewissenhaft seine Pflicht – „still you serve him [the king] loyally" – und obwohl er sich freut seine Freunde zu sehen, sind die Befehle des Königs „immediately" zu befolgen. Die Akzeptierung der Hierarchie und das Einhalten der Normen ordnen D'Artagnan der **Gesellschaft** zu.
- **Athos** (John Malkovich, Mitte) ist das Kontrastprogramm zu D'Artagnan. Er sitzt alleine zu Hause, spielt Geige und „feels sorry for [him]self". Er war einmal Musketier – „I belong to the past" – ist aber jetzt in den Ruhestand getreten und fühlt sich einsam. Die Abgrenzung von der Gruppe und das Gefühl der Einsamkeit – Einsamkeit ist eine der Gefahren des Einzelnen – lassen in ihm Elemente der **Individualität** erkennen.

Jeder Musketier verkörpert also eine Dimension. Damit wäre aber die Analyse noch lange nicht am Ende.

1. Zum einen wollen wir ja nicht einzelne Figuren, sondern eine ‚ganze Welt' analysieren. In einer Welt stehen Figuren und somit die Dimensionen, die diese repräsentieren, in wechselseitigen Verhältnismustern, mit denen man sich auseinandersetzen müsste. Würden wir den ganzen Film analysieren, würden diese Muster auch komplexer aussehen, weil sich z.B. eine Aufteilung der Welt in Gut und Böse herauskristallisieren würde, die ihrerseits eine Neuverteilung der Dimensionen ergeben würde. Im Auszug, der uns beschäftigt, erscheinen nur die Guten, weshalb uns diese Aufteilung hier erspart bleibt.

2. Ein zweites Problem unserer Analyse ist, dass sie nicht hinterfragt, warum jeder der vier Musketiere die ihm zugeordnete Dimension verkörpert. Bei D'Artagnan würden wir z.B. herausfinden, dass sein gesellschaftlicher ‚Drang' darauf zurückzuführen ist, dass der König sein Sohn und die Königsmutter seine Geliebte ist. Bei Aramis würde sich wahrscheinlich seine metaphysische Zugehörigkeit als Konsequenz seiner Schuldgefühle entpuppen (diese sind ja schon im Wunsch nach „forgiveness" angedeutet), denn Aramis hat vor vielen Jahren den Zwillingsbruder des Königs eingesperrt und muss dafür sühnen. Bei Athos ist wahrscheinlich der Tod seiner Frau für sein zurückgezogenes Leben verantwortlich. Nur bei Porthos ist Natur durch nichts motiviert. Er ist durch und durch Natur. Die Problematik der Natur werden wir in Kapitel 4, die der Motivation in Kapitel 5 angehen.

Wie wir sehen werden, ist eine Interpretation viel mehr als nur ein Zuordnen von Dimensionen auf fiktionale Figuren. Solche Zuordnungen sind aber ein wichtiger Anfang.

Ein kleiner Hinweis noch: Bei der Analyse von Porthos ist es relativ einfach, über die Sexualität zu Porthos Naturverhaftung zu gelangen, da sie sich in direktem Widerspruch zu Aramis Religiosität zeigt. Dafür ist es schwerer, Porthos Furzen als Natur zu interpretieren. Es fehlt nämlich der direkte Gegensatz zu Aramis. Hier äußert sich Natur nicht als Gegensatz, sondern in dem, was fehlt, nämlich (soziale) Rücksicht auf Aramis.

# 4. Theoretische Untermauerung des Modells

## 4.1 Zur Analyse mit Modellen

Gültige Grundlagen für eine Interpretation zu finden, ist natürlich nicht einfach. Texte wie Interpretationen haben etwas mit Wirklichkeitsvorstellungen und Weltbildern zu tun. Wirklichkeitsvorstellungen schließen aber ein moralisches und ideologisches Element ein, das man in pluralen, demokratischen Gesellschaften nur schwer verallgemeinern kann und deshalb lieber umgeht, weil jeder ein Recht auf seine eigene Meinung hat. Die Literaturwissenschaft hat sich nicht zuletzt deshalb in den letzten Jahrzehnten entweder auf – notwendige – politisch engagierte (z.B. Postkolonialismus oder Gender Studies) oder technisch raffinierte, aber wertneutrale kritische Ansätze (z.B. [Post-]Strukturalismus, Narratologie, Stilistik) spezialisiert. Diese Ansätze haben uns um wichtige Interpretationsmöglichkeiten und Wirklichkeitsdarstellungen bereichert. Es blieben aber auch Aspekte der Wirklichkeit verhüllt.

Die Problematik der Grundlagen hat sich verschärft, seitdem das modellhafte Denken in der Literaturtheorie vermehrt unter Druck gekommen ist. Systematisches Denken, Lernen und Analysieren basiert auf Modellen (Bransford 2000: 16–17). Seit einigen Jahren wird der Literaturtheorie unterstellt, Texten einfach Modelle überzustülpen und so ihre Komplexität zu reduzieren. Der Text wird der Sprache und Struktur des

Modells angepasst, wobei die nicht anpassungsfähigen Elemente des Textes einfach ausgeblendet werden. Im schlimmsten Fall dient die Interpretation einfach der Bestätigung des Modells und nicht dem Verständnis des Textes (Cunningham 2002, Eagleton 2004). Als Leitsatz muss deshalb immer das hier für die Textanalyse minimal angepasste Zitat gelten:

> It is no use reducing *A* to *B* if you have to misrepresent *A* so much in doing it that your conclusions plainly don't apply to the [text]. [...] the logical point of reduction is to unify the conceptual scene. But this cannot work unless the details of that scene are still recognisable. (Midgley 1994: 16)

Und doch kommen wir, wie schon gesagt, bei der Interpretation ohne Modelle nicht aus. Sie sollten aber den Text nicht um seinen Sinn bringen und auch keinen Aspekt der Wirklichkeit umgehen. Auch müssten sie imstande sein, andere schon existierende Modelle zumindest in ihrer Grundstruktur einzubeziehen. Um dies zu ermöglichen, sind mehrere Schritte nötig. Ein erster Schritt ist die Suche nach einem Modell, das elementar ist. Elementare Modelle neigen dazu, einfach zu sein. Dies kann ein Nachteil sein, wenn sich zeigt, dass das Modell die Wirklichkeit vereinfacht. Zum Vorteil wird es dann, wenn elementar auch mit grundlegend übersetzt werden kann.

## 4.2 Der Hintergrund zum Modell: Literatursemiotik und Modallogik

Ist das Modell, das hier präsentiert wird, grundlegend? Warum dieses Modell und nicht ein anderes? Elementare Modelle gibt es nämlich viele, prinzipiell kann jeder Gegensatz abstrakter Werte zum Modell entwickelt werden: Chaos und Kosmos, Mann und Frau, Gut und Böse, Tier und Mensch. Andererseits kann ein Modell mehr oder weniger Vorteile für die Analyse erbringen.

Das Modell, mit dem hier gearbeitet wird, birgt eine Reihe von Vorteilen. Der wichtigste ist von der Argumentation her eher fachspezifisch: Das Modell stützt sich auf die Modalitäten der Literatursemiotik, die ihrerseits aus der Modallogik, einer Schnittstelle zwischen Linguistik, Philosophie und Logik, schöpft. Unser Modell ist ideologisch behaftet und deshalb in seiner Anwendungsbreite begrenzt, denn Wörter wie *Natur*, *Gesellschaft* oder *Metaphysik* sind nicht wertneutral. Was als natürlich zählt, ist oft einfach vernünftig, wie auch unser kollektives Bewusstsein manche sozialen Strukturen als natürlich ausweist. Hingegen sind die Begriffe, die die Modalitäten der Literatursemiotik benutzen, wertneutraler und somit allgemeingültiger. Warum sich aber dann nicht gleich für einen wertneutralen Ansatz entschließen? Wenn man einen Text mit wertneutralen Begriffen zu erfassen versucht, interpretiert man ihn nicht so sehr, als dass man ihn beschreibt, denn wertneutrale Fragen ergeben wertneutrale Antworten. Interpretation in der Fiktion ist nicht wertneutral, weil der Mensch nicht wertneutral ist. Deshalb ist ein ideologisch behafteter Ansatz für die Analyse unumgänglich, auch wenn er nicht ungefährlich ist, denn er ist begrenzt und ideologisch nicht immer ganz durchsichtig. Deshalb ist aber auch wiederum der Bezug zu einem allgemeingültigeren Teil der Literaturtheorie interessant. Beim Analysieren gibt es immer wieder Momente, in denen nicht ganz klar ist, ob ein gewisses Element so oder so interpretiert werden soll. Der Rückgriff auf die Modallogik hilft, uns in diesen Momenten Klarheit zu verschaffen.

Die Modallogik studiert die elementaren Weisen, in denen die Welt sich dem Menschen in der Sprache darbietet. Die Welt wird als eine Ansammlung von Dingen oder Sachverhalten verstanden. Diese Dinge äußern sich ‚modal', weil es sie nicht einfach geben muss. Manche Dinge müssen sein (z.B. Mehl im Brot), andere können (Mohn auf dem Brot) oder können nicht sein (blauohriges Brot), manche Dinge kommen häufig (ein Brotstück), andere selten (ein Lottogewinn) vor, können gut oder böse sein usw. Wir befinden uns auf einer logischen, also teils mathematischen, teils philosophischen Basisstufe des Wissens. Für die Analyse ist der Vorteil solcher Basisstufen, dass sie uns erlauben Vordergründiges zu hinterfragen, ohne selbst hinterfragt zu werden. Bei Basisstufen gibt es nämlich nicht so leicht ein ‚Dahinter' (auf solchen Basisstufen ist auch der Unterschied zwischen einer Interpretation und der Bedeutungsstruktur eines Textes nicht immer klar). Die letzte Tiefe der Analyse ist zunächst einmal in den Fachausdrücken unseres Analysewerkzeugs und den Möglichkeiten, die ihre Anordnungsbeziehungen bieten, zu finden.

Innerhalb der Modallogik gibt es eine ganze Reihe von Modalitäten. Für unser Modell sind die folgenden drei und die polaren Gegensätze, aus denen sie gebildet werden, wichtig:

| Modalität | Alethisch | Deontisch | Axiomatisch |
|---|---|---|---|
| Polarität | notwendig | geboten | gut |
| | unmöglich | verboten | böse |

*Abbildung 3: Modalitäten*

Dinge können [a] sein (notwendig) oder nicht sein (unmöglich), [b] geboten oder verboten sein, [c] gut oder böse sein. Der Fachbegriff für den ersten Gegensatz ist *alethische*, der für den zweiten *deontische* (von Wright 1951: 2–3), der für den dritten *axiomatische* oder *evaluative Modalität* (Rescher 1968: 24–25). Diese Modalitäten sind von Doležel (1998: 114–25) erstmals für die literarische Analyse benutzt worden.

Die Art und Weise, in der sich uns eine Welt konkret anbietet, ist nicht zwingend. Man kann sich Welten vorstellen, die gar nicht existieren. Darum redet man bei der Modallogik auch gern von „möglichen Welten" (Kripke 1963). Da die Fiktion in gewisser Weise auch mögliche Welten schafft, hat dieses Konzept in der Literaturwissenschaft Fuß gefasst (Doležel 1998: 14).

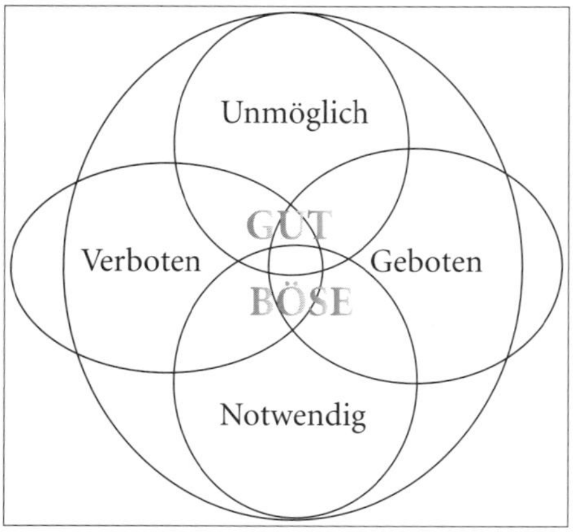


*Abbildung 4: Modale Polaritäten*

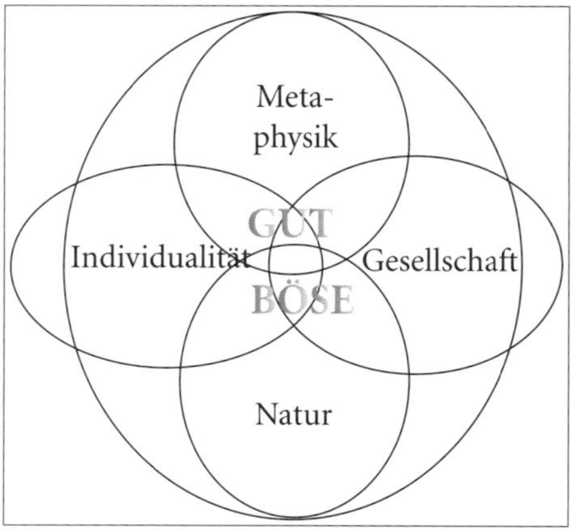


*Abbildung 5: Philosophische Termini*

In dem Modell, das uns hier beschäftigt, werden die alethische, deontische und axiomatische Modalität in ‚eine Welt' zusammengefügt. Für die Analyse ist es natürlich von Vorteil, sich mit einer Welt anstatt mehreren Welten zu befassen (Abbildung 4). Anschließend werden die modalen Fachausdrücke in einfache philosophische Termini übersetzt (Abbildung 5), um Wörter zu benutzen, die Schlüsselbegriffe für weite, in unserer Kultur gängige Bedeutungsbereiche bilden.[1] Diese Bedeutungsbereiche bilden *semantische Räume*. Will man z.B. Robinson Crusoes Handeln auf der einsamen Insel interpretieren, so bietet es sich eher an, von einer ‚Zivilisierung bzw. Vergesellschaftung der Natur' als von der ‚Aufsetzung eines Gebotes auf die Notwendigkeit' zu reden. Dabei ist der erste der beiden Sätze nicht nur leichter verständlich; die Idee der ‚Zivilisierung der Natur' hat auch im westlichen Denken ihren Sitz im Leben.[2] Auf jeden Fall reden wir anstatt von Modalitäten nun von semantischen Räumen (Titzman 2003: 3082). Die Begriffe *semantischer Raum* und *Dimension* sind in diesem Lehrbuch austauschbar.

## 4.3 Weitere Vorteile des Modells

Ein weiterer Vorteil besteht in der kulturellen Bedeutung des Modells. Im 4. Jh. v. Chr. gibt es bei Aristoteles schon einen dreiteiligen Vorläufer. Aristoteles redet von den „Drei

1 Was das Verhältnis zwischen Individualität und dem Verbot angeht, siehe Zusatzaufgabe in Kapitel 6 und Candel (2013).

2 In diesem Buch wird übrigens westliches Denken und westliche Semantik gegenüber anderem Denken und anderer Semantik bevorzugt, weil in der Fachliteratur davon ausgegangen wird, dass die Semantik im Großen und Ganzen mit westlichen Denkmustern arbeitet (Li 2011). Dies wird sich in kommenden Jahren sicherlich ändern.

Lebensweisen [...], die vor den anderen hervortreten: das [Genussl]eben [...], dann das politische Leben und endlich das Leben der philosophischen Betrachtung“ (2004: 1095b). Die vierteilige Variante muss auf Augustinus im 4. Jh. n. Chr. warten. Bei ihm heißt es, „vier sind die Dinge, die man lieben soll – als Erstes das, was über uns ist; als Zweites uns selber; als Drittes das, was neben uns ist, und viertens das, was unter uns ist“ (1994: 1.23.22, Übersetzung des Autors). Die vier Dimensionen tauchen bis in unsere Zeit auf vielfältige Weise immer wieder auf. Wie wir später noch sehen werden (Kapitel 4), kann man den Beginn der Moderne bei ebendieser augustinischen Ergänzung und einer neuen Auswertung der einzelnen Dimension sehen, da jede Epoche jedes der ‚Dinge‘, die man lieben soll, auf unterschiedliche Weise wertet (für eine typisch moderne Wertung siehe Todorov 1998).

Neben dem kulturellen Vorteil gibt es noch eine Reihe kognitiver und pädagogischer Vorteile. Auch hier muss der Leser im Allgemeinen auf später vertröstet werden, obwohl man einen Vorteil schon einmal vorwegnehmen kann: Man könnte sagen, dass unser Verstand am ökonomischsten, aber auch am bequemsten arbeitet, wenn er binär vorgeht. Im Alltag wie in der Interpretation benutzt er mit Vorliebe binäre Oppositionen: schwarz – weiß, plus – minus, gut – böse. Sie stellen die einfachsten und gebräuchlichsten Strukturen unseres Denkens dar (Egan 1998: 37–38; Chandler 2007: 109). Das Modell, das wir benutzen werden, arbeitet auch mit Gut und Böse, teilt die Welt also auch in binäre Gegensätze auf. Indem es aber jeder dieser Kategorien mindestens eine und höchstens drei Dimensionen zuordnet, die zudem noch untereinander auf verschiedenste Weise verbunden sind, fordert es unseren Verstand, über seine binäre Bequemlichkeit hinauszugehen. Von zwei auf vier Variablen aufzustocken, stellt kognitive Forderungen an den Leser und erlaubt ihm, über seine Bequemlichkeit hinaus tiefer in den Text hineinzugehen.

## 5. Übungsaufgabe

Analysieren Sie die Jeans-Reklame (Abbildung 6) mithilfe des Analysemodells (der Text der Werbung braucht dabei nicht in Betracht gezogen zu werden). Fallen Ihnen andere Modelle ein, mit denen man diese Reklame analysieren könnte?

*Abbildung 6: Bildsprache in der Werbung*

## 6. Literatur

*Grundlegend*
Aristotle. 2004 [4th c. BC]. *The Nichomachean Ethics.* London: Penguin.
Augustinus. 1994 [397]. *On Christian Doctrine.* James J. O’Donnell (ed.) http://www9.georgetown.edu/faculty/jod/augustine/ddc.html.

Bransford, John D. / Brown, Ann L. / Cocking, Rodney R. 2000. Learning: from Speculation to Science. John D. Brown et al. (eds.), *How People Learn: Brain, Mind, Experience, and School.* Washington: National Academy P, 1–28.

Candel Bormann, Daniel. 2013b. Moving Possible World Theory from Logic to Value. *Poetics Today* 34(1).

Chandler, Daniel. 2007. *Semiotics: The Basics.* London: Routledge.

Cunningham, Valentine. 2002. *Reading after Theory.* Oxford: Blackwell.

Detel, Wolfgang. 2007a. *Grundkurs Philosophie: Metaphysik und Naturphilosophie.* Bd. 2. Stuttgart: Reclam.

– . 2007b. *Grundkurs Philosophie: Philosophie des Sozialen.* Bd. 5. Stuttgart: Reclam.

Doležel, Lubomír. 1998. *Heterocosmica: Fiction and Possible Worlds.* Baltimore: Johns Hopkins UP.

Eagleton, Terry. 2004. *After Theory.* London: Penguin.

Egan, Kieran. 1998. *The Educated Mind: How Cognitive Tools Shape Our Understanding.* Chicago: Chicago UP.

Fludernik, Monika. 2010. *Erzähltheorie: eine Einführung.* Darmstadt: WBG.

Kripke, Saul A. 1963. Semantical Considerations on Modal Logic. *Acta Philosophica Fennica.* (16), 83–95.

– . 1980. *Naming and Necessity.* Cambridge: Harvard UP.

Levinas, Emmanuel. 1969. *Totality and Infinity: an Essay on Exteriority.* Pittsburgh: Duquesne UP.

Li, Youzheng. 2011. Nonwestern Semiotics and its Possible Impact on the Composition of Semiotics Theory in the Future. *Semiotica* 187 (1/4): 229–237.

MacIntyre, Alasdair. 1999. *Dependent Rational Animals: Why Human Beings Need the Virtues.* Chicago: Open Court.

Midgley, Mary. 1994. *The Ethical Primate: Humans, Freedom and Morality.* London: Routledge.

Otto, Rudolph. 1920. *Das Heilige: Über das Irrationale in der Idee des Göttlichen und sein Verhältnis zum Rationalen.* Breslau: Trewendt und Granier.

Pinckaers, Servais. 1995. *The Sources of Christian Ethics.* Edinburgh: T & T Clark.

Posner, Roland. 2004. Basic Tasks of Cultural Semiotics. Withalm, Gloria / Wallmannsberger, Josef (eds.), *Signs of Power, Power of Signs: Essays in Honor of Jeff Bernard.* Vienna: INST, 56–89.

Reichl, Susanne. 2009. *Cognitive Principles, Critical Practice: Reading Literature at University.* Vienna: Vienna UP.

Rescher, Nicholas. 1968. *Topics in Philosophical Logic.* Dordrecht: Reidel Publishing Company.

Ricoeur, Paul. 1992. *Oneself as Another.* Chicago: UP of Chicago.

Spaemann, Robert. 1994. *Philosophische Essays.* Stuttgart: Reclam.

Taylor, Paul W. 1986. *Respect for Nature: A Theory of Environmental Ethics.* Princeton: Princeton UP.

Todorov, Tzvetan. 1998. *Le jardin imperfait – La pensée humaniste en France.* Paris: Grasset.

von Wright, Georg H. 1951. *An Essay in Modal Logic.* Amsterdam: North Holland Publishing Company.

*Weiterführend*

Bal, Mieke. 2009. *Narratology: Introduction to the Theory of Narrative.* Toronto: Toronto UP, *Introduction* und *Afterword*, 3–14, 225–229.

(Diskussion zum Unterschied zwischen Theorie und Interpretation.)

Cunningham, Valentine. 2002. *Reading After Theory.* Oxford: Blackwell, Kapitel 3 (*Theory, What Theory?*) und 8 (*Theory Shrinks*): 3–12, 122–139.

(Eine intelligente Kritik modellhaften Denkens in der Literaturtheorie.)

Detel, Wolfgang. 2007. *Grundkurs Philosophie: Metaphysik und Naturphilosophie.* Bd. 2. Stuttgart: Reclam, 59–62.

(Eine kurze Zusammenfassung dessen, was für die theoretische Philosophie ‚Natur' bedeutet.)

Doležel, Lubomír. 1998. *Heterocosmica: Fiction and Possible Worlds.* Baltimore: Johns Hopkins UP, aus Kapitel 5 (*Narrative Modalities*): 114–125.

(Der Vorläufer des Modells, das wir hier benutzen.)

Williams, Raymond. 1988. *Keywords: A Vocabulary of Culture and Society*. London: Fontana, *Individual, Nature* and *Society*, 161–68, 219–224, 291–295.
(Eine kulturhistorische Entwicklung der Begriffe ‚Natur', ‚Gesellschaft', ‚Individualität'.)

## 7. Lösungsvorschlag

Auf dem Werbeplakat sehen wir, wie ein junger Mann und eine junge Frau – beide halb nackt – zwei ältere Geschäftsmänner in Anzug und Krawatte mit gekonnten Karateschlägen – der Junge kickt, das Mädchen boxt – außer Gefecht setzen. Der etwas fülligere Geschäftsmann wird vom jungen Mann so fest geschlagen, dass er weit weg fliegt; der dünnere verliert seine Brille. Wir können auch sehen, wie aus den halb offenen Aktenkoffern Geld herausfliegt. Die Hosen und Schuhe der Geschäftsmänner sind dreckig.

In diesem Bild geht man von der Polarität Geschäftsmänner versus junge Leute aus. Alles an den Geschäftsmännern deutet darauf hin, dass sie die Gesellschaft repräsentieren: Der Anzug mit Krawatte, das Geld, die Brille, aber auch ihr höheres Alter und ihre schlechtere Kondition zeigen, dass sie auf verschiedene Weisen dem Gesellschaftlichen ‚verfallen' sind. Die schmutzigen Hosen und Schuhe kann man als metaphorischen Hinweis interpretieren, dass sie schmutzige Geschäfte machen. Gesellschaft wird also hier als böse gesehen.

Bei den jungen Menschen ist es schwerer, den semantischen Raum zu lokalisieren, der ihnen zugeteilt ist, da sie halb nackt sind. Die nackte Hälfte weist auf Natur, die angezogene auf Gesellschaft. Im Vergleich mit einem Businessanzug ist halb nackt aber naturverhafteter, deshalb verkörpern die beiden jungen Menschen hier die Natur. Zudem sind sie jünger, sportlicher und stärker als die Geschäftsmänner. Auch das deutet auf Natur hin.

Interessanterweise wird diesem Naturkonzept auferlegt, dass es heterosexuell ist (die Geschäftsmänner sind eben Geschäfts-‚Männer'). In einem Kontext, der Homosexualität mit einbezieht, würde Natur wahrscheinlich anders codiert. Die Codierung der Natur ist auch sonst nicht so naiv, da der junge Mann im Vordergrund, die Frau im Hintergrund steht, sein Fußtritt ist stärker als der Schlag des Mädchens und wir sehen ihn von vorne, sie gewissermaßen von hinten. Die einleuchtende Erklärung, dass dies eine Reklame ist und dass deshalb die Brüste des Mädchens verdeckt werden, täuscht nicht darüber hinweg, dass der junge Mann ‚bevorzugt' wird.

Überdies nehmen die beiden jungen Leute metaphysische Züge an. Sie sind viel mächtiger als die Geschäftsmänner, fast allmächtig. Ihre ‚perfekten Körper' und die Mühelosigkeit ihrer Bewegungen wirken choreografiert, was die aufeinander abgestimmten Bewegungen noch verstärken: Wir sehen ihn von vorne, sie von hinten, er kickt, sie boxt, er neigt sich nach vorne, sie nach hinten, ihre nach hinten gezogenen Arme füllen den Raum, den ihre Körper freilassen. Diese ästhetische Komponente, zusammen mit dem Eindruck der Allmacht, verleiht dem Bild und den jungen Leuten eine metaphysische Dimension.

Die beiden stehen sozusagen als Ying und Yang da. Diese ‚Einheit in der Zweiheit' verleiht ihnen einen individuellen Zug, wie auch das Konzept der Freiheit, die im Kampf der Natur mit der sie unterdrückenden Gesellschaft enthalten ist. Trotzdem ist hier zu sagen, dass in dieser Reklame der semantische Raum Individualität relativ schwach ausgebaut ist.

Alles, was diese jungen Leute begleitet – Jugend, Stärke, Komplementarität, Perfektion, Mühelosigkeit, zentrale Stellung auf dem Bild, usw. – wird als Gut bewertet. Die Gesellschaft stellt das dar, was künstlich und überflüssig ist, die Natur (um die metaphysische Komponente erweitert) stellt das Original dar, das, was man wirklich zum Leben braucht. Dazu gehören Jeans. Die Tatsache, dass die jungen Leute nur mit Jeans rumlaufen, lässt Zweifel aufkommen, wer nun der echte Sinnträger der ‚guten' semantischen Räume ist: Sind es die jungen Leute oder die Jeans? Ist das Tragen von Jeans dafür verantwortlich, dass sie so naturverhaftet und ‚allmächtig' sind? Oder sind sie das einfach, und wer so ist, trägt auch solche Jeans? Die Reklame spielt natürlich mit dieser Zweideutigkeit, um unser Konsumverhalten zu steuern.

Was andere mögliche Analysemodelle betrifft, so könnten wir dafür verschiedene Gegensätze wählen, wie z.B. ‚Mann – Frau', ‚Zentrum – Peripherie', ‚jung – alt', ‚nackt – angezogen' oder sogar ‚schmutzig – sauber'. Diese müssten dann das Modell, das hier benutzt wird, berücksichtigen, so wie dieses auch sie in die Diskussion miteinbezieht. Die Frage stellt sich somit, welches Modell am besten als Ausgangsmodell passt. Die meisten der gerade erwähnten Modelle sind alle streng binär und zu spezifisch, um sich gegenüber dem Modell, das hier benutzt wird, zu behaupten: Die Gegensätze ‚jung – alt', ‚nackt – angezogen' und ‚schmutzig – sauber' sind außerdem erst richtig aussagekräftig, wenn sie durch das hier vorgestellte Modell betrachtet werden. Das binäre Paar ‚Mann – Frau' ist sicherlich wichtig und teilweise komplementär zu unserem Modell, fußt aber auch auf diesem Modell und bedarf seiner, um seinen Sinn vollständig zu entfalten. Das Modell ‚Zentrum – Peripherie' ist deshalb nicht zu empfehlen, weil es ein primär räumliches, kulturell schwach Aussagendes ist.

# *Kapitel 2* Schemata

*In diesem Kapitel wird*
- *an drei Experimenten gezeigt, wie sich ein intuitives, passives Leseverständnis durch die weniger intuitiven, aktiven Erwartungen des Lesers ergänzen lässt (Einheit 1).*
- *das kognitive Konzept* SCHEMA, *das die Leseerwartung funktionsfähig macht, kurz erklärt und diskutiert (Einheit 2).*
- *an zwei Bildexperimenten und einem Textbeispiel erläutert, wie Schemata in der Interpretation mit den vier semantischen Räumen anwendbar sind (Einheit 3–4).*
- *ganz kurz diskutiert, ob kulturelle Schemata gelernt oder ins Bewusstsein gerufen werden (Einheit 5).*

## 1. Wie lesen wir? Bottom-up- und Top-down-Strategien

Wenn wir einen einfachen Satz wie „Der Hund springt mich an" lesen, verstehen wir den Satz, weil er, genau wie der Hund, uns sozusagen anspringt: Ich muss zwar lesen können, aber der Prozess der Sinngebung geht vom Satz aus, nicht von mir. Unser intuitives Denken über das Lesen droht, zum passiven Decodierungsprozess zu verkümmern: Leser entziffern den Sinn, der im Text codiert ist.

Diese Art der Verkümmerung kann auch beim Interpretieren passieren. Nach Wochen der Textanalyse lauten die guten Vorsätze der Studierenden oft so: „Nächstes Mal strenge ich mich beim Lesen mehr an." Dieser Vorsatz ist sicherlich gut. Wer dies tut, erwartet aber vom Text, dass er ihn wie unser Hund anspringt, wenn man ihm nur genügend Aufmerksamkeit schenkt. Die Antwort solcher Studierenden kann deshalb nur halb richtig sein, denn wenn man liest, muss man auch wissen,
- dass man etwas sucht,
- was man sucht.

Drei Experimente[3] (Abbildung 7) veranschaulichen die Idee des Lesens als aktiven Suchprozess:

3 Entnommen aus Ur 1996: 139f.; teilweise überarbeitet.

| *Experiment* | *Aufgabe* | *Text* |
|---|---|---|
| Nr. 1 | Versuchen Sie bitte, zu lesen, was rechts handgeschrieben ist. Verstehen Sie den Text? | 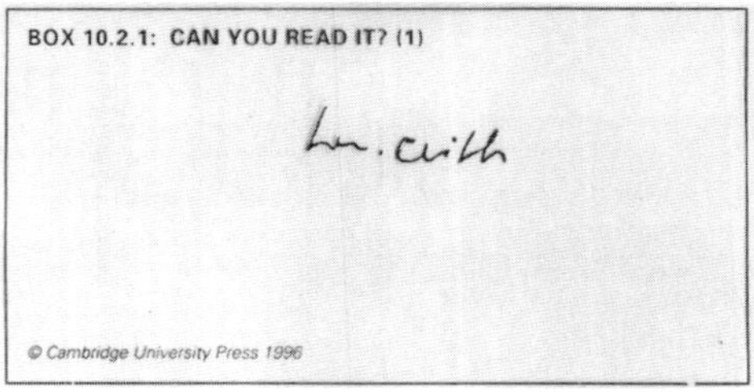  |
| Nr. 2 | Lesen Sie bitte diesen Text schnell. Fällt Ihnen irgendetwas auf? | „Hoch zu **Ross** ritt der tapfere **Prinz** davon, um die schöne **Prinzessin** zu retten. Er ritt bis tief in die **Nacht** hinein, über **Berge** und Täler, **Wiesen** und Gelder, bis sein **Ross** unter ihm zusammenbrach ... Wo war der **Drache**?“ |
| Nr. 3 | Lesen Sie bitte diesen Text. Wovon handelt er? | „Die Handlungsabfolge ist ganz einfach. Zuerst ordnet man alles in verschiedene Stapel, je nach Art. Es kann natürlich auch sein, dass ein Stapel genug ist, je nachdem wie viel zu tun ist. Es ist besser, langsam und vorsichtig vorzugehen, als zu viel auf einmal zu machen. Fehler können einem teuer zu stehen kommen (vor allem bei der Schwiegermutter). Zunächst sieht alles ganz kompliziert aus und man hat keine Lust dazu, aber mit der Zeit wird die Prozedur zu etwas Alltäglichem.“ |

*Abbildung 7: Drei Experimente*

Es könnte sein, dass Sie die eine oder andere Aufgabe beim ersten Durchgang lösen konnten (Experiment 2 ist vielleicht das einfachste). Dies würde Ihnen Lob einbringen, die Aussagekraft der betroffenen Experimente aber nicht unbedingt beeinträchtigen, da wir es hier mit Tendenzen zu tun haben. In diesen drei Experimenten zeigt sich die Tendenz, dass man beim Lesen den Sinn nicht nur passiv aufnimmt, sondern durch Leseerwartungen aktiv in den Leseprozess einbringt (Abbildung 8).

- Beim ersten Experiment entbehrt die unleserliche Textstelle mangels umgebendem Text (Kotext) des Kontexts, und so kann keine Leseerwartung aufgestellt werden. Beim zweiten Durchgang bleibt die Textstelle genauso unleserlich wie zuvor, der Kotext jedoch ermöglicht die Aufstellung von Erwartungen, die den Sinn der unleserlichen Stelle aufdecken.
- Beim zweiten Experiment können wir wegen unserer Leseerwartung „Ritter rettet Burgfräulein vor Drachen“ über den Text hinweglesen, weil wir „Felder“ anstatt „Gelder“ erwarten.

| *Experiment* | *Aufgabe* | *Text* |
|---|---|---|
| Nr. 1 | Lesen Sie bitte noch einmal, was rechts handgeschrieben ist. Verstehen Sie es jetzt? | 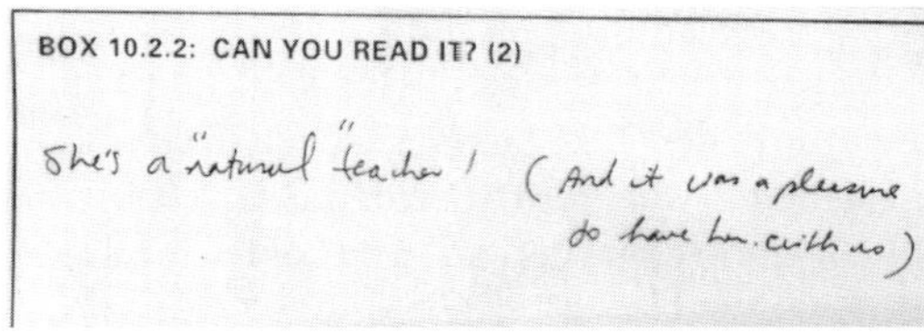 |
| Nr. 2 | Haben Sie gemerkt, dass aus „Felder" „Gelder" geworden ist? | „Hoch zu Ross ritt der tapfere Prinz davon, um die schöne Prinzessin zu retten. Er ritt bis tief in die Nacht hinein, über Berge und Täler, Wiesen und **Gelder**, bis sein Ross unter ihm zusammenbrach ...Wo war der Drache?" |
| Nr. 3 | Der Titel des Textes ist „Wäsche waschen". Verstehen Sie den Text jetzt? | „Die Handlungsabfolge ist ganz einfach. Zuerst ordnet man alles in verschiedene Stapel, je nach Art. Es kann natürlich auch sein, dass ein Stapel genug ist, je nachdem wie viel zu tun ist. Es ist besser, langsam und vorsichtig vorzugehen, als zu viel auf einmal zu machen. Fehler können teuer zu stehen kommen (vor allem bei der Schwiegermutter). Zunächst sieht alles ganz kompliziert aus und man hat keine Lust dazu, aber mit der Zeit wird die Prozedur zu etwas Alltäglichem." |

*Abbildung 8: Auflösungen der drei Experimente*

- Beim dritten Experiment fehlt beim ersten Durchgang wieder eine Leseerwartung, die uns erlaubt, den Text seinem Sinn gemäß zu ordnen. Der Titel bietet uns diese Erwartung, und so erschließt sich im zweiten Durchgang der Sinn des Textes.

Die intuitive Vorstellung also, dass der Sinn eines Textes nur im Text selber liegt, wird durch eine komplementäre Vorstellung ergänzt: Lesen, wie vieles sonst, ist eine zielgerichtete Aktivität, weshalb wir beim Lesen mit Leseerwartungen arbeiten, die uns dazu anleiten, Texte zumindest teilweise zu vervollständigen. Die intuitive Methode nennt man *Bottom-up-* oder ‚Von-unten-nach-oben'-Methode, die weniger intuitive *Top-down-* oder ‚Von-oben-nach-unten'-Methode.

Beide Ansätze sind unabdingbarer Teil des Leseprozesses. Beide korrigieren sich gegenseitig (James 1987: 177–78). Stellen wir uns vor, was passieren würde, wenn wir nur einen der Ansätze akzeptieren würden.

- Die Bottom-up-Methode verlangsamt mangels Erwartungshorizont den Entzifferungsprozess und macht ihn manchmal sogar unmöglich (z.B. bei Experiment 1

und vielleicht 3). Diese Verkürzung des Leseprozesses käme einer Suchaktion nahe, in der wir eifrig suchen, das Terrain auch voller Zeichen ist, wir aber nicht wissen, was wir eigentlich suchen.
- Würde der Leser sich ausschließlich auf die Top-down-Methode konzentrieren, würde er den Text ganz vernachlässigen und sich bei der Interpretation nur auf die eigenen Erwartungen berufen. Dies käme einer Suchaktion nahe, indem wir glauben, schon etwas gefunden zu haben, nur weil wir wissen, was wir zu suchen haben.

Wir werden uns im Folgenden auf den Top-down-Ansatz im Rahmen unseres Analysemodells konzentrieren, gerade weil er weniger intuitiv ist. Am Schluss kommen wir kurz auf den Bottom-up-Ansatz zurück, um Fehlentwicklungen in der Analyse und Interpretation zu vermeiden.

## 2. Erwartungshorizonte / Schemata

In der Fachliteratur sind Leseerwartungen vonseiten der Literaturwissenschaft wie der Kognitionswissenschaft unterschiedlich benannt worden. Erstere gehen von einem „Erwartungshorizont“ (Jauss 1967: 31), Letztere von „Schemata“ (Bartlett 1932) aus. Erwartungshorizonte sind allgemeine historisch-kulturelle Erwartungen, die der Leser an den Text heranträgt. Schema ist ein kognitiver Begriff und stellt deshalb eine spezifischere, technischere Erwartung dar. In diesem Lehrbuch sind beide Fachausdrücke gegeneinander austauschbar und bezeichnen eine Leseerwartung, die historisch-kulturelle Ansätze der Literaturwissenschaft mit den technischen Erwartungen des Kognitivismus verbindet.

Während die Idee des Erwartungshorizontes dank ihres allgemeinen Charakters für Literatur- und Kulturwissenschaftler nicht anstößig wirkt, ist die technisch angehauchte Schema-Theorie größerer Kritik ausgesetzt. Sie läuft nämlich Gefahr, den Leseprozess formalistisch und, wie das Wort schon andeutet, ‚schematisch‘ anzugehen. Dies ist vor allem so, je mehr sich das Konzept ‚Schema‘ der Kultur öffnet. Kultur ist idealiter so reichhaltig, dass es reduktionistisch, ja geradezu lächerlich erscheint, sie mit Schemata begreifen zu wollen. Dieser Schwachstelle schematischen Denkens werden wir in Kapitel 3 größere Aufmerksamkeit widmen müssen.

Andererseits ist schematisches Denken bei der Literaturanalyse gar nicht so verkehrt, wenn wir von der Kognition und vom Leseprozess und nicht der literarischen Analyse ausgehen (Reichl 2009: 37–39):
- Die Erfassung der Wirklichkeit durch Lebewesen, auch Menschen, ist äußerst selektiv und ökonomisch. Die Wirklichkeit bietet uns eine Unmenge potenzieller Reize an, von denen wir nur verhältnismäßig wenige aufnehmen: Einerseits die, für die wir überhaupt physiologisch empfänglich sind (Nagel 1974; Hayles 1993), dann aber auch die, die wir brauchen, um die Umwelt zu ordnen (Carroll 2004: 157). Dies scheint auch beim Lesen so zu sein, sodass Leser sich vornehmlich darauf beschränken, das zu registrieren, was Sinn ergibt (Hörmann 1994: 193–197; Christmann / Schreier 2003: 271).

- Der Leseakt selbst ist eine verhältnismäßig schnelle Tätigkeit. Wie wir gesehen haben, droht Textverständnis oft dem mechanischen Entzifferungsprozess vorauszugehen. Um das Tempo dieser Aktivität zu bewahren, müssen fundamentale Erwartungen des Lesers relativ einfach gestrickt bleiben (Reichl 2009: 39).

Man kann deshalb von tendenziell schematischen Welten, die ein Leser in einem Text voraussetzt, ausgehen. Was letztendlich der Text diesem schematischen Denken des Lesers wirklich entgegensetzt, kann natürlich anders aussehen.

Schriftsteller tun aber gut daran, die Schemata ihrer Leser, die ja auch teilweise die der Autoren sind (sind sie doch auch selber Leser), nicht gänzlich zu missachten. Solch eine Missachtung kann Leser dazu führen, sich frustriert vom Text abzuwenden, da ihre Erwartungen nicht erfüllt werden. Kommunikation und Verstehen beruhen ja immer auf einer empfindlichen Mischung aus alter und neuer Information (Reichl 2009: 24). Zuviel des Neuen verwirrt den Leser. Anonymität und/oder Armut der Schriftsteller zu Lebzeiten können die Folge sein. Die ursprüngliche Bedeutungslosigkeit und jetzige Anerkennung großer Schriftsteller wie Blake, Poe, Melville, Dickinson, Dostojewski oder Kafka beruht natürlich darauf, dass sie ihrer Zeit voraus waren. Man kann aber unter anderem auch argumentieren, dass sie ihren Lesern keine Zugeständnisse machten, indem sie z.B. deren Schemata nicht folgten.

## 3. Leseerwartung bezüglich der vier semantischen Räume

*Abbildung 9: Experiment 1*

Allgemeingültige Prozesse wie der der Leseerwartung müssen im Analyse-Tool so weit wie möglich eingebaut werden, um das benutzte Modell mit dem Leseprozess, so wie wir ihn uns heutzutage vorstellen, zu harmonisieren. Die Textinterpretation kann keine anderen Wege als der Leseprozess gehen, sondern muss auf ihm fußen. Erwartungshorizonte oder Schemata müssen also ein Teil des Inventars des Tools werden. Dass der schnelle Leseprozess auf eine Vereinfachung der Textwelten drängt, ist hier von Nutzen. Wie das im Einzelfall aussehen kann, wird jetzt an zwei weiteren Experimenten gezeigt: Ordnen Sie bitte jedes Bild einer der vier Dimensionen zu (Abbildung 9).

Vier Bilder, vier Dimensionen. Sie befinden sich vor einer ähnlichen Aufgabe wie in Kapitel 1, als Sie die vier Musketiere den vier Dimensionen zuordnen mussten. Der Schwierigkeitsgrad ist auch nicht größer und so ist es relativ leicht, Bild 1 der Individualität, Bild 2 der Natur, Bild 3 der Gesellschaft und Bild 4 der Metaphysik mit nahezu hundertprozentiger Wahrscheinlichkeit zuzuordnen. Das heißt zunächst einmal, dass Sinngebung möglich ist, wenn wir bewusst mit dem Schema unserer vier semantischen Räume arbeiten.

Das Experiment zeigt uns aber zwei weitere Dinge. Zum einen, dass wir es hier wortwörtlich mit ‚Sinn-Gebung' zu tun haben. Das Schema, das wir benutzen, legt dem Text Bedeutungen auf. Wenn ich Studierenden dieses Beispiel vorsetze, so ordnen sie normalerweise zuerst Bilder 2 bis 4 ihren Dimensionen zu, und erst dann nehmen sie es mit Bild 1 auf. Das heißt, dass die letzte Zuordnung etwas weniger intuitiv als die übrigen ist – und eher Resultat eines Eliminierungsprozesses: Es bleiben keine Dimensionen mehr übrig, also wird es wohl die Individualität sein müssen. Dies wiederum bedeutet, dass man einen gewissen semantischen Druck des Ganzen auf das Einzelteil erwarten kann.

Die zweite Einsicht folgt aus der ersten: Bild 1 ist weniger intuitiv, weil aus der Sicht unserer semantischen Räume die Idee des Schlangenmenschen komplex ist. Die Gummifrau auf dem Foto kann sicherlich der Individualität zugeordnet werden, weil sie etwas tut, was ihr so leicht keiner nachmacht. In diesem Sinne beweist sie, dass sie einzigartig ist. Andererseits ist dieses Können aufs Engste mit ihrem Körper verbunden. Was sie kann, kann sie, weil sie eine natürliche Fähigkeit besitzt. Wir sind demnach von der Individualität auf die Natur gekommen. Ist diese Fähigkeit aber angeboren oder ist sie das Ergebnis jahrelangen Trainings? Ist Letzteres der Fall, dann können wir nicht mehr von Natur reden und müssen auf Gesellschaft umsatteln, da Training eine gewollte, auf Lernen und Verbesserung gerichtete Aktivität ist und progressives Lernen eigentlich auf Sozialisation drängt.

Was mit Bild 1 auf radikale Weise passiert, finden wir ansatzweise in Bild 2 und 3 vor. Die Landschaft in Bild 2 ist eindeutig als Natur zu erkennen. Die Schönheit, die Stille, Ruhe und Weite, die dieses Bild begleiten, deuten aber auch auf etwas, was Natur transzendiert und sich deshalb in Richtung Metaphysik bewegt. Die Menschenmenge auf Bild 3 weist auf Gesellschaft hin. Die Freude der Menge, die außerdem aus (präsozialisierten) Kindern besteht, zeigt aber auch, dass hier Gefühle und somit Natur stark in den Vordergrund treten.

Wie ‚intuitiv' und ‚weniger intuitiv' zu verstehen ist, zeigt uns auch folgendes Beispiel, in dem Sie wieder gebeten werden, Dimensionszuordnungen zu jedem der Bilder durchzuführen (Abbildung 10):

*Abbildung 10: Experiment 2*

Dieses Beispiel ist genauso einfach wie die vorigen: Bild 1 steht für Natur, Bild 2 für Metaphysik, Bild 3 für (naturverhaftete) Gesellschaft und Bild 4 für Individualität. Auch in diesen vier Bildern gibt es mehr oder weniger intuitive Dimensionszuordnungen. So ist im Allgemeinen die Interpretation ‚Katze = Natur' intuitiv, aber genauso ist es die Interpretation ‚Katze = Individualität'. Wer eine Katze hat und sie mit einem Hund vergleicht, weiß, wie eigensinnig Katzen oft sind. Die Interpretation ‚Katze = Gesellschaft' ist deswegen auch nicht sehr häufig. Bei Bild 3 ist sie aber möglich, weil der Kontext des Bildes (Hund, sich räkelnde Katze) unser Schema ‚Katze = Natur' oder ‚Katze = Individualität' korrigieren kann. Automatische Schemata lassen sich demnach durch einen geeigneten Kontext umgehen und umformen (Titzman 2003: 3047, 3063).

Die metaphysische Interpretation von Bild 2 zeigt auch Neues. Was für unsere Kultur intuitiv ist, braucht der Intuition anderer Kulturen nicht zu entsprechen. Für uns ist die Katze ein Tier, also Natur, für die Ägypter war sie ein Gott, also Metaphysik. Schemata sind kulturspezifisch.

Zusammenfassend können wir sagen, dass schematisches Denken mit Bezug auf die vier semantischen Räume durchaus sinnstiftend sein kann. Dabei muss aber auch eingeräumt werden,

- dass die Schemata, die wir benutzen, selbst Sinn erzeugen können, indem sie einen gewissen Druck bei der Interpretation ausüben.
- dass es intuitive und weniger intuitive Dimensionszuordnungen gibt, (aber auch, dass Dimensionszuordnungen in purer Form labil sind und leicht in das semantische Feld anderer Dimensionen eindringen).
- dass intuitive Dimensionszuordnungen keines Kontexts bedürfen, weniger intuitive Dimensionszuordnungen aber kontextbedingt sind.
- dass das, was wir für intuitiv halten, kulturbedingt ist und deshalb unterschiedliche Kulturen unterschiedliche ‚Intuitionen' und ‚Leseerwartungen' haben.

## 4. Vom Bild zum Text

Was hier mit Bildern gezeigt wurde, lässt sich auch mit Wörtern und Texten machen (Abbildung 11).

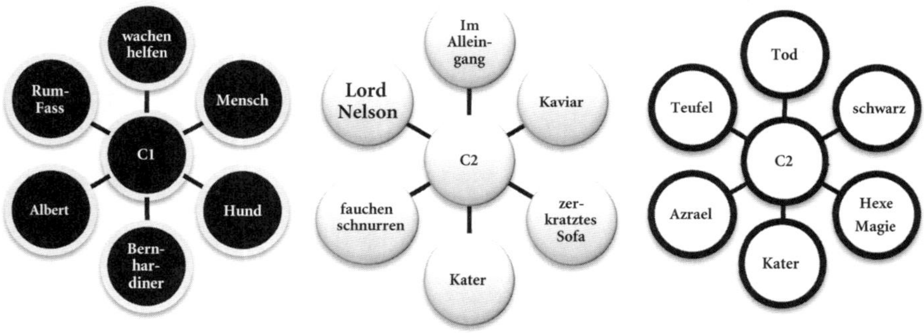


*Charakter 1 (C1): Gesellschaft* | *Charakter 2 (C2): Individualität* | *Charakter 3 (C3): Metaphysik*

*Abbildung 11: Charakterdiagramm*

Stellen wir uns vor, das Diagramm oben sei Teil einer Geschichte, die von zwei Katern und einem Hund handelt. Die Wörter, die jedes der Tiere umringen, sind dann Teil der Beschreibung der einzelnen Tiere in der Geschichte, z.B. bei Charakter 1 (C1):

> **Albert,** der **Bernhardiner,** pflegte jeden Morgen mit seinem **Rumfass** in die Berge zu gehen, um **Wache** zu halten und **Menschen** zu **helfen**, die von Schneelawinen überrollt worden waren.

Die Wörter, die Albert umringen und in der Beschreibung auftauchen, bilden einen Kotext, der uns erlaubt, Albert besser zu definieren. Dank ihnen ist es möglich, jenseits der automatischen Schemazuordnung ‚Tier = Natur' andere semantische Räume zu öffnen. Im Falle Alberts weisen die Wörter, die ihn begleiten, aufs Gesellschaftliche, denn Albert wird dadurch charakterisiert, dass er Verantwortung übernimmt, indem er Menschen rettet. Diese gesellschaftliche Charakterisierung hängt aber von der Beschreibung der anderen Akteure ab:

- So ist C2, Lord Nelson, Alberts Freund, frisst nur Kaviar, zerfetzt Sofas und faucht oder schnurrt, je nach Laune.
- C3, Azrael, ist Alberts und Lord Nelsons Todfeind. Er hasst die Menschen, die Albert rettet, und wirbt mit Lord Nelson um die Gunst einer schönen Katzendame. Er ist schwarz, mit Teufel und Hexe im Bunde und kann selbst zaubern.

Von der Semantik her ist C2 eine Mischung aus Individualität – er ist z.B. launisch und exquisit – und Natur – wer launisch ist, lässt den Trieb walten. C3 nimmt den metaphysischen Raum ein, da er in der Schwarzen Kunst bewandert ist.

Die semantische Identität von C2 und C3 ist aber nicht nur selbst-, sondern auch fremdbestimmend. Sie errichtet nämlich auch Grenzen vor C1 und festigt die Konturen um diese Figur. C1 darf die Grenzen nicht einfach überschreiten, solange der Text dies nicht explizit herbeiführt, da seine Identität sonst Gefahr liefe, sich in der Identität von C2 und C3 aufzulösen. Was C2 und C3 für C1 sind, sind C1 und C2 für C3 – und C1 und C3 für C2. Die Grenzsetzung ist wechselseitig.

Eine Gefahr der Grenzsetzung ist, dass sie droht, Charaktereigenschaften, die nicht in ein semantisches Raster passen, zu annullieren. Wie, zum Beispiel, wirkt sich die Liebe von C3 zur Katzendame oder sein Menschenhass zur metaphysischen Dimensionszuordnung aus?

Die Gefahr der Reduktion verdoppelt sich aufgrund eines sogenannten *principle of minimal departure*. Demnach stopft der Leser beim Aufbau fiktionaler Welten die Lücken im Text mit seinem eigenen Wissen über die Welt (Ryan 1991: 51). Dieses Wissen kann spezifisch und materiell sein. Wird z.B. im Text das Zimmer eines biederen Bürgers flüchtig erwähnt, wird der Leser es womöglich mit Tür, Fenster, Bett und Schrank ausstatten. In seiner Fantasie hätte er es sich aber bruchbuden-, palast- oder kohlebergwerkartig ausmalen können. Damit hätte sich der semantische Aufbau des Zimmers und des Bürgers schlagartig verändert. Da es dafür keinen Grund gibt, bleibt der Leser bei seiner biederen Ausstattung. Wenn Schemata deshalb die Macht besitzen, explizit auftauchende Textelemente zu ignorieren und Lücken im Text zu füllen, dann stellen sie nicht nur ein wichtiges Element in der Sinngebung dar, sondern auch eine Gefahr für die Interpretation. Dieser Problematik werden wir uns in Kapitel 3 zuwenden.

Wenn wir es also hier beim Positiven belassen, so lässt sich zusammenfassend sagen, dass in Fiktion wie in Bildern schematisches Denken verwendet werden kann, um einerseits die Identität von fiktionalen Elementen und den Sinn eines Texts zu ergründen, andererseits automatische Schemata zu umgehen

- mithilfe des Kotexts, der ein fiktionales Element umgibt und es explizit definiert,
- durch das Erscheinen anderer fiktionaler Elemente mit ihrem eigenen Kotext, die die Grenzen dieser Definition festigen.

## 5. Aneignung schematischen Denkens

Wenn Sie dieses Buch lesen und es Ihnen Nutzen bringt, sind Sie wahrscheinlich in einer Lernphase, in der es Ihnen gut tut, sich einige Schemata anzueignen. Wenn Ihnen das Buch etwas bringt, ist das Wort ‚aneignen' aber wahrscheinlich nicht das richtige, denn diese Schemata werden Sie in der einen oder anderen Form schon besitzen. Hier wird versucht, schon existierende Schemata ins Bewusstsein zu bringen und zu rationalisieren. Dieser Akt der Bewusstmachung ist insofern wichtig, als es, wie wir gesehen haben, eigentlich unmöglich ist, ohne Schemata zu lesen oder zu interpretieren. Verzichten wir darauf, uns unserer Schemata bewusst zu werden und mit ihnen zu arbeiten, so wird unser Unterbewusstsein für uns arbeiten, und unsere Schemata werden für uns denken. Dies hat zur Folge, dass wir in unseren intuitiven Schemata verharren und nicht darüber hinaus denken. Ich habe das an Hunderten von Studierenden beobachtet.

## 6. Übungsaufgabe

Schauen Sie sich bitte den Cartoon an (Abbildung 12). Bevor Sie anfangen zu interpretieren, überlegen Sie, welcher Dimension Sie den Baum intuitiv zuordnen würden. Interpretieren Sie dann. Achten Sie dabei vor allem auf den Unterschied zwischen intuitiven und weniger intuitiven Dimensionszuordnungen:

*Abbildung 12: Der Baum*

## 7. Literatur


*Grundlegend*

Bartlett, Frederic C. 1932. *Remembering: A Study in Experimental and Social Psychology.* Cambridge: Cambridge UP.

Carroll, Joseph. 2004. *Literary Darwinism: Evolution, Human Nature, and Literature.* New York: Routledge.

Christmann, Ursula / Schreier, Margit. 2003. Kognitionspsychologie der Textverarbeitung und Konsequenzen für die Bedeutungskonstitution literarischer Texte. Fotis Jannidis (ed.), *Regeln der Bedeutung: Zur Theorie der Bedeutung literarischer Texte.* Berlin: De Gruyter, 246–285.

Hayles, Katherine N. 1993. Constrained Constructivism: Locating Scientific Inquiry in the Theater of Representation. George Levine (ed.), *Realism and Representation: Essays on the Problem of Realism in Relation to Science, Literature, and Culture.* Madison: UP of Wisconsin, 27–43.

Hörmann, Hans. 1994. *Meinen und Verstehen: Grundzüge einer psychologischen Semantik.* Frankfurt a. M.: Suhrkamp.

James, Mark O. 1987. ESL-Reading Pedagogy: Implications of Schema-Theoretical Research. Devine, J. / Carell, P. L. / Eskey, D. E. (eds.): *Research in Reading in English as a Second Language.* Washington: TESOL, 175–188.

Jauss, Hans Robert. 1967. *Literaturgeschichte als Provokation der Literaturwissenschaft.* Konstanz: Universitätsverlag Konstanz.

Nagel, Thomas N. 1974. What Is It Like to Be a Bat. *The Philosophical Review* 83 (4): 435–50.

Reichl, Susanne. 2009. *Cognitive Principles, Critical Practice: Reading Literature at University.* Vienna: Vienna UP.

Ryan, Marie-Laure. 1991. *Possible Worlds, Artificial Intelligence, and Narrative Theory.* Bloomington: Indiana UP.

Titzman, Michael. 2003. Semiotische Aspekte der Literaturwissenschaft: Literatursemiotik. In: Posner, Roland / Robering, Klaus / Sebeok, Thomas A. (eds.), *Semiotik / Semiotics.* Bd. 3. Berlin: De Gruyter, 3028–3103.

Ur, Penny. 1996. *A Course in Language Teaching: Practice and Theory.* Cambridge: Cambridge UP.

*Weiterführend*

Carroll, Joseph. 2005. Human Nature and Literary Meaning: A Theoretical Model Illustrated with a Critique of *Pride and Prejudice.* Jonathan Gottschall and David Sloan Wilson (eds.), *The Literary Animal: Evolution and the Nature of Narrative.* Illinois: Northwestern UP, 76–94.
(Ein Naturmodell für die Literaturanalyse aus der Perspektive des Darwinismus. Auch deshalb interessant, weil es zum Teil von dem Schema ‚Natur', das hier benutzt wird, abweicht.)

Christmann, Ursula / Schreier, Margit. 2003. Kognitionspsychologie der Textverarbeitung und Konsequenzen für die Bedeutungskonstitution literarischer Texte. Fotis Jannidis (ed.), *Regeln der Bedeutung: Zur Theorie der Bedeutung literarischer Texte.* Berlin: Walter de Gruyter, 246–85.
(Eine Diskussion über die allgemeine Verarbeitung von Texten schafft Rahmenbedingungen für eine spezifischere Diskussion über die Verarbeitung literarischer Texte.)

Reichl, Susanne. 2009. *Cognitive Principles, Critical Practice: Reading Literature at University.* Vienna: Vienna UP, Part I (*Cognition and Reading – the Basics*): 31–68.
(Hält, was der Titel verspricht, eine Einleitung zum Verhältnis zwischen Kognition und Lesen.)

Titzman, Michael. 2003. Semiotische Aspekte der Literaturwissenschaft: Literatursemiotik. Posner, Roland / Robering, Klaus / Sebeok, Thomas A. (Hrsg.), *Semiotik / Semiotics.* Bd. 3. Berlin: De Gruyter, Kapitel 4.4-4.6, 3056-64.
(Schema-Theorie aus semiotischer Perspektive.)

## 8. Lösungsvorschlag

Die Karikatur zeigt einen gerodeten Wald, einen Baum und eine Reihe von Tieren, die sich um den Baum versammelt haben und ihn anbeten. Die fiktionalen Elemente, die wir hier vorfinden – Wald, Baum, Tiere – sind alle intuitiv der Natur zuzuordnen. Jedoch:

- Die Tiere beten. Somit ist ein metaphysisches Element in der Natur selbst und im Cartoon gegeben.
- Der Wald ist gerodet. Rodungen werden von Menschen durchgeführt. Somit ist in diesem Cartoon ein gesellschaftliches Element in der Natur selbst gegeben.
- Der angebetete Baum steht allein da. Somit ist ein individualisierendes Element in der Natur selbst und im Cartoon gegeben.

All diese Dimensionszuordnungen sind nicht intuitiv und werden durch den Kotext des Bildes suggeriert. Diese nicht intuitiven Dimensionszuordnungen erlauben uns, die Sinnstruktur des Cartoons zu erfassen und den Cartoon besser zu verstehen. Der Wald ist Natur, aber seine gesellschaftlich verordnete Abholzung ruft eine Individualisierung des letzten Baumes hervor, die diesen so besonders macht, dass er verehrt und angebetet wird. Individualisierung erzeugt hier einen metaphysischen Bezug.

Ab hier wird aber eine endgültige Interpretation des Cartoons problematisch, denn:

- Zum einen werden im Cartoon keine Gründe für die Waldrodung gegeben. Wir sehen nur, dass der Wald gerodet wurde. Wir können hier haltmachen und nicht weiterfragen oder wir können über den Grund der Waldrodung nachdenken. Der Cartoon gibt keine Auskunft darüber, aber es ist möglich, die Waldrodung als eine Art Zerstörungsinstinkt des Menschen, also eine Art Natur, zu denken. Damit hätten wir zwei verschiedene ‚Naturen': die Natur außerhalb (der abgeholzte Wald, bis zu einem gewissen Grad die Tiere und der überlebende Baum) und die Natur innerhalb des Menschen (Zerstörungsinstinkt).
- Das metaphysische Element ‚Beten' kann man auf mehrere Weisen interpretieren: Die Tiere bleiben Tiere und beten als Teil der Natur den Baum an, weil er so überlebenswichtig für sie ist. Oder aber das Beten tritt als menschliche Aktivität in den Vordergrund und wird zur Kompensation für den Zerstörungsinstinkt des Menschen erklärt. So gesehen kann nicht nur der menschliche Zerstörungsinstinkt als (innere) Natur verstanden werden, sondern auch der Kompensationsprozess des Betens.

# *Kapitel 3*
# Vom Tool zum Skill

*In diesem Kapitel*
- *werden normale Werkzeuge mit Analyse-Tools verglichen. Das Wort „Werkzeug" wird auf seine Bedeutung hin analysiert, um seine Funktionsorientierung und Dynamik hervorzuheben (Einheit 1).*
- *wird die Analyse absichtlich als Handwerk (Skill) charakterisiert, um Analyse und Interpretation als Können und nicht nur Wissen auszubauen (Einheit 2).*
- *wird das Analyse-Tool zum Denktool erweitert, indem ein metakognitives Element in das Tool eingebaut wird, das uns erlaubt, die Grenzen des Modells, das wir benutzen, zu erkennen (Einheit 3).*
- *wird das Bilderbuch* The Gruffalo *(deutsch:* Der Grüffelo*) als Beispiel dafür analysiert, wie sich die Anwendung eines Modells auf einen Text durch metakognitive Prozesse verbessern lässt.*

## 1. Werkzeuge

Bevor wir uns weiter mit dem Analyse-Tool befassen, ist es gut, sich über Tools oder Werkzeuge ein paar Gedanken zu machen. Wenn wir von Werkzeugen sprechen, meinen wir normalerweise Gegenstände wie Hammer und Zange. Wir können den Sinn des Begriffes aber auch erweitern. Schauen Sie sich bitte die drei Bilder in Abbildung 13 an, und denken Sie darüber nach, in welchem Maße man bei jedem dieser Bilder von Werkzeugen sprechen könnte:

*Abbildung 13: Werkzeuge?*

Wir können einen Hammer, eine Gitarre oder einen Körper als Werkzeug bezeichnen, weil sie über sich hinaus auf ein Ziel weisen, dass durch eine Tätigkeit erreicht wird. Den Hammer benutze ich, um einen Nagel in die Wand zu schlagen, die Gitarre, um zu musizieren, den Körper, um schnell und/oder ausdauernd zu schwimmen. Jedem Werkzeug ist deshalb erstens eigen, zielgerichtet oder funktional zu sein. Dies bedeutet ferner, dass seine innere Komposition und Form von dieser Funktion so weit wie möglich abhängt und dass es drittens zur Bewegung, zur Praxis drängt.

Wenn wir das Wort in seine Bestandteile „Werk“ und „Zeug“ zerlegen und uns deren heutige (Brockhaus) wie frühere (Koebler 1995) Bedeutung vor Augen halten, so kommt der dynamische und funktionsabhängige Charakter erneut zum Vorschein. Sinn und Form zeigen sowohl heute wie auch etymologisch über Germanisch, Alt- und Mittelhochdeutsch hergeleitet eine enge Verwandtschaft mit Tätigkeitsverben wie „wirken, tun, machen“ (Werk), „zeugen, erzeugen, verfertigen, herstellen“ (Zeug).

Wir haben es hier mit Tätigkeiten zu tun, die wesentlich mit der Kreation verbunden sind. Interessant ist auch die etymologische Nähe von „zeugen“ zu „bezeugen, beweisen“, vielleicht sogar „erklären“ (Koebler 1995). Damit ist von Anfang an die Möglichkeit gegeben, Werkzeuge auch im Bereich des Denkens zu situieren.

## 2. Handwerker und ihr Können

Werkzeuge sind funktionsorientiert, dynamisch und kreativ. Diese Merkmale erweitern das Diskussionsfeld vom Werkzeug auf seine Bedienung, vom Tool auf den Skill, vom bloßen Hämmern aufs Schmieden. Schmiede und Handwerker sind überhaupt auf besondere Weise mit der Sprache verwandt:

- Die Macht über Wort und Erz war im Altertum mit Mysterium und Magie verbunden (Davidson 1958: 158).
- Mit dem Kommen der Moderne haben Handwerker und Schriftsteller an sozialer Bedeutung eingebüßt. Im Zuge der Industrialisierung wurde der Handwerker von der Maschine ersetzt (Thompson 1968: 266; Heywood 2000: 64–67). Der Schriftsteller (der Nachfahre des Barden) verlor an politischer Macht wegen der Anonymisierung des modernen Lesers, des Aussterbens des Mäzenatentums und der politischen Situation im post-revolutionären Europa des 19. Jahrhunderts (Butler 1981: 71–74).
- Seit Ende des 19. Jahrhunderts sind beide Berufe durch das Wort „Wortschmied“ (engl. ‚wordsmith‘) miteinander verbunden.

Schauen Sie sich jetzt bitte Abbildung 14 an. Sie stellt einen Schmied bei der Arbeit dar. Achten Sie auf seine Armbewegung, die Distanz zwischen Hammer und Amboss und die Wucht und Selbstverständlichkeit, mit der der Hammer geschwungen wird. Die Bewegung scheint vielleicht nicht schwierig zu sein, und doch wird vom Experiment abgeraten, sie mit einem Nagel in der Hand nachzuahmen. Je größer die Wucht und Distanz, desto niedriger die Präzision ... oder desto geschickter der Handwerker. Sogar eine einfache Bewegung wie die des Hammerschwingens bedarf einer gekonnten Ausführung.

In diesem Lehrbuch ist die Analogie des Analyse-Tools zu Handwerk und materiellen Werkzeugen absichtlich und ernst gemeint: Analyse und Interpretation sind nicht ein Wissen, sondern ein Können, eine Kunst, die mit Geschicklichkeit bzw. einem Skill

Abbildung 14: Schmied am Amboss

verbunden sind. Allzu oft widmet man sich bei der Analyse nur der Theorie und vernachlässigt die echte Praxis, vor allem da, wo sie beim Analysieren wehtut. Etymologisch und sozialgeschichtlich führt sowieso das Kennen zum Handwerker und der Handwerker zum Künstler. „Kennen" und „Können" sind mit „Kunst" ebenso verwandt (Koebler 1995) wie das englische „artisan" mit „art" (Williams 1982: 43–44, Williams 1988: 40–43).

Dabei kann es nicht immer lustig zugehen. Wer einem Handwerk nachgeht, entkommt der Langeweile auf Dauer nicht. Nötige Handgriffe werden zur Routine, und die Entfaltungsmöglichkeiten sind begrenzt: Schmied bleibt Schmied, er kann nicht einfach zu schreinern oder zu weben anfangen. Die Anwendung mentaler Prozesse ist in diesem Punkt dem Handwerk näher, als man eigentlich glauben sollte. Um Ideen zu assimilieren und zu automatisieren, muss das Gelernte oft, intensiv und praxisbezogen eingesetzt werden (Willingham 2004). In diesem Sinne müssen wir von der weiten, aber auch oberflächlichen Bandbreite des Schullernens abkommen und weniger, dafür aber intensiver lernen. Nur dies ermöglicht letztlich

> an adequate understanding of what knowledge is, and how it functions. If one's knowledge of everything remains at a general and superficial level, one never comes to appreciate the nature of knowledge. One of the things a person learns in the process of learning in depth is how claims to knowing can be built and attacked and defended – it's all part of the slow process of discovering the insecurity of our claims to know. (Egan 2010: 8)

Auch bei unserem Analyse-Tool wird es deshalb Wiederholungen und Momente der Langeweile geben. Die Welt, die in Kapitel 1 vorgestellt worden ist, behalten wir im Wesentlichen bei (weshalb es bei einem Analyse-Tool so wichtig ist, fiktionale Welten zu kreieren, die möglichst grundlegend und auf möglichst viele Texte anwendbar sind). Beim Handwerk liegt die eigentliche Faszination im Detail, im langsamen Hinzuerwerben von immer spezifischeren Fertigkeiten. Im Detail wird es natürlich auch beim Analyse-Tool immer wieder Neues zu lernen und anzuwenden geben.

## 3. Funktion eines Analyse-Tools: Interpretieren und (übers Denken) denken

Wie wir gesehen haben, besitzen Werkzeuge eine gewisse Komposition und Form und sind dazu da, geschickt und fachgerecht benutzt zu werden. Diese beiden Wesensmerkmale sind aber funktionsabhängig, d.h. Komposition und Form sowie fachgerechte Ausführung hängen davon ab, was wir mit dem Tool eigentlich erreichen wollen. Der Frage nach der Funktion des Tools muss jetzt nachgegangen werden, da erst die Funktion eines Werkzeugs die übrigen Wesensmerkmale des Tools strukturiert. Eigentlich müsste es einfach sein, die Funktion eines Analyse-Tools für fiktionale Texte zu ermitteln: Ziel ist die Interpretation, im einfachsten Fall die Darstellung der Sinn bildenden Struktur des Textes.

Dies ist sicherlich nicht falsch, nur darf man bei einem mentalen Tool nicht vergessen, dass es weitere Kreise zieht. Diese führen uns nicht nur zum Lesen und zur Interpretation, sondern auch zur Kognition und zum Denken.

**Kognition**: Heutzutage ist das Wort *Kognition* ein genauso wichtiger wie schwer zu fassender Begriff, weil er in aller Munde ist und deshalb Gefahr läuft, zu viel zu bedeuten. Kognition kommt vom lat. ‚cognoscere', was soviel wie ‚wissen' oder ‚kennen', aber auch ‚erkennen' oder ‚konzeptualisieren' heißt, und bezeichnet mentale Prozesse, wobei die Spannbreite dessen, was mental ist – Sprache auf zentrale Weise, dann aber auch Gefühle, Emotionen, Logik, Bewusstsein – sehr groß ist und in sehr experimentellen – Neurologie, künstliche Intelligenz – wie auch spekulativen Disziplinen – Linguistik oder Philosophie – studiert wird (Ryan 2010: 474). Erschwerend ist zudem, dass nicht immer ganz klar ist, was Kognition von kognitiver Strategie oder ‚skill' unterscheidet.

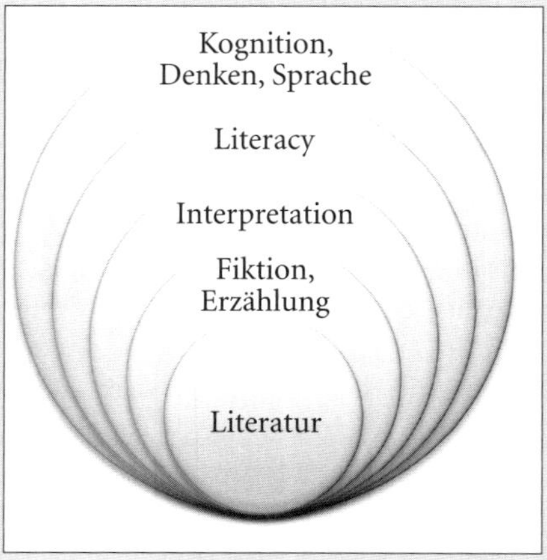


*Abbildung 15: Dimensionen von Literatur*

Diese Einfügung in weitere Dimensionen ist in akademischen Bereichen zu etwas fast Alltäglichem geworden. Wie wir aus Abbildung 15 entnehmen können,

- ist *Literatur* in den teilweise übergeordneten Begriffen *Fiktion* oder *Erzählung* enthalten.
- wird die *Interpretation* von Literatur, Fiktion oder Erzählung als Teil einer allgemeineren *literacy*, Diskurskompetenz oder Lesebildung gesehen (Brockmeier / Olson 2009: 4).
- ist *literacy* selbst in *Kognition*, *Denken* und *Sprache* zu orten.

Interpretation kann also nicht auf Kosten von Kognition und Denken gehen, sondern muss diese als Rahmenbedingungen des Interpretationsprozesses berücksichtigen.

Diese weiten Kreise stellen die Unterscheidung zwischen Tool und Skill infrage. In der wirklichen Welt ist der Hammer nicht der Arm des Schmieds, der die Bewegung gekonnt ausführt. Bei mentalen Tools ist diese Unterscheidung schwieriger, weil wir es immer mit Ideen zu tun haben. Ihr Ineinanderfließen erlaubt uns, den Skill in das Tool zu integrieren. Halten wir beide getrennt, müssen wir irgendwo die Grenze zwischen dem Modell einer fiktionalen Welt und der mentalen Anwendung dieses Modells ziehen. Integrieren wir beide, können wir die wichtigsten Anwendungsaspekte, die uns dazu verhelfen, das Modell richtig in einem Text einzusetzen und seine Tragweite im Text einzuschätzen, in das Tool selbst einbauen. Dies würde z.B. Schemata zu einem Teil des Tools machen. Diese Entscheidung würde das Analyse-Tool aber radikal verändern und es zum Denktool ausbauen.

Solch eine Entscheidung ist aus strategischen Gründen angebracht, weil Modelle allzu oft von ihren Anwendungsaspekten abgekoppelt werden und die Analyse sich auf ein Überstülpen von Modellen auf Texte reduziert. Dies tut dem Text Gewalt an, da die Rationalität des Modells nicht unbedingt die des Texts sein muss. Zudem wird in einer Kognitionsskala der Prozess des ‚Anwendens' ziemlich niedrig eingestuft. Da liegen Interpretation oder gar Kreation wesentlich höher (Anderson / Kratwohl 2001: 31) und sollten deshalb auch angestrebt werden (siehe Resümee).

Wenn nun aber die Funktion des Tools letztlich nicht die Interpretation, sondern das Denken ist, so müssen wir garantieren, dass das Tool die Möglichkeit bietet, jenseits des Modells zu denken. Dies, obwohl das vierdimensionale Modell als Kernstück des Tools beibehalten wird (sonst wäre es ja nicht mehr das Tool). An dieser Stelle kann uns der Begriff der *Metakognition* weiterhelfen.

Metakognition kann am einfachsten als „Denken übers Denken" charakterisiert werden und hat sich dank der Erfolge, die ihr in der kognitiven Leistung zugeschrieben werden (Moses / Baird 2001: 534), im Diskurs über *literacy* als wichtiges Element etabliert (Homer 2009: 487). Über Denken denken ermöglicht, Abstand vom Gedachten zu nehmen und dieses kritisch zu beleuchten. Wer einen Text verfasst hat, der gelungen schien, ihn zwei Wochen später aus der Distanz unter die Lupe nimmt und plötzlich grobe Fehler findet, wer sich verliebt hat und später ‚umverliebt' dieselbe Person trifft, weiß, wie anders der Blick von außen sein kann.

Der Blick von außen reduziert den Affekt, lässt aber dafür eine größere Objektivität zu, weil man jetzt das Objekt als Ganzes aus allen Perspektiven beleuchten kann. Dies erlaubt uns einerseits, unbewusste Schemata als solche leichter zu erkennen. Es erlaubt uns auch, Fehlentwicklungen in der Analyse und Leerstellen im Analyse-Tool zu entdecken. Es existiert ein enges Verhältnis zwischen Denken über Denken und kausalem Denken, die Frage nach den Ursachen. Der Auslöser kausalen Denkens ist normalerweise, dass etwas anders geht, als wir es erwarten, und deshalb zunächst einfach „nicht funktioniert". Ursache und Disfunktion sind eng verwandte Termini:

> The word 'cause' does not [...] mean originally an earlier event, nor yet an explanation. It originally means in Latin simply 'blame' [...] misfortune calls for explanation more strongly than ordinary prosperity. [...] So causal enquiry naturally arises as 'fault-finding'. (Midgley 1984: 97)

Es ist deshalb nützlich, Metakognition mit Problemen in der Analyse und Interpretation zu verbinden. Nun werden Probleme in der Analyse häufig übersehen, wenn Modelle auf Texte angewandt werden. Man passt den Text dem Modell an; über die

Elemente, die nicht mit dem Modell übereinstimmen, wird hinweggesehen (Cunningham 2002: 87–89, 122–126; Reichl 2009: 39). Deshalb ist es bei der Analyse vorteilhaft, ein metakognitives Moment aktiv in die Analyse einzubringen. Einfach gesagt: Man muss bei der Analyse Probleme erwarten. Es ist bei der Analyse davon auszugehen, dass die Textwelt reichhaltiger als das Modell ist (Keen 2010: 22). Gibt es bei der Analyse keine Nuss zu knacken, besteht die Möglichkeit, dass der Text der Analyse nicht wert ist oder aber der Leser nicht lange genug über den Text nachgedacht hat.

## 4. Vom Analyse-Tool zum Denktool: *The Gruffalo*

### 4.1 Intuitive Interpretation

Dazu ein umfangreicheres Beispiel: Vielleicht kennen Sie das wunderschöne Bilderbuch von Julia Donaldson und Axel Scheffler *The Gruffalo* (Der Grüffelo, 1996). Dieses Kinderbuch hat den angesehenen Golden Smarties Award 1996 erhalten, ist eins der meistverkauften Kinderbücher und hat als Film auch mehrere Preise erhalten – darunter eine Oskar-Nominierung. Vor dem Beispiel folgt eine Zusammenfassung der Geschichte:

> Im Buch laden nacheinander ein Fuchs, eine Schlange und eine Eule eine Maus zu sich nach Hause ein, um sie zu fressen. Um nicht in die Falle zu gehen, denkt sich die Maus eine frühere Verabredung mit einem ausgedachten Monster, einem Gruffalo, aus. Als sich gegen alle Erwartung herausstellt, dass es dieses Monster doch gibt und es auch wirklich erscheint und die Maus fressen will, stellt diese sich als schrecklichstes Tier des Waldes vor. Sie nimmt den Gruffalo mit, um Fuchs, Eule und Schlange zu besuchen, die alle vor dem Gruffalo davonlaufen. Dieser glaubt aber, die Tiere hätten vor der Maus Angst, und läuft deshalb auch davon. Am Ende sehen wir, wie die Maus an einer Nuss knabbert.

Obwohl die Geschichte sehr bekannt ist, ist sie selten analysiert worden, und wenn, dann auf unzulängliche Weise. Kritiker scheinen sich einig zu sein, dass aus der Geschichte wenig zu holen ist. Im Unterricht ist das Gefühl zunächst einmal auch nicht anders, denn die Geschichte wird immer im selben Sinne interpretiert: In ihr geht es um Intelligenz gegen Macht bzw. Kraft. Der Gruffalo ist das mächtigste Tier, also darf er ruhig dumm sein, wohingegen die Maus das schwächste Tier ist und deshalb sehr klug sein muss, um zu überleben.

**Text und Bild in *The Gruffalo***: Bei einem Bilderbuch (wie bei Filmen oder Comics) muss man immer aufpassen, dass man sowohl Text als auch Bild sprechen lässt. Wenn man zu einseitig arbeitet und nur Text oder nur Bild in Betracht zieht, kann es gut sein, dass man zu einer unvollkommenen oder gar falschen Interpretation kommt. Im Falle des Gruffalo ist dies anscheinend nicht so problematisch. Ein Student hat zwei Gruppen von Kindern im Alter von drei Jahren das Buch vorgestellt, indem er einer Gruppe nur den Text vorlas und der anderen nur die Bilder zeigte. Die Gruppe, die dem Text ausgesetzt war, verstand die Geschichte, während die Gruppe, die nur die Bilder zu sehen bekam, glaubte, die Maus wäre mit Fuchs, Schlange und Eule befreundet.

Dabei übersieht die gängige Interpretation ein Problem: Obwohl der Gegensatz zwischen Intelligenz und Macht bzw. Stärke offensichtlich ist, ist nicht weniger klar, dass in dieser Geschichte auf diese beiden Werte drei Figuren (Maus, Gruffalo und Fuchs / Schlange / Eule) kommen. Die Frage stellt sich, ob von der Bedeutungsstruktur her eine der Figuren überflüssig ist oder aber ob es in der Geschichte einen versteckten dritten Wert gibt.

Die Lösung, die manchmal im Unterricht vorgeschlagen wird, dass Fuchs / Schlange / Eule eine Zwischenposition einnehmen, was Intelligenz und Macht angeht, erhellt die Asymmetrie weniger, als sie sie verhüllt. Wenn schon eine Zwischenposition, dann nach welchen Kriterien? Da diese Interpretation übrigens am Schema ‚Intelligenz gegen Macht' hängen bleibt, ist davon auszugehen, dass das Schema im Leseprozess ein kulturell bedeutsames ist. Es wäre gar nicht verkehrt, dieses Schema in unsere Liste für intuitive Schemata aufzunehmen.

Wegen der oben genannten Asymmetrie muss die Interpretation des Textes aber jenseits dieses Schemas zu finden sein. Um die Zwischenposition zu verstehen, die Fuchs / Schlange / Eule einnehmen, tun wir gut daran, uns den Dialog zwischen der Maus und einem der drei Tiere näher anzuschauen. Versuchen Sie, die beiden Cartoons in Abbildung 16 durchzulesen und überlegen Sie, ob hier etwas mit unseren vier semantischen Räumen zu erreichen ist, bevor Sie über die Cartoons hinaus weiterlesen:

*Abbildung 16: The Gruffalo*

## 4.2 Anwendung des Analyse-Tools: Gesellschaft und Metaphysik in *The Gruffalo*

Wie wir in Abbildung 16 sehen können, hat der Fuchs Hunger auf die Maus – „and the mouse looked good“ – und lädt diese zu sich nach Hause ein mit den Worten: „Come and have lunch in my underground house“. Solch eine Einladung ist gesellschaftlich, weil höflich und ironisch, zu interpretieren.

- Die Höflichkeit liegt darin, dass der Fuchs der Maus fast kostenlos etwas „anbietet“. Die Maus sollte ihrerseits höflich sein und müsste mit einem „Ja“ antworten. Indem das Geben und Nehmen so geregelt wird, befinden wir uns im gesellschaftlichen Bereich.
- Der Fuchs ist auch ein Meister der Ironie: Er lädt die Maus zum Essen ein. Nun kann aber „Come and have lunch in my underground house“ leicht mit „Come and be lunch…“ verwechselt werden. Die Einladung kann also implizieren, dass die Maus auf dem Menüplan steht. Ironie ist ein Zeichen von gesellschaftlichem Können, da sie aus dem was ist – referentielle Sprache – etwas Neues – die Zweideutigkeit – schafft.

Der Fuchs ist nicht nur deshalb intelligent, weil Füchse, Schlangen und Eulen in unserer Kultur normalerweise so eingestuft werden, sondern weil er seine Intelligenz beweist. Dies tut er, indem er sich als Meister des gesellschaftlichen Diskurses zeigt.

Die Maus aber ist gesellschaftlich genauso gewandt wie der Fuchs. Die Schwierigkeit, die Einladung abzulehnen ohne gegen die Höflichkeitsregeln zu verstoßen, löst sie geschickt, indem sie eine bereits bestehende Verabredung mit einem Gruffalo vorgibt:

> It’s terribly kind of you, Fox, but no –
> I’m going to have lunch with a Gruffalo.

Den Gruffalo gibt es aber gar nicht. Indem sich die Maus mit dem abgibt, was nicht ist, beweist sie, dass sie auch eine andere diskursive Kompetenz als die nur gesellschaftliche beherrscht: die metaphysische Diskurskompetenz. Als der Gruffalo plötzlich erscheint und die Maus fressen will, treibt diese ihre ‚metaphysische‘ Gerissenheit ins Unendliche, denn sie postuliert sich selbst gegenüber dem Gruffalo und gegen alle Natur als gefährlichstes Wesen im Wald.

Damit können wir die Zwischenposition der drei Tiere, die zwischen Maus und Gruffalo sind, verstehen. Wir haben immer noch zwei Werte – Intelligenz und Macht – und drei Figuren. Aber Intelligenz kennt zwei Ebenen: die gesellschaftliche und die metaphysische. Fuchs / Schlange / Eule verfügen nur über die gesellschaftliche, die Maus über beide. Dies können Sie in Abbildung 17 verfolgen:

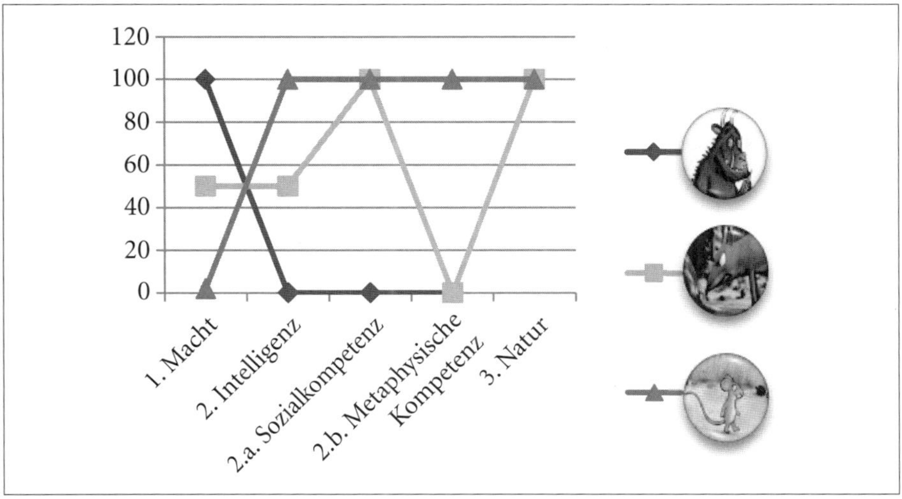


*Abbildung 17: Macht und Intelligenz in The Gruffalo*

## 4.3 Anwendung des Analyse-Tools: Natur in *The Gruffalo*

Die Erläuterung dieser Zwischenposition hat uns erlaubt, die semantischen Räume Metaphysik und Gesellschaft im Text ausfindig zu machen. Die Analyse der Geschichte mithilfe des Analyse-Tools bringt aber noch einen anderen semantischen Raum zutage: die Natur.

- Als oberstes natürliches Gesetz aller Tiere im *Gruffalo* waltet die Selbsterhaltung. Sogar der Gruffalo rennt vor der Maus ‚um sein Leben'.
- Als zweites Gesetz gilt bei all diesen Tieren, den Hunger zu stillen. Dieser Hunger äußert sich in der oft wiederholten Formel „and the mouse looked good". Auch die Maus verhält sich ähnlich, da sie am Ende die Nuss isst: „and the nut looked good". Dass ihr Hunger ein vegetarischer ist, macht sie natürlich für den Leser sympathisch.

Der Platz, den die Natur hier einnimmt, entspricht vollkommen dem Schema, das wir von dem Verhältnis zwischen Natur, Gesellschaft und Metaphysik erwarten: Zuerst Natur, dann Gesellschaft und erst später Metaphysik. Wir werden diese Anordnung im nächsten Kapitel vertiefen. Alle Tiere sind hungrig und somit ist die Natur die Basis, das was ist (Abbildung 17). Einige Tiere versuchen diesen natürlichen Drang zunächst durch ihr gesellschaftliches und – wenn das nicht reicht und sie imstande sind – durch ihr metaphysisch gerichtetes Können zu erfüllen.

Die Natur kann man aber auch beim Gruffalo weiterverfolgen: Zwar gibt es den Gruffalo nicht (Metaphysik), aber plötzlich ist er doch da (Natur). Sein Erscheinen verwandelt das metaphysische Monster in ein natürliches Wesen, ein Eindruck, der sich weiter festigt, weil der so allmächtig erscheinende Gruffalo offenbar keiner Intelligenz bedarf, um die Maus zu fressen. Anstatt sich wie der Fuchs eine List auszudenken, verkündet er einfach seinen Entschluss: „You'll taste good on a slice of bread."

Der Effekt ist interessant: Einerseits reichen sich im Gruffalo Metaphysik und Natur einfach die Hand. Andererseits geht der Text einen Weg, der aus der Natur führt, um wieder in die Natur zu münden: Auf natürlichen Hunger folgt gesellschaftliche List, darauf wird mit metaphysisch verankerter List gekontert, die uns aber zur Natur zurückführt (das Spiel kann übrigens noch weitergeführt werden, das überlasse ich aber Ihnen). Der Text ist in diesem Sinne einfach schön, weil die verschiedenen Dimensionen sich nicht wechselseitig aufheben, sondern eine auf die andere folgt.

## 4.4 Anwendung des Denktools: Individualität im Gruffalo

Bisher brauchten wir für die Analyse und Interpretation ein Analyse-Tool. Wir haben ein Modell benutzt, es auf den Text angewandt und damit Resultate erzielt, von denen man sagen kann, dass sie den Text in seiner Bedeutungsstruktur nicht reduziert, sondern erläutert haben. Andererseits ist aber damit die Analyse beendet und wir haben nur drei der semantischen Räume dafür benutzt. Was ist aber mit der vierten Dimension, der Individualität?

Im Unterricht versuchen Studierende normalerweise, diese verbleibende Dimension einer der Figuren in der Geschichte zuzuordnen. Oft ist es die Maus, manchmal der Gruffalo, am seltensten der Fuchs. Die Maus wird oft gewählt, weil sie gewinnt, lieb ist (sie ist ja Vegetarierin) und ihre Intelligenz beweist, die ja in diesem Text höher geschätzt wird als Macht oder Stärke und als Begriff zunächst nicht mit Natur, Gesellschaft oder Metaphysik zusammenfällt. Auch stellen Maus wie Gruffalo ihre Wesensmerkmale auf radikalere Weise zur Schau als Fuchs, Schlange oder Eule.

Wie wir aber gesehen haben, lässt sich letzten Endes jedes Wesensmerkmal der Tiere, auch die Intelligenz der Maus, aufgrund der drei behandelten Dimensionen Natur, Gesellschaft oder Metaphysik erklären. Die Versuchung, die Intelligenz der Maus als Individualität zu deuten, da sie ja allein ist und, obwohl schwach, sich letzten Endes durchsetzt, ist groß. Sie sollte aber nicht darüber hinwegtäuschen, dass die Individualität in diesem Text nicht zu finden ist und somit unser Tool in gewisser Weise versagt ... als Analyse-Tool. Als Denktool hingegen ist die Limitation des Modells und dadurch die Möglichkeit eines Versagens des Modells geradezu zum Teil des Tools erklärt worden.

Warum in dieser Geschichte keine individuelle Dimension zu finden ist, wird im nächsten Kapitel näher erörtert, ist aber eine Frage, die ein Denktool nicht scheuen sollte. Wenn etwas nicht klappt, wie wir es uns vorgestellt haben, sollten wir versuchen herauszufinden, wo und warum es nicht klappt.

# 5. Übungsaufgabe

Schauen Sie sich bitte die folgenden vier Cartoons an (Abbildungen 18 – 21). Interpretieren Sie sie mithilfe des Analyse-Tools. Entscheiden Sie, wann das Analyse-Tool nicht mehr benutzt werden kann.

*Abbildung 18: „Shhhhh! … the Maestro is decomposing!"*

www.koliren.com

*3. Bild: „A…Aber … der Abgrund, Miguelito, Vorsicht, mein Gott!"*
*5. Bild: „Geht er kaputt?"*

*Abbildung 19: Am Abgrund*

*Abbildung 20: Early vegetarians returning from the kill*

www.koliren.com

*4. Bild: „Unsere lieben Zuhörer möchten Ihre Meinung zur nationalen Lage kennen.“*

*Abbildung 21: Mafalda*

## 6. Literatur

*Grundlegend*

Anderson, Lorin W. / Kratwohl, David R. et al. 2001. *A Taxonomy for Learning, Teaching, and Assessing: A Revision of Bloom's Taxonomy of Educational Objectives.* London: Longman.

Brockmeier, Jens / Olson, David R. 2009. The Literacy Episteme: From Innis to Derrida. Nancy Torrance, David R. Olson (eds.), *The Cambridge Handbook of Literacy.* Cambridge: Cambridge UP, 3–21.

Butler, Marilyn. 1981. *Romantics, Rebels & Reactionaries: English Literature and its Background.* Oxford: Oxford UP.

Cunningham, Valentine. 2002. *Reading after Theory.* Oxford: Blackwell.

Davidson, H. R. Ellis. 1958. Weland the Smith. *Folklore.* 69: 145–159.

Donaldson, Julia / Scheffler, Axel. 1999. *The Gruffalo.* Basingstoke: Macmillan.

Egan, Kieran. 2010. *Learning in Depth: A Simple Innovation that Can Transform Schooling.* Chicago: The UP of Chicago.

Heywood, Colin. 2000. Society. T.C.W. Blanning (ed.), *The Short Oxford History of Europe: The Nineteenth Century*. Oxford: Oxford UP, 47–77.

Homer, Bruce D. 2009. Literacy and Metalinguistic Development. Olson, David R. / Torrance, Nancy (eds.), *The Cambridge Handbook of Literacy*. Cambridge: Cambridge UP, 487–500

Keen, Suzanne. 2010. The Undergraduate Literature Classroom. Herman, David / McHale, Brian / Phelan, James (eds.), *Theaching Narrative Theory*. New York: MLA, 19–32.

Koebler, Gerhard. 1995. *Deutsches etymologisches Wörterbuch*. 3. 7. 2012. http://www.koeblergerhard.de/derwbhin.html

Midgley, Mary. 1984. *Wickedness: A Philosophical Essay*. London: Routledge.

Moses, Louis J. / Baird, Jodie A. 2001. Metacognition. Wilson, Robert A. / Keil, Frank C. (eds.) *MIT Encyclopaedia of the Cognitive Sciences*. Massachussetts: MIT, 533–535.

Reichl, Susanne. 2009. *Cognitive Principles, Critical Practice: Reading Literature at University*. Vienna: Vienna UP.

Ryan, Marie-Laure. 2010 Narratology and Cognitive Science: A Problematic Relation. *Style* 44 (4): 469–495.

Thompson. E. P. 1968. *The Making of the English Working Class*. Harmondsworth: Penguin.

Williams, Raymond. 1982. *Culture and Society*. London: The Hogarth P.

Williams, Raymond. 1988. *Keywords: A Vocabulary of Culture and Society*. London: Fontana.

*Weiterführend*

Cunningham, Valentine. 2002. *Reading after Theory*. Oxford: Blackwell, Kapitel 7 (*Textual Abuse*): 87–121.
(Was passieren kann, wenn man nicht bereit ist, die eigenen Voreinstellungen, mit denen man an den Text herangeht, gegebenenfalls aufzugeben.)

Mercer, Neil. 2000. *Words & Minds: How We Use Language to Think Together*. London: Routledge, Kapitel 1 (*Language as a Tool for Thinking*): 1–15.
(Hier wird Sprache als kommunikatives Tool eingeführt.)

Moses, Louis J. and Baird, Jodie A. 2001. "Metacognition". In Robert A. Wilson / Frank C. Keil (eds.), *MIT Encyclopaedia of the Cogni-tive Sciences*. Massachussetts: MIT, 533-535. (Allgemeine Zusammenfassung des Begriffs 'Metakognition'.)

Willingham, Daniel T. 2004. "Practice Makes Perfect – But Only if You Practice Beyond the Point of Perfection" *American Educator*. Spring. 3. 7. 2012. http://www.aft.org/newspubs/periodicals/ae/spring2004/willingham.cfm.
(Hält, was der Titel verspricht: ein Plädoyer dafür, dass Übung den Meister macht.)

## 7. Lösungsvorschlag

Im ersten Bild (Abbildung 18) ist die semantische Zuordnung relativ einfach. Der Witz des Cartoons basiert auf dem lexikalen Unterschied zwischen „composing“ und „decomposing“, dem aber auch ein kulturell-semantischer Unterschied zugrundeliegt. Die Mahnung an die Besucher zu schweigen, drückt die allgemeine Bewunderung aus, die künstlerisch-kreative Handlungen wie das Komponieren hervorrufen. Sie zeigt, dass für uns Künstler besondere Wesen sind. Ihre Besonderheit ruft leicht metaphysische (der Künstler als schaffender Gott) und individuelle (der Künstler als einzigartig) Assoziationen in uns wach. Der Witz dieses Cartoons liegt darin, dass das Wortspiel „decomposing“ diese ‚höhere‘ Ebene auflöst und den Künstler in den Bereich der ‚verrottenden‘ Natur bringt. Um dieses Bild zu interpretieren brauchen wir die Dimension der Gesellschaft eigentlich nicht zwingend. Wir können sie einbauen, indem wir den Cartoon als gesellschaftskritischen Kommentar zum Künstlermythos interpretieren.

Im zweiten Bild (Abbildung 19) ist die semantische Zuordnung auch relativ eindeutig. Die Person hinter der ersten Sprechblase (höchstwahrscheinlich Mutter oder Vater) warnt das Kind, um es zu beschützen. Das Kind seinerseits glaubt, es würde gerügt, weil es etwas kaputtmachen könnte. Gehen wir davon aus, dass der unsichtbare Sprecher die Mutter ist: Der Leser stimmt natürlich mit ihr überein und sieht in der Warnung eine natürliche Schutzreaktion. Für das Kind reagiert die Mutter aber nur ‚natürlich', wenn sie es rügt, d.h. wenn sie ‚sozial' reagiert, denn die Rüge fordert die Regel ein und die Regel wird von der Gesellschaft gesetzt. Würden wir der Interpretation des Kindes folgen, wäre die Mutter daher eher der Gesellschaft zuzuordnen. Die Welt sieht anders aus, je nachdem, ob wir sie nun aus unserer Sicht und der der Mutter betrachten oder aus der Sicht des Kindes. In diesem Cartoon ist es nicht nötig, mit individuellen und metaphysischen semantischen Räumen zu arbeiten.

Der dritte Cartoon (Abbildung 20) ist etwas komplexer. Wir erwarten beim Bild statt einer Mohrrübe ein erlegtes Wild und statt der Schaufeln Waffen. Im Text sollte eigentlich statt „early Vegetarians" der Ausdruck „early Hunters" oder Ähnliches erscheinen. Diese Vertauschung ist aber erst witzig, wenn wir sie kulturell und semantisch interpretieren. Die Menschen, die mit der Mohrrübe heimkehren, sind aufgeregt und schwingen ihre Schaufeln, als ob sie Großes oder Gefährliches vollbracht hätten. Der Ausdruck „the kill" deutet dies an, so wie wir uns das bei der Jagd halt vorstellen. Dabei sehen wir, dass diese Menschen nur nach Wurzeln ‚gebuddelt' haben.

Nun verbinden wir die Aufregung der frühen Jäger mit etwas Primitivem, Instinktivem, und deshalb mit Natur. Eine vegetarische Lebensweise verbinden wir eher mit Pazifismus, mit einer entwickelteren Lebensweise, deshalb auch mit gesellschaftlichem Verhalten. Andererseits drückt sich beim Vegetarismus ein gewisser Respekt und eine gewisse moralische Haltung gegenüber der Natur aus, auch ein Einssein mit Natur. Deshalb verlassen wir in diesem Cartoon Natur in Form von Primitivismus in Richtung Gesellschaft, kehren aber auf andere Weise (Einswerden mit Natur, Respekt für das natürliche Gegenüber) zur Natur zurück. Auf jeden Fall müssen wir hier überlegen, was Natur in diesem Cartoon und im Allgemeinen bedeutet.

Im letzten Cartoon (Abbildung 21) ist es schwierig, mit dem Tool zu arbeiten. Wir können die visuelle Parallele zwischen Zahnpastatube und Mikrofon vollziehen. Wir sehen auch die Schweinerei, die das Mädchen anrichtet. Auch verstehen wir vielleicht die Handlungssequenz vonseiten des Mädchens (Mafalda) als eine Kombination von kindlicher Fantasie (die Zahnpastatube wird zum Mikrofon) und Nachahmung des Diskurses der Erwachsenen („ihre Meinung zur nationalen Lage"). Wir sehen auch die Diskrepanz zwischen dem, was der Vater tut (Umtopfen), und dem, was von ihm verlangt wird (ein Kommentar zur nationalen Lage). Wenn überhaupt, werden hier Alltägliches (Zahnpasta) und Kleinbürgerliches (Umtopfen) einerseits, Wichtiges und Öffentliches andererseits (Mikrofon, nationale Lage) gegenübergestellt. Das Kind idealisiert vielleicht die Welt der Erwachsenen, während diese sich von ihrer alltäglichen Seite zeigt. Hier einen abstrakteren Unterschied sehen zu wollen zwischen dem Verhalten einer Erwachsenenwelt, die allzu natürlich ist, und einer kindlichen Natur, die der Erwachsenenwelt eine soziale Rolle zuschreibt, der diese entbehrt, ist wahrscheinlich überspitzt.

# *Kapitel 4*
# Zwei Grundmodelle der Welt

*Dieses Kapitel zeigt die wichtigsten kulturellen Schemata, die das Analyse-Tool verwendet.*

- *Anhand eines einleitenden Beispiels wird das wichtigste Schema in seiner Grundstruktur vorgestellt (Einheit 1), und es werden die Grundschemata in vormoderne (Einheit 2) und moderne (Einheit 3) Welt unterteilt und dann erläutert.*
- *Anhand von Beispielen wird die Arbeitsweise von vormodernen (Einheit 2) und modernen Schemata (Einheit 4) in Texten veranschaulicht.*
- *Es wird kurz zur Frage Stellung genommen, warum mit modernen und nicht mit postmodernen Schemata gearbeitet wird (Einheit 5).*

## 1. Beispiel: Harry Potter

In diesem Kapitel werden einige der wichtigsten Schemata unserer westlichen Kultur vorgestellt, die mit dem Analyse-Tool rationalisierbar sind. Dazu werden Sie zunächst gebeten, sich einen kurzen Auszug aus *Harry Potter and the Philosopher's Stone*, dem ersten Harry-Potter-Roman, durchzulesen und eine mittlerweile fast schon gängige Dimensionszuordnung durchzuführen. Für die, die *Harry Potter* nicht kennen, wird zunächst der Auszug kontextualisiert:

**Kontextualisierung des Auszugs**: Harry Potter ist ein Junge, der über Zauberkräfte verfügt, die in ihm schlummern, von denen er aber zunächst nichts ahnt. Er wohnt bei seinem Onkel Vernon, seiner Tante Petunia und seinem Vetter Dudley, die alle sehr bürgerlich, langweilig und egoistisch sind und Harry dauernd schikanieren, z.B. indem sie ihn im Schrank unter der Treppe wohnen lassen. In diesem Auszug machen die vier einen Zoobesuch und bleiben bei einem Glasfenster stehen, hinter dem eine Boa Constrictor ist.

> Dudley stood with his nose pressed against the glass, staring at the glistening brown coils. 'Make it move', he whined at his father. Uncle Vernon tapped on the glass, but the snake didn't budge. [...Harry] wouldn't have been surprised if [the snake] had died of boredom [...] – no company except stupid people drumming their fingers on the glass trying to disturb it all day long. It was worse than having a cupboard as a bedroom, where the only visitor was Aunt Petunia hammering on the door to wake you up [...]
> The snake suddenly opened its beady eyes. Slowly, very slowly, it raised its head until its eyes were on a level with Harry's. It winked. Harry stared. Then he looked quickly around to see if anyone was watching. They weren't. He looked back at the snake and winked, too.
> [...] the snake jerked its head towards uncle Vernon and Dudley, then raised its eyes to the ceiling. It gave Harry a look that said quite plainly: 'I get that all the time.' 'I know,' Harry

> murmured through the glass [...] 'Where do you come from, anyway?' Harry asked. [...] Boa Constrictor, Brazil. [...] The specimen was bred in the Zoo. 'Oh, I see – so you've never been to Brazil?' [...]
> What came next happened so fast no one saw how it happened – one second, Piers and Dudley were leaning right up close to the glass, the next, they had leapt back with howls of horror. [...] the glass front of the boa constrictor's tank had vanished. [...] As the snake slid swiftly past him, Harry could have sworn a low hissing voice said, 'Brazil, here I come... Thanksss, amigo.' (Kapitel 2)

Es lässt sich leicht feststellen, dass es zwischen Harry und der Schlange eine sonderbare Affinität gibt. Die Affinität ist dadurch bedingt, dass
- beide eingesperrt sind, die Schlange in ihrem Glaskasten, Harry bei den Dursleys,
- beide die Freiheit suchen – die Schlange möchte nach Brasilien (hier als Urwald und nicht als Nation identifizierbar), Harry nach Hogwarts, obwohl er es zu diesem Zeitpunkt noch nicht kennt,
- Harry die Sprache der Schlange versteht und sich mit ihr verständigen kann.

Diese Affinität grenzt beide von den Dursleys und allen anderen Zoobesuchern ab. Zoobesucher wie die Dursleys kommandieren die Schlange rum („Make it move", „stupid people drumming their fingers on the glass trying to disturb it all day long"). Harry kann nachvollziehen, wie die Schlange sich fühlt, da er ja im „cupboard" Ähnliches erfahren hat: „[the snake] gave Harry a look that said quite plainly: 'I get that all the time.' 'I know,' Harry murmured through the glass". So wie Harry und Schlange zusammengehören, verschmelzen im gemeinsamen Machtmissbrauch die Dursleys und die restlichen Zoobesucher zum kollektiven Gefängniswärter.

Was Gut und Böse betrifft, ist daher die Aufteilung des Texts recht einfach: Gut sind Harry und die Schlange, böse die Dursleys und die restlichen Zoobesucher. Diese Figurenkonstellation erlaubt auch eine recht einfache Dimensionszuordnung, die in Abbildung 22 schematisch vorgestellt wird:

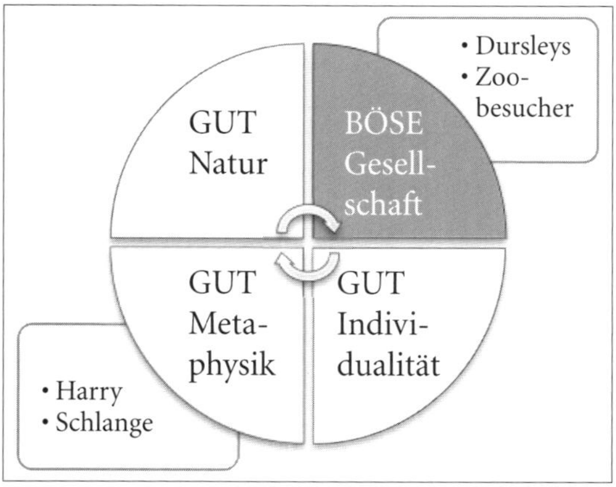


*Abbildung 22: Figurenkonstellation der Harry-Potter-Szene*

In der Affinität zwischen Schlange und Harry Potter geben sich Natur (Schlange, Dschungel), Metaphysik (unmögliche Kommunikation zwischen Mensch und Tier) und Individualität (Freiheitsdrang) die Hand. Das metaphysische Element wird außerdem durch das plötzliche Verschwinden der Trennwand im Glaskasten verstärkt, das die Freiheit der Schlange erst möglich macht. Demgegenüber verkörpern die Dursleys wie die Zoobesucher die Gesellschaft, die die Natur (sprich Schlange und deshalb auch Harry) einsperrt.

Solch ein Dimensionsmuster tritt in unserer westlichen, (post) modernen Kultur sehr häufig auf. Sie folgt der Grundstruktur ‚Natur gegen Gesellschaft' und fügt ihr die Elemente Metaphysik und/oder Individualität hinzu, wobei das Erscheinen der Individualität theoretisch wichtiger ist als das der Metaphysik (siehe Abbildung 23).

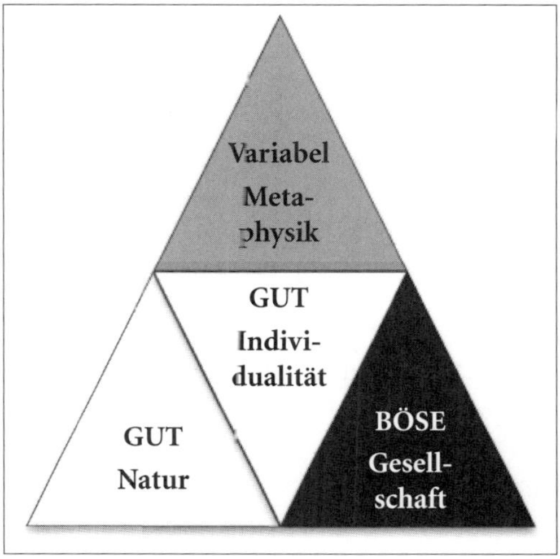


*Abbildung 23: Dimensionsmuster*

Um die Gründe für die Bevorzugung dieser semantischen Struktur gegenüber anderen zu verstehen, bietet sich ein Exkurs zu einem idealisierten Werdegang der Menschheit an. Dieser Werdegang lässt sich in zwei Perioden aufteilen, die vormoderne oder vorindustrielle einerseits, und die moderne oder industrialisierte andererseits.

## 2. Periode I: Die vormoderne Welt

Innerhalb der vormodernen Welt ist es sinnvoll, eine Unterscheidung zwischen zwei Idealvorstellungen des vormodernen Menschen zu treffen:
- der vormoderne Mensch aus vormoderner Sicht,
- der vormoderne Mensch aus moderner Sicht.

### 2.1 Der vormoderne Mensch aus vormoderner Sicht

In der vormodernen, vorindustriellen Welt ist der ‚primitive' Mensch den Gefahren der Natur ausgesetzt. Er erlebt äußere wie innere Natur als bedrohliche und allmächtige Größe, die seine Existenz gefährdet (MacIntyre 2007: 124). Diese Erfahrung verleiht der Natur metaphysische Züge (Adorno / Horkheimer 1988: 21). Als Bollwerk gegen diese allmächtige, metaphysisch gefärbte Natur dient dem Menschen zuallererst die Gesellschaft. In der Gruppe weiß er sich vor der Unbarmherzigkeit der Natur aufgehoben. Damit diese Gruppe aber funktioniert, muss sie streng geregelt und hierar-

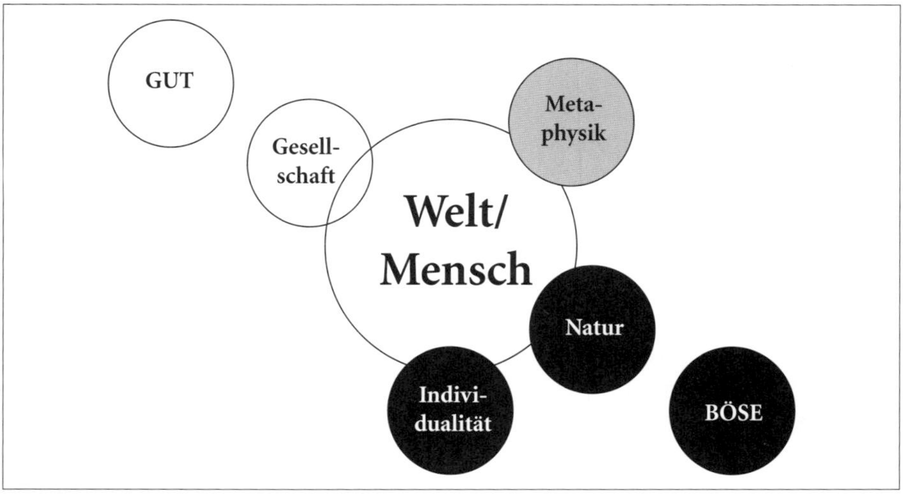


*Abbildung 24: Die vormoderne Welt*

chisch aufgebaut sein (MacIntyre 2007: 122–123). Regeln und Hierarchie werden selbst metaphysisch begründet, durch Magie oder Religion. Dies schließt die Individualisierung des Einzelnen aus (Fränkel 2006), da diese ja den Bestand der Gesellschaft gefährden würde. Individualisierung schließt hier die innere Natur des Menschen ein, deren Regungen den Einzelnen aus der gesellschaftlichen Bahn zu werfen drohen. Als Überlebensstrategie wird für den vormodernen Menschen die Gesellschaft zur zweiten Natur, dem, was ist und deshalb nicht zu hinterfragen ist (Finley 2002: 142–143). In Abbildung 24 wird die vormoderne Welt schematisch vorgestellt: Generell werden Gesellschaft und Metaphysik in der vormodernen Welt also als gut, Natur und Individualität als böse empfunden.

## 2.2 Der vormoderne Mensch aus moderner Sicht

Eine Sache ist, wie wir uns vormodernes Selbstempfinden vorstellen, eine ganz andere, wie es aus moderner Sicht beurteilt wird. Aus unserer Sicht rückt die vormoderne Gesellschaft näher an die Natur, normalerweise, indem sie urwüchsige Naturverhaftung oder Primitivismus vorweist. Wir bewundern die uns abhanden gekommene Naturverhaftung des primitiven Menschen, empfinden aber andererseits die Entwicklung seiner Individuation und Sozialisation als unzulänglich.

– *Urwüchsige Naturverhaftung*
  Hier werden vormoderne Kulturen einfach mit Natur gleichgestellt. Deren animistische, magische oder religiöse Ansichten können sich als wahr oder unwahr her-

ausstellen, werden aber mit Sympathie betrachtet. Camerons Film *Avatar* (2009) bietet ein gutes Beispiel einer solchen natürlichen Kultur.

Menschliche Kommunikation ist oft gesellschaftlich und durch die Sprache geprägt. In *Avatar* erfolgt die Kommunikation bei den Eingeborenen, den Na'vi, auf natürliche Weise. Die Na'vi begrüßen sich untereinander und grüßen die Tiere mit „I see you", was einem Erkennen und Anerkennen auf physischer Ebene gleichkommt.

Auch können sich die Na'vi mit Tieren verständigen und benötigen dazu nicht das gesellschaftliche Medium der Sprache. Zwischen Na'vi und Tieren beruht die Kommunikation auf Körperkontakt – durch die Verflechtung der Zopfenden eines Na'vi und eines Tieres. Das heißt, dass Sozialisierung auf biologisch-chemischer Basis erfolgt. Gesellschaft löst sich demnach in Natur auf. Das die Na'vi symbiotische Verhältnisse mit ihrer Umwelt – z.B. ihrem Zuhause (einem riesigen Baum) und den Tieren – eingehen, verstärkt die Naturverhaftung des Gesellschaftlichen.

– *Gesellschaftlicher Primitivismus*

Der vormoderne Mensch mag Angst vor der Natur haben und in der gesellschaftlichen Ordnung Zuflucht suchen, aus unserer Sicht aber ist er selbst ein Stück Natur, weil seine Auffassung von Gesellschaft primitiv ist. Der Primitivismus der Gesellschaft zeigt sich dadurch, dass diese hierarchisch aufgebaut ist. Sie kennt keine Gewaltentrennung, die ja eine Erfindung der Aufklärung des 18. Jahrhunderts ist, und weiß Persönliches von Rechtlichem nicht genau zu unterscheiden. Persönliche und affektgeladene Elemente der Gesellschaft, die uns heute weitgehend abhanden gekommen sind, finden sich in der Idee des *Geselligen* und im Sinn von lat. *socius* als „Gefährte" (siehe Williams 1988: 291–292). Die moderne Anonymität und Institutionalisierung der Gesellschaft ist deshalb dem vormodernen Menschen fremd. Zudem greift eine primitive Gesellschaft auf Magie oder Religion als Rechtfertigungsstrategien zurück.

Aus moderner Sicht also sind Metaphysik, Natur und Gesellschaft viel enger miteinander verwandt, als unsere stereotype Wahrnehmung der Selbstauffassung des vormodernen Menschen erlaubt.

## 2.3 Beispiel: *Beowulf*

Die Ambivalenz in der Präsentation des vormodernen Menschen lässt sich sehr gut anhand eines Vergleichs zwischen dem anonymen mittelalterlichen Gedicht *Beowulf* (2002) und Robert Zemeckis computergesteuerter Neuverfilmung des Gedichts (2007) zeigen.

*Beowulf* ist ein altenglisches episches Gedicht aus dem VIII. Jahrhundert (hier in englischer Übersetzung). Es schildert die Taten des gleichnamigen Helden und erlaubt einen einzigartigen Einblick in die teils germanische, teils christliche Gesellschaft der Zeit. Hier analysieren wir die Festhalle (*mead hall*) und die Figur Grendels in Originalfassung und

Film. In beiden erfahren wir zu Beginn, dass ein gewisser König Hrothgar, der im Krieg erfolgreich gewesen ist, eine riesige Festhalle erbauen lässt. Der Vergleich hinsichtlich Festhalle wie Grendel zeigt, wie unterschiedlich die vormoderne Zeit ausgelegt werden kann.

| 1. Original *Beowulf* | 2. Zemeckis *Beowulf* |
|---|---|
| **1.a Die Festhalle (2002: 4)**<br>Für den Verfasser des Originals ist die *mead hall* ein wahrlich edles und repräsentatives Gebäude, „large[r] than the children of men had ever heard of", seine Ausstattung ist „the work [of] many nations". In der Festhalle wird nicht nur der Sieg im Feldzug gefeiert, sondern Gerechtigkeit – „[Hrothgar] did not forget his promise. At the feast he gave out rings, treasure" – und Großzügigkeit geübt – „therein he would give to young and old all that God had given Him". Der Gesang des „scops" oder Barden, des offiziellen Geschichtsschreibers, ist zudem „clear". **In der *mead hall* zeigt sich der semantische Raum der Gesellschaft daher von seiner besten Seite.** | **2.a Die Festhalle**<br>Für den modernen Menschen stellt die *mead hall* nicht viel mehr dar als eine überdimensionale Holzscheune oder eine Saufbude, da dort in großen Mengen Met („mead") getrunken wird. Im Film sehen wir, wie der König sinnlos betrunken ist, mit dem Gold um sich wirft, der Barde grölt, und in den Ekken werden Geschäfte anderer Art (boxender, eschatologischer und sexueller) erledigt. **Die Festhalle und alles, was in ihr geschieht, erscheint als eine absurde Mischung semantischer Räume:** soziales Geschäft mischt sich mit (sehr) geselligem Miteinander und natürlich-metaphysischer Intoxikation. |
| **1.b Grendel (2002: 5)**<br>Der auf die Beschreibung der Festhalle und der edlen Feier folgende Absatz zeigt, dass die Gesellschaft nicht nur gut, sondern auch nötig ist, denn er führt die Figur Grendels als Gegenstück ein.<br>**Im Kern ist Grendel eine Verkörperung der Natur,** „a rover of the borders, one who held the moors, fen and fastness". Er ist so gefährlich, dass diese Natur metaphysische Züge annimmt: „he who dwelt in the darkness", ein „fierce spirit" und „hellish enemy". Bei so einem Feind kommt man gar nicht umhin, die Sicherheit der Gesellschaft in Anspruch zu nehmen. | **2.b Grendel**<br>Wiewohl der Kern Grendels im Original eine Verkörperung der Natur ist, ist der Verfasser klug genug, Ambivalenz in diese einseitige Beschreibung zu bringen, und so wird Grendel nicht nur als „evil", sondern auch als „unhappy" beschrieben, nicht nur als aktiver Übeltäter, sondern auch als Opfer: „he lived for a time in the home of the monster's race, after God had condemned them as kin of Cain". Eine Erklärung für diesen zusätzlichen Status gibt es nicht im Text.<br>Zemeckis nutzt dieses Potenzial Grendels als leidendes Opfer, um ihn zu psychologisieren. Er zeigt Grendel als Materialisierung des Bösen, das im Inneren Hrothgars und Beowulfs waltet. **Es ist jetzt nicht mehr die äußere Natur, die gefährlich ist, sondern die menschliche Natur, ihre Machtgier, ihr Sexualdrang, ihr Egoismus.** |

Wie jede stereotype Auffassung sind die Schemata der Vor-Modernität in ihrer Aussagekraft begrenzt, dabei aber auch nicht schlichtweg falsch. Das Mittelalter zum Beispiel stellt eine so lange Periode (ca. 1000 Jahre), mit so vielen internen Entwicklungen und Wechseln dar, dass sie auf einfache Weise nicht zu erfassen ist (Kleinschmidt 2000). Wenn der mittelalterliche Mensch charakterisiert wird, muss von der „diversité des types d'hommes du Moyen Age" (Le Goff 1989: 8) ausgegangen werden. Aber obwohl diese Vielfalt existiert, gibt es auch gewisse Merkmale, die den mittelalterlichen Menschen nicht grundsätzlich, aber doch zur Moderne hin abgrenzen: Alle sind religiös und gläubig (8) und dies auf verschiedene, nachvollziehbare Weisen (9–10).

Diese Abgrenzungen scheinen nahezulegen, dass vormoderne Menschen sich in gewisser Hinsicht vom heutigen modernen Menschenbild unterscheiden (MacIntyre 2007: 121–130). Ob es überhaupt möglich ist, ganz anders zu sein, bleibt letztlich eine Glaubensfrage (MacIntyre 2007: 125). Wir tun wahrscheinlich gut daran, diese Frage offen zu lassen, um uns nicht der Einverleibung oder der Entmenschlichung des Anderen schuldig zu machen.

## 3. Periode II: Die Moderne Welt

Die Anfänge der modernen Welt fallen mit der Bändigung der Natur durch die Wissenschaft und die Technologie zusammen. Diese Bändigung festigt sich mit der Industrialisierung einer Gesellschaft, weshalb die Moderne auch bevorzugt im 18. oder 19. Jahrhundert angesetzt wird. Es gibt sogar Historiker, für die das ‚primitive' Mittelalter erst mit der Industrialisierung aufhört (Le Goff 2004: 57–70). Sind die Gefahren der Natur erst gebannt, ändert sich auch die ganze Werteordnung einer Gesellschaft:

- Die äußere Natur wird als positiv gewertet, da sie für den Menschen keine Bedrohung mehr darstellt. Im Gegenteil, im Laufe der Moderne fängt der Mensch selbst an, die Natur zu bedrohen.
- Die Gesellschaft wird nicht mehr als überlebensnotwendig gesehen. Dies wiederum heißt, dass
  a) die Metaphysik ihre Rechtfertigungsfunktion verliert und ein Säkularisierungsprozess beginnen kann,
  b) die Individualität des Menschen gefördert wird.

Man kann die moderne und vormoderne Welt gut bildlich gegenüberstellen (gut = weiß; böse = schwarz; ambivalent = grau).

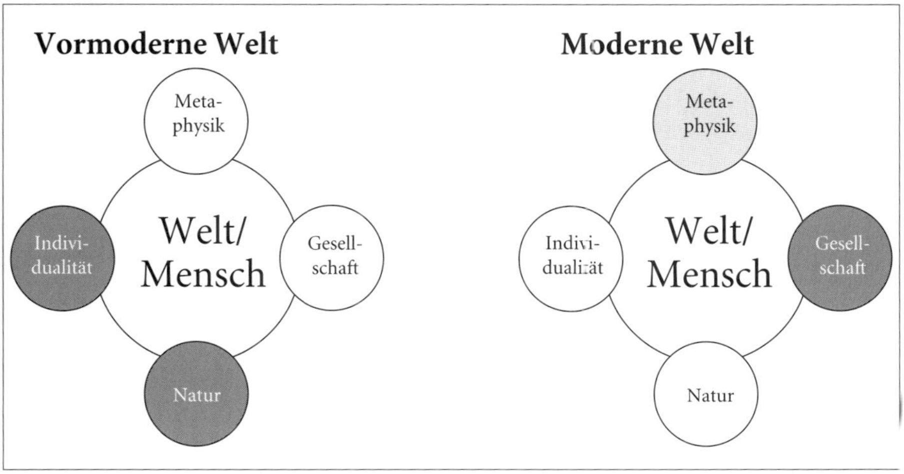


*Abbildung 25: Vormoderne versus moderne Welt*

Der moderne Mensch nimmt seine Individualität primär in den Regungen seiner inneren Natur bzw. Instinkte und Gefühle wahr, wie im 18. Jahrhundert schon der schottische Philosoph David Hume behauptete (Hume 1969: 301). Deshalb wird auch die innere Natur des Menschen als positiv gewertet, obwohl dieser Zug der Individualität ihre Einzigartigkeit – und dem Menschen die Verantwortung für seine Taten (Midgley 2001: 52–56) – zu rauben droht.

In der modernen Welt wird Natur und Individualität positiv, Gesellschaft negativ gewertet. Bei der Metaphysik gibt es hingegen zwei Alternativen und jeder Text muss für sich entscheiden, wo er sie orten will. In Dan Browns *The Da Vinci Code* zum Beispiel wird die katholische Kirche, die als Religion zunächst metaphysisch zu interpretieren wäre, als gesellschaftliche Institution präsentiert. Die heidnischen Religionen, die ja auch im Roman vorkommen, werden erstens über Verbindungen mit dem Konzept der freien Wahl demokratisiert – laut Brown bedeutet lat. *haereticus* „choice" (317) – und somit individualisiert. Zweitens konstruiert Brown heidnische Religionen als naturverhaftete Gebilde, indem er sie als „old" und „rural" darstellt (60) und dies über die Übersetzung von lat. *paganus* als „country-dwellers" unterstreicht (60).

Natürlich ist bei der modernen wie bei der vormodernen Welt die Umkehrung möglich. Wie die vormoderne Welt natürlich-primitiv konstruiert werden kann, kann im Gegenzug die moderne Welt, auch wenn sie Natur positiv bewertet, in ihrer Distanz zum natürlichen Primitivismus konstruiert werden. Die moderne Welt ist dann gesellschaftlichen Mächten oder dem Individualismus verfallen.

## 4. Die systematische Anwesenheit moderner Schemata

Solche modernen Scherze sind relativ leicht zu verstehen und in Texten wiederzufinden. Manchmal ist es jedoch schwieriger, aber auch interessanter, Schemata produktiv zu verwenden. Ein anderer Auszug aus dem ersten Harry-Potter-Roman kann darüber Auskunft geben. Als Harry Potter mit all den ‚Erstklässlern' in der Zauberschule Hogwarts ankommt, werden sie von einem Zauberhut auf verschiedene Häuser verteilt. Hogwarts ist ein Internat, und die Häuser bilden eine Mini-Gesellschaft, in der die Schüler zusammenleben. Jedes Haus hat seine eigene Geschichte und Tradition und bietet somit eine Parallele zu den englischen *public schools* mit ihren traditionsreichen ‚Häusern'. Die vier Häuser, die es in Hogwarts gibt, werden vom „sorting hat" folgendermaßen charakterisiert:

You might belong in **Gryffindor**,
Where dwell the brave at heart,
Their daring, nerve, and chivalry
Set Gryffindors apart;

You might belong in **Hufflepuff**,
Where they are just and loyal,
Those patient Hufflepuffs are true
And unafraid of toil;

Or yet in wise old **Ravenclaw**,
If you've a ready mind,
Where those of wit and learning,
Will always find their kind;

Or perhaps in **Slytherin**
You'll make your real friends,
Those cunning folk use any means
To achieve their ends.

(Rowling 1997: 88)

Diese Charakterisierung ergibt folgende Merkmale (Abbildung 26):

| Haus | Gryffindor | Hufflepuff | Ravenclaw | Slytherin |
|---|---|---|---|---|
| Merkmale | brave, daring, nerve, chivalry | just, loyal, patient, true, unafraid of toil | wise, learning | cunning |

*Abbildung 26: Die Häuser von Hogwarts*

Wenn man sich fragt, wieso J. K. Rowling sich gerade diese Wesensmerkmale und nicht andere ausgesucht hat, kommt man irgendwann darauf, dass es bei dem klassischen System der menschlichen Tugenden (Pieper 1964) ähnlich zugeht wie bei den Häusern: So gibt es parallel zu Gryffindors Tapferkeit („brave") die Tugend der Tapferkeit (*fortitudo*), parallel zu Hufflepuffs Gerechtigkeit („just") die Tugend der Gerechtigkeit (*iustitia*). Parallel zur klassischen Tugend der Klugheit (*prudentia*) gibt es aber gleich zwei Häuser und zwei Arten von Klugheit, nämlich Ravenclaws „wisdom" und Slytherins „cunning". Dafür gibt es für die Tugend der Mäßigung (*temperantia*) keine Parallele bei *Harry Potter*. Wenn wir uns nun die Aufteilung von Häusern und Tugenden mithilfe der vier semantischen Felder anschauen, entsteht ein etwas bizarres Bild (weiß = gut; dunkel = böse; Abbildung 27):

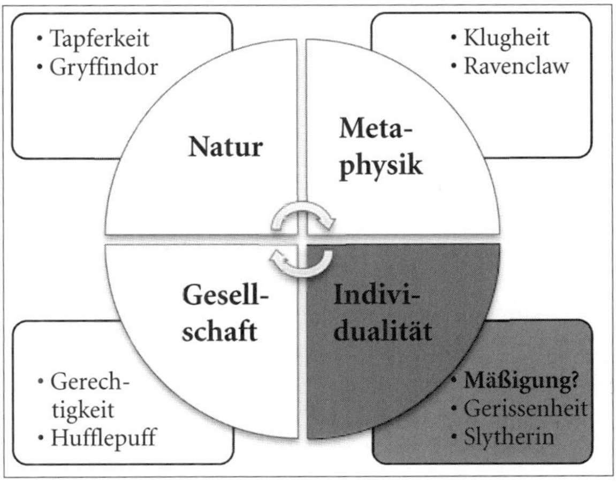


*Abbildung 27: Dimensionen des Analyse-Tools und die Tugenden in Hogwarts*

Die Einordnung der Gerechtigkeit in die Kategorie Gesellschaft erfolgt automatisch, die der Tapferkeit in die Natur oder der Klugheit in die Metaphysik ist wahrscheinlich, wenn auch nicht zwingend. Was aber überhaupt nicht möglich, ja geradezu widersprüchlich ist, ist die Einordnung des Mäßigung in die Individualität. Die Tugend der Mäßigung ist eher eine soziale Tugend. Dafür aber kann Slytherins „cunning", gerade weil sie durch den „use of any means / To achieve [its] ends" definiert ist, als höchst individualistisch gekennzeichnet werden.

Die Frage, ob Rowling sich dieser Parallelen und Gegensätze überhaupt bewusst war, bleibt offen. Interessanter ist es festzustellen, dass ihre Sichtweise in ein modernes Schema passt, die der Tugenden überhaupt nicht. In der modernen Welt, in der Individualität und Natur positiv gewertet werden, in der die Individualität sich in natürlichen Gefühlswallungen und im Instinktleben ausdrückt, in der zudem die Gesellschaft als schlecht empfunden wird, weil sie diese natürlichen Wallungen unterdrückt ... in solch einer Welt kann Mäßigung nur als inhaltslos empfunden werden. Deshalb, so könnte man argumentieren, kann Rowling gar nicht in die Versuchung kommen, die Mäßigung in der thematischen Zusammenstellung der Häuser zu entfalten.

## 5. Verfallsdatum moderner Schemata?

Man kann zu Recht die Frage stellen, ob diese modernen Schemata nicht doch seit geraumer Zeit überholt sind. Leben wir nicht in der Postmoderne? Wieso berufen wir uns dann auf moderne Schemata als diejenigen, die uns immer noch begleiten?

Der große Reiz moderner Schemata ist nicht, dass sie wahr sind, sondern dass sie intuitiv greifbar und nachvollziehbar sind. Unser intuitives wissenschaftliches Bild folgt ja oft auch dem gesunden Menschenverstand (der Apfel fällt vom Baum) statt Newton (die Erde übt eine Kraft auf den Apfel und der Apfel auf die Erde aus) und Newton statt Einstein (die Energieformen Erde und Apfel krümmen die Raumzeit), obwohl Einstein eher als Newton und Newton eher als unser Menschenverstand recht hat (siehe Mook / Vargish 1987: 24).

Genauso hängen wir kulturell an modernen und weniger an postmodernen Schemata (siehe Kapitel 9). Sie sind intuitiver, leichter fassbar. So ist es z.B. fraglich, ob der moderne Individualismus, nach dem unsere Gefühlsregungen unsere Identität spontan äußern, überhaupt einen Sinn ergibt. Es könnte gut sein, dass er zumindest zum Teil ein gesellschaftliches Konstrukt darstellt, das unsere Naturregungen erst in gewisse Bahnen lenkt. Die Identität des Einzelnen ist ja nicht von Anfang an gegeben. Viele Aspekte unseres Erbgutes sind plastisch (Boyd 2009: 26–28) und bestehen aus ‚offenen' Programmen (Midgley 1995: 51–54). Auch vollzieht sich Identität in hohem Maße von außen nach innen,

> beginning with my name – from the outside world, passing through the mouths of others (from the other, etc.), with their intonation, their affective tonality, and their values. At first I am conscious of myself only through others: they give me their words, the forms, and the tonality that constitute my first image of myself ... Just as the body is initially formed in the

> womb of the mother (in her body), so human consciousness awakens surrounded by the consciousness of others. (Bakhtin in Todorov 1984: 42)

Dennoch kommen uns viele Erscheinungen unserer Kultur natürlich und grundlegend vor, weil sie auf den modernen Individualismus beruhen und typisch für moderne Schemata, dabei aber überhaupt nicht zwingend sind (MacIntyre 1988: 21). So ist z.B. das Konzept der Pubertät oder des Teenagers, der sich aus der Familie lösen muss, weil sie als gesellschaftliche Unterdrückung empfunden wird, die die Suche nach dem eigenen Ich verhindert, ein häufig auftretendes modernes, aber keineswegs natürliches Phänomen. In anderen Kulturen geht es genau in diesem Alter darum, als Mann oder Frau in die Gemeinschaft aufgenommen zu werden, eine Aufnahme, auf die der ‚Teenager' sozusagen hinfiebert (Danesi 1994: 144). Vorstellungen des einzigartigen Ichs, das sich gegen die gesellschaftliche Unterdrückung aufbäumt, treten dabei gar nicht auf. Viele der Erscheinungsformen der Moderne bleiben intuitiv und sind deshalb als Ausgangsposition und kulturelle Schemata beliebter als kulturelle Einsichten, die diese Intuition infrage stellen.

## 6. Übungsaufgabe

Am Anfang des bekannten Musicals *The Sound of Music* sehen wir Maria, eine Klosternovizin, in den Bergen singen. Unten im Kloster fragen sich die Nonnen, warum Maria beim Beten gefehlt hat. Auf eine kurze Diskussion zwischen den Nonnen folgt das Anfangslied, von dem hier die erste Strophe und der Refrain wiedergegeben werden. Sie sollen herausfinden, ob dieses Lied ein modernes oder vormodernes Weltbild ausdrückt, und Gründe dafür angeben:

She climbs a tree and scrapes her knee
Her dress has got a tear
She waltzes on her way to Mass
And whistles on the stair
And underneath her wimple
She has curlers in her hair
I've even heard her singing in the abbey
She's always late for chapel
But her penitence is real
She's always late for everything
Except for every meal
I hate to have to say it
But I very firmly feel
Maria's not an asset to the abbey
  I'd like to say a word in her behalf
  [...] Maria makes me ... laugh.

**Refrain:**
How do you solve a problem like Maria?
How do you catch a cloud and pin it down?
How do you find a word that means Maria?
  A flibbertigibbet
  A will-o'-the-wisp -a clown
Many a thing you know you'd like to tell her
Many a thing she ought to understand
But how do you make her stay
And listen to all you say?
How do you keep a wave upon the sand?
How do you solve a problem like Maria?
How do you hold a moonbeam ... in your hand?

## 7. Literatur


*Grundlegend*

Adorno, Theodor W. / Horkheimer, Max. 1988. *Dialektik der Aufklärung: Philosophische Fragmente* Frankfurt a. M.: Fischer.

*Beowulf: A Prose Translation: Backgrounds and Contexts, Criticism.* 2002. Donaldson, E. Talbot (trans.); Howe, Nicholas (ed.) New York: Norton.

Boyd, Brian. 2009. *On the Origin of Stories: Evolution, Cognition, and Fiction.* Cambridge: The Belknap P of Harvard UP.

Danesi, Marcel. 1994. *Cool: The Signs and Meanings of Adolescence.* Toronto: UP of Toronto.

Finley, M. I. 2002. *The World of Odysseus.* New York: New York Review of Books.

Fränkel, Hermann. 2006. *Dichtung und Philosophie des frühen Griechentums.* München: Beck.

Hume, David. 1969 [1739–1740]. *A Treatise of Human Nature.* London: Penguin.

Kleinschmidt, Harald. 2000. *Understanding the Middle Ages.* Woodbridge: Boydell P.

Le Goff, Jacques. 1989. *L'homme medieval.* Paris: Seuil.

–. 2004. *Un long moyen age.* Paris: Tallandier.

MacIntyre, Alasdair. 1988. *Whose Justice? Which Rationality?* Notre Dame: UP of Notre Dame.

–. 2007. *After Virtue: A Study in Moral Theory.* Notre Dame: UP of Notre Dame.

Mercer, Neil. 2000. *Words & Minds: How We Use Language to Think Together.* London: Routledge.

Midgley, Mary 1995. *Man and Beast: The Roots of Human Nature.* London: Routledge.

–. 2001. *Wickedness: A Philosophical Essay.* London: Routledge.

Mook, Delo E. / Vargish, Thomas. 1987. *Inside Relativity.* Princeton: Princeton UP.

Pieper, Josef. 1964. *Das Viergespann.* München: Kösel.

Rowling, J. K. 1997. *Harry Potter and the Philosopher's Stone.* London: Bloomsbury.

Todorov, Tzvetan. 1984. *Mikhail Bakhtin: The Dialogical Principle.* Manchester: Manchester UP.

Williams, Raymond. 1988. *Keywords: A Vocabulary of Culture and Society.* London: Fontana.

*Weiterführend*

Adorno, Theodor W. / Horkheimer, Max. 1988. *Dialektik der Aufklärung: Philosophische Fragmente* Frankfurt a. M.: Fischer, *Begriff der Aufklärung*, 9–49.
(Kritik der Modernität anhand einer Analyse des Begriffs der Aufklärung.)

Eagleton, Terry. 2004. *After Theory.* London: Penguin, Kapitel 1 (*The Politics of Amnesia*): 1–22.
(Ortet viele der Aspekte, die in diesem Kapitel der Moderne zugewiesen werden, in der Postmoderne.)

MacIntyre, Alasdair. 2007. *After Virtue: A Study in Moral Theory.* Notre Dame: U of Notre Dame P, Kapitel 10 (*The Virtues in Heroic Societies*): 121–130.
(Ein konkreter Vorschlag, sich eine ‚primitive' Gesellschaft vorzustellen.)

Watt, Ian. 1997. *Myths of Modern Individualism: Faust, Don Quixote, Don Juan, Robinson Crusoe.* Cambridge: Cambridge UP, Kapitel 6 (*Robinson Crusoe*): 141–171.
(Eine Art Zusammenfassung eines Klassikers – Watts *The Rise of the Novel* – über den modernen, allerdings britischen Individualismus in der Literatur.)

Williams, Raymond. 1982. *Culture and Society: Coleridge to Orwell.* London: The Hogarth P, *Introduction*, xiii-xx.
(Eine kulturhistorische Einleitung zur Sinnwandlung verschiedener Schlüsselbegriffe zwischen 1750 und 1900.)

# 8. Lösungsvorschlag

*Strophe 1*

Hier sehen wir, wie die Schwestern Maria als Natur klassifizieren. Anstatt religiös (d.h. metaphysisch) zu handeln,

- tanzt sie auf dem Weg zur Messe,
- trägt sie wenig Schwesterliches unter ihrer Nonnenkleidung,
- singt sie in der Abtei,
- kommt sie zu spät zum Beten.

Dadurch, dass die Religion ihr all dies verbietet und das Verbot kontrolliert, verbindet sie sich mit der Gesellschaft. Maria selbst handelt dabei nicht religiös, sondern natürlich:

- Sie benimmt sich wie ein kleines Kind, und Kinder weisen auf nicht-sozialisierte Natur.
- Ihr Tanzen, Pfeifen und Singen sind Gefühlsäußerungen und deshalb Natur.
- Sie achtet auf ihr Äußeres, ihren Körper, und Körper ist Natur.
- Sie ist nur zum Essen pünktlich, d.h., sie folgt einem Instinkt.
- Das einzige Religiöse an ihr ist „her penitence". Das wird deshalb erwähnt, weil sie „real", also in gewissem Sinne auch natürlich ist.

Da Marias natürliches Benehmen uns sympathisch erscheint, die gesellschaftliche Kontrolle der kritischen Schwestern eher unsympathisch, drückt die Szene ein modernes Weltbild aus.

*Refrain*

Im Refrain werden Metaphern benutzt, die Maria zusätzlich definieren:

- "How do you catch a cloud and pin it down?"
- "How do you keep a wave upon the sand?"
- "How do you hold a moonbeam...in your hand?"

Diese Metaphern haben einen Tenor, der auf Natur weist („a cloud", „a wave", „a moonbeam"), eine Natur, die aber andererseits nicht greifbar ist. Wolken, Wellen und den Mondschein kann man schlecht festhalten. Diese Idee des schwer Greifbaren und Kontrollierbaren ist auch sonst im Refrain zu finden, mal in metaphysischer Manier – „A will-o'-the-wisp" – mal anders – „a flibbertigibbet", „How do you make her stay, / and listen to all you say". Was außer Kontrolle ist, wird von den Schwestern als „problem" aufgefasst, ist aber aus der Sicht der Zuschauer, die die Ansichten der Schwestern ja nicht teilen, wie auch der semantischen Modalitäten ein Zeichen von Individualität. Individualität verbindet sich demnach mit Natur. Beide zusammen stehen in Opposition zum semantischen Raum der Gesellschaft. Das Weltbild dieses Liedes ist deshalb ein durch und durch modernes.

*Coda*

Erlauben Sie mir einen kleinen Anhang. Das moderne Muster, das wir gerade identifiziert haben, und in dem die semantischen Felder der Individualität und der Natur eng miteinander verbunden sind, wird eine Szene später neu ausgedrückt. Aufgrund ihres Verhaltens wird Maria ins Büro der Äbtissin gebeten, wo sich folgender Dialog abspielt:

| | |
|---|---|
| Äbtissin: | Come here, my child. Now sit down. |
| Maria: | Reverend Mother, I'm sorry. I couldn't help myself. The hills were beckoning and [...] the sky was so blue today ... and everything was so green and fragrant, I had to be a part of it. The Untersberg led me higher like it wanted me to go through the clouds. |
| Äbtissin: | Suppose darkness had come and you were lost? |
| Maria: | Mother, I could never be lost up there. That's my mountain. I was brought up on it. |

In diesem Abschnitt verkörpert Maria nicht so sehr die Natur, als dass die Natur sich Maria einverleibt („I had to be a part of it"). Die Natur verlässt Marias Innere und inszeniert sich als Äußeres in der Berglandschaft. Diese Natur ist zugleich metaphysisch angehaucht, weil sie Konzepte wie „oben" ("The Untersberg led me higher") und „immateriell" ("it wanted me to go through the clouds") integriert, die in Richtung Metaphysik weisen. Die semantischen Räume ‚Natur' und ‚Metaphysik' decken sich hier also.

Diese Dimensionsverschiebung ist formal darauf zurückzuführen, dass im Lied Marias Verhalten durch die Schwestern, im Dialog mit der Äbtissin von Maria selbst präsentiert wird. Die Verschiebung ist nicht sehr auffällig, aber rhetorisch wichtig: Marias Darlegung weist nämlich hier die Möglichkeit der Eigenwilligkeit, die in der Kritik vonseiten der Schwestern im Lied mitschwingt, implizit von sich. Maria präsentiert sich nicht als eigenwilliges Subjekt, sondern als williges Objekt, das sich der guten Anziehungskraft der Natur nicht entziehen kann.

Auf jeden Fall geht das semantische Feld ‚Metaphysik' eine enge Beziehung mit dem Feld ‚Natur' ein und verstärkt so eine der Verbindungen, die der Metaphysik in einem modernen Weltbild offenstehen. Zudem bewahrt es die moderne Welt vor einem Individualismus, dessen allzu reger Kontakt zum natürlichen Trieb den Egoismus hervorbringen kann.

# Kapitel 5
# Fragen, Vermitteln und Beweisen

*In diesem Kapitel wird eine Vorgehensweise vorgestellt, die uns erlaubt, den Sinn von Texten mit Hilfe des Tools zu ermitteln. Dies geschieht durch die Analyse von Gründen oder Motivationen im Text, und zwar auf dreifache Weise:*
- *Durch die Festlegung der Motivation, die uns ermöglicht, in einem Text vom Vorder- zum Hintergründigen zu gelangen (Einheit 1 und 2).*
- *Durch die Benutzung einer Mediationsebene, die den Abstand zwischen nur vier semantischen Feldern und der Vielfalt der fiktionalen Welten verringert (Einheit 3).*
- *Durch eine formale Beweisführung, die uns erlaubt, den hintergründigen Sinn des Textes folgerichtig darzustellen (Einheit 4).*

*Diese Aspekte werden durch Bezug auf Wilhelm Buschs MAX UND MORITZ und die Analyse eines Gedichts von Robert Graves (LOVE WITHOUT HOPE) veranschaulicht (Einheit 2 und 4).*

## 1. Drei grundlegende Fertigkeiten

In diesem Kapitel geht es darum, drei Fertigkeiten zu trainieren, die eng miteinander verwoben sind:
- Wir nehmen an, dass es immer einen Grund oder Gründe gibt, warum ein Text sagt, was er sagt. Dieser Grund ist seine *Motivation*. Über die Frage ‚Warum?‘ gilt es, von vordergründigen Motivationen im Text auf hintergründige Motivationen und Motivationsstrukturen zu gelangen.
- Die Suche nach der Motivation im Text hilft, fiktionale Welten auf semantische Strukturen zu reduzieren. In unserem Buch ist die Reduktion extrem: Die absolute Vielfalt der Fiktion mündet in nur vier semantische Räume. Um zwischen Vielfalt und Reduktion zu vermitteln, wird deshalb eine Mediationsebene vorgeschlagen. Diese besteht aus einer begrenzten Anzahl von in der Fiktion häufig auftretenden Schlüsselbegriffen.
- Motivation zu erkennen und zu deuten bedarf auch einer richtigen Beweisführung. Eine Beweisführung erstellen heißt, auf überzeugende Weise zu erklären, warum ein gewisses Element der Fiktion einem gewissen semantischen Raum zugeordnet wird. Dazu ist oft die Mediationsebene nötig.

Die ersten beiden Fertigkeiten sind inhaltlicher Natur, die dritte ist ein formaler Aspekt der Begründung. Alle drei sollen im Rahmen des Analyse-Tools durchdacht werden.

## 2. ‚Warum'-Fragen und Tiefe der Interpretation

Die Suche nach einem letzten Sinn ist dem Menschen nicht fremd. Von Natur aus ist der Mensch ein kognitives Wesen. Sein Überleben hängt davon ab, auf verschiedenen Ebenen Sinn in Form von Information zu sammeln (Rescher 2003: xvii; Arnold 2002: 51; Boyd 2009: 88–89). Diese Suche weitet sich auf die Kultur und die Philosophie, aber auch aufs Erzählen aus (Boyd 2009: 159) und drückt sich auf grundlegende Weise in der Frage ‚Warum?' aus (Rescher 2003: xiii). Wer ‚Warum?' fragt, bemüht sich vornehmlich um den Grund der Dinge.

Oft geben wir uns mit der Antwort auf ein erstes ‚Warum?' zufrieden. Grund dafür können intuitive Denkschemata sein, auf die wir uns beim Lesen verlassen und die eine ausreichende Auseinandersetzung mit dem Text gefährden (Leith / Meyerson 1989: 150; Reichl 2009: 39). Wir können dieser Versuchung widerstehen, indem wir nach weiteren Warum-Fragen suchen oder unserer Antwort auf ein erstes ‚Warum?' ein weiteres anhängen. Dies erlaubt uns, immer tiefer in den Text einzudringen (siehe z.B. die Diskussion um *The Man in the Iron Mask*, Kapitel 1).

Inwiefern ist es aber möglich, immer weiter in die Tiefe einzudringen? Kann diese Tiefe aufhören? Worauf muss man dabei achten? Welche Stellung nimmt unser Tool ein? Am Beispiel von Wilhelm Buschs *Max und Moritz* werden wir versuchen, auf einige der Probleme, die sich uns dabei stellen können, Antwort zu geben.

Wir leben in einem Zeitalter des psychologischen Realismus, weshalb wir zunächst Gründe in Personen und ihren Handlungen, also in der psychologischen Motivation des Einzelnen, suchen (für eine ausführliche Diskussion psychologischer Motivation, siehe Doležel 1998: 55–73). Diese Gründe können äußerst kompliziert sein – darum grübelt Hamlet meistens und handelt wenig – oder auch ganz einfach. Bei Wilhelm Buschs Lausbubengeschichte *Max und Moritz* und deren Versuch, im vierten Streich Lehrer Lämpel eins auszuwischen, ist der Grund ihrer Handlungen darauf zurückzuführen, dass die beiden einfach Lausbuben sind: „Denn wer böse Streiche macht, / Gibt nicht auf den Lehrer acht". Max und Moritz sind böse. Darin erschöpft sich ihr Beweggrund.

Wir könnten aber auch komplizierter argumentieren und sagen, dass die beiden Lausbuben etwas gegen Lehrer Lämpel aushecken, weil sie die bildungsvermittelnde Autorität des Lehrers nicht anerkennen (siehe die Beschreibung Lehrer Lämpels weiter unten). In anderen Streichen könnten wir argumentieren, dass ihr Lausbubensein mit der Erfüllung von Trieben verbunden ist (vornehmlich dem Hunger, wie das Hähnchen- und Brezenstehlen bei Witwe Bolte und dem Zuckerbäcker zeigen). Damit würden wir schon fast einen Schritt weiter gehen, denn aus Bildung, Reaktion zur Bildung und triebhaftem Benehmen entsteht leicht der Gegensatz zwischen Gesellschaft und Natur. Wir interpretieren somit die Motivation von Max und Moritz, indem wir sie abstrahieren.

Wir haben ein erstes ‚Warum?' gefragt, haben eine Antwort erhalten und könnten uns damit zufriedengeben. Aber gerade weil so ein ‚Warum?' leicht zu beantworten ist, stellt es uns nicht zufrieden. Gibt es nichts weiter über Max und Moritz zu sagen, lohnt es sich auch nicht, den Text weiter zu analysieren. Es ist gerade dies, was ein zweites ‚Warum?' hervorrufen sollte. Nun gibt es mehrere Möglichkeiten.

Einerseits können wir versuchen, die Lücke im Text zu suchen. Steht im Text „Manuel wirft den Stein. Die Fensterscheibe geht kaputt", dann muss der Leser zunächst einmal beide Sätze kausal verbinden, weil das im Text nicht ausdrücklich geschieht. Als Nächstes wird er sich fragen, warum Manuel den Stein geworfen hat und ob er das Fenster absichtlich treffen wollte. Es könnte sogar sein, dass Manuels Steinwurf mit dem kaputten Fenster gar nichts zu tun hat. Warum? Solche möglichen Lücken und Gegensätze zeigen, dass beim Lesen sowohl Leser als auch Text gemeinsam Arbeit leisten, um die Rationalität des Textes zu erstellen. Dabei ist ihr Arbeitsaufwand aber umgekehrt proportional: Je weniger Vorarbeit der Text leistet, desto mehr muss der Leser nacharbeiten (Todorov 1981: 46). Dies führt oft in die Tiefe.

Von dieser Nacharbeit ist bei *Max und Moritz* wenig zu sehen, es sei denn, wir verlassen Denken und Fühlen konkreter Handlungsfiguren. Im vierten Streich richtet sich z.B. ihre Bosheit gegen Lehrer Lämpel. Dessen Beschreibung ist aber eigentlich keine Personenbeschreibung, wie auch die Abbildung, die Wilhelm Busch dazu entwarf, mehr als nur Persönliches enthüllt (siehe Abbildung 28):

> Also lautet ein Beschluss:
> Dass der Mensch was lernen muss.
> Nicht allein das Abc
> Bringt den Menschen in die Höh';
> Nicht allein in Schreiben, Lesen
> Übt sich ein vernünftig Wesen;
> Nicht allein in Rechnungssachen
> Soll der Mensch sich Mühe machen;
> Sondern auch der Weisheit Lehren
> Muss man mit Vergnügen hören.
> Dass dies mit Verstand geschah,
> War Herr Lehrer Lämpel da.

*Abbildung 28: Lehrer Lämpel*

Hier wird nicht primär Lehrer Lämpel, sondern eher eine Weltsicht beschrieben, die der Lehrer in Wort und Bild exemplarisch vertritt und möglich macht. Hier können wir erneut ‚Warum?' fragen: Warum dieser Wechsel von Personenbeschreibung zur Beschreibung einer Weltsicht? Die Weltsicht, die in diesem Text gezeigt wird, ist die des Bildungslämpchens – deshalb vielleicht auch Lehrer ‚Lämpel' als Kombination von ‚Lampe' und ‚Tölpel' – des kleinbürgerlichen Deutschlands zu Wilhelm Buschs Zeit (1865). Buschs ironische Beschreibung zeigt nicht nur, dass er ein versierter Porträtierer ist, sondern auch, dass er seine Zeit porträtiert und nicht nur die

Handlungsfigur. Dies zeigt auch, dass sich der Sinn des Texts nicht in der Analyse der Handlungsfiguren erschöpft. Jedes Element der Fiktion ist potenziell analysierbar.

Der Verweis auf das kleinbürgerliche Bildungslämpchen zeigt auch, dass wir hier den Text verlassen und in Buschs Zeit eindringen. In diesem Falle ändert das Verlassen des Texts unsere Interpretation nicht übermäßig, ergibt aber schon Akzentverschiebungen.

- Bei einer textimmanenten, charakterbezogenen Interpretation triumphiert die Bosheit Max und Moritz' über ihre Naturverhaftung: Die beiden mögen mal Hunger haben, sind aber vor allem Lausbuben.
- Eine geschichtlich kontextualisierte Interpretation jedoch, die das deutsche Kleinbürgertum kritisiert, ist an Max und Moritz gar nicht interessiert. Andererseits wertet sie diese Lausbuben, gerade weil sie unwichtig sind, wieder auf. Indem sie das Kleinbürgertum und mit ihm den semantischen Raum ‚Gesellschaft' negativ wertet, drängt sie Max und Moritz fast automatisch in benachbarte Räume wie Natur und Individualität und erlaubt ihnen positive Züge.

Dies zeigt zweierlei: erstens, dass Tiefe in der Interpretation erste Dimensionsbezüge modifizieren und neue Dimensionsbezüge aufstellen kann. Zweitens, dass sowohl textimmanente wie kulturkritische Ansätze wertvoll und komplementär sind. Was für eine textimmanente Figurenanalyse nur Lausbuben sind, könnte eine kulturgeschichtliche Analyse fast in Freiheitskämpfer verwandeln.

In diesem Buch gehen wir wie bei Max und Moritz vor: Wir starten vom textimmanenten Ansatz, unter Benutzung des Analyse-Tools. Nur wo die textimmanente Arbeit nicht ausreicht, bewegen wir uns außerhalb des Textes und versuchen, durch den Kontext Leerstellen des Textes zu schließen. Der wichtigste Grund dafür ist, dass ein textexterner Verweis leicht zur Ausrede für unsere Unfähigkeit zur textimmanenten Arbeit werden kann. Zudem bietet die Unterscheidung von vormoderner und moderner Welt (Kapitel 4), ja das bloße Benutzen eines Analysemodells, gewissermaßen schon einen textexternen Ansatz.

Beim textexternen Ansatz gibt es übrigens zwei Varianten. Wir können textextern im Sinne des Autors oder gegen den Sinn des Autors interpretieren. Im Fall von *Max und Moritz* würde Wilhelm Busch wahrscheinlich mit der Kritik kleinbürgerlichen Lebens übereinstimmen, hat diese wahrscheinlich auch absichtlich in den Text eingearbeitet. Es gibt aber ebenfalls die Möglichkeit, den kulturellen Kontext gegen die Autorintention zu richten (Abbott 2008: 104–06). Bei *Max und Moritz* würde eine etwaige kulturgeschichtliche Erhebung der beiden zu Freiheitskämpfern wahrscheinlich Busch, und nicht nur ihm, gegen den Strich gehen. In diesem Buch wird in Kapitel 4 (Analyse der vier Häuser Hogwarts in *Harry Potter*) und Kapitel 7 (Diskussion um Erich Kästners *Pünktchen und Anton*) gegen die Autorintention interpretiert.

Diese verschiedenen Möglichkeiten zeigen uns, dass die Tiefe der Interpretation oft schwer auszuloten ist. Andererseits zeigt das Beispiel von *Max und Moritz*, dass Dimensionszuordnung und Interpretation auch ein Ende finden können. Jeder Text weist nämlich Nullpositionen auf, d.h. Momente, in denen eine mögliche weitere Spezifizierung nicht vorhanden ist (Titzmann 2003: 3046). Solche Nullpositionen fördern oft die Interpretation, genauso oft setzen sie der Interpretation auch Grenzen, über die hinaus Interpretation nur noch zur Spekulation wird.

Als kritische Leser müssen wir auf jeden Fall versuchen, die Augen offenzuhalten für die vielen Interpretationsmöglichkeiten, und gleichzeitig auf ein Ende hinarbeiten. Fiktionale Welten sind unendlich variabel und können aus verschiedenen Kontexten heraus interpretiert werden. Sie bestehen aber auch nur aus einer begrenzten Anzahl von Wörtern und müssen irgendwo mit unserer Kenntnis der Welt verknüpfbar sein (Titzman 2003: 3063; Montgomery et al. 2007: 11).

## 3. Die vier semantischen Räume und die Vielfalt der Welt

Bis jetzt haben wir uns der Erfassung der (sich ändernden) Dimensionsbezüge und der Tiefe der Interpretation ziemlich intuitiv genähert und haben einen großen Abstand zwischen den vier Dimensionen und der Vielfalt der fiktionalen Welt erlaubt. Um diesen Abstand zu verringern, kann man eine Mediationsebene zwischen Welt und Dimensionen erstellen. Diese besteht aus Schlüsselbegriffen, die häufig in Texten auftauchen und die wir wiederholt und ohne groß zu überlegen mit einem spezifischen semantischen Raum in Verbindung bringen. Eine solche Mediationsebene ist nicht nur didaktisch angebracht, sondern deckt sich mit der Art und Weise, in der wir unser Denken strukturieren: „Cognitive structure is hierarchically organized in terms of highly inclusive concepts under which are subsumed less inclusive subconcepts and informational data“ (Ausubel 1960: 267).

Sind wir uns der Mediationsebene bewusst, werden wir bei der Textanalyse auch leichter Scheinprobleme von realen Problemen unterscheiden können, da wir erkennen werden, wo Texte automatische Zuordnungen eingehen und wo sie von ihnen abweichen.

Die Entscheidung über die Schlüsselbegriffe, die in einer Mediationsebene zu finden sind, ist immer unvollkommen. Sie ist mit persönlichen Einstellungen des Lesers zum Leben verbunden. Sie stellt eine Mischung aus Lebens- und Leseerfahrung dar, die mit wissenschaftlichen Theorien vereinbart und mit ähnlichen Entscheidungen anderer Menschen verglichen werden muss (siehe Sinding 2010: 480). Erschwerend kommt hinzu, dass die Mehrdeutigkeit der Sprache erlaubt, Ähnliches auf vielfältige Weise auszudrücken. Trotzdem ist es wichtig, die Begriffspalette bei der Analyse zu erweitern. Vier Grundkonzepte und ihre Definitionen sind einfach zu wenig, um auch nur annähernd der textuellen Wirklichkeit gerecht zu werden.

Wir werden im Folgenden praktisch vorgehen. In Abbildung 29 finden Sie fast 100 solcher Schlüsselbegriffe, in ca. 25 Gruppen unterteilt. Sie werden gebeten, jede dieser Wortgruppen einem der vier semantischen Räume – Natur, Gesellschaft, Metaphysik und Individualität – zuzuordnen. Die ‚Lösung‘ befindet sich auf der nächsten Seite, schauen Sie aber bitte nicht nach, bevor die Übung beendet ist, dies sollte nicht mehr als 5–10 Minuten dauern. Zur Überprüfung dessen, was Natur, Gesellschaft, Metaphysik und Individualität bedeuten, wird auf Abbildung 1 in Kapitel 1 verwiesen.

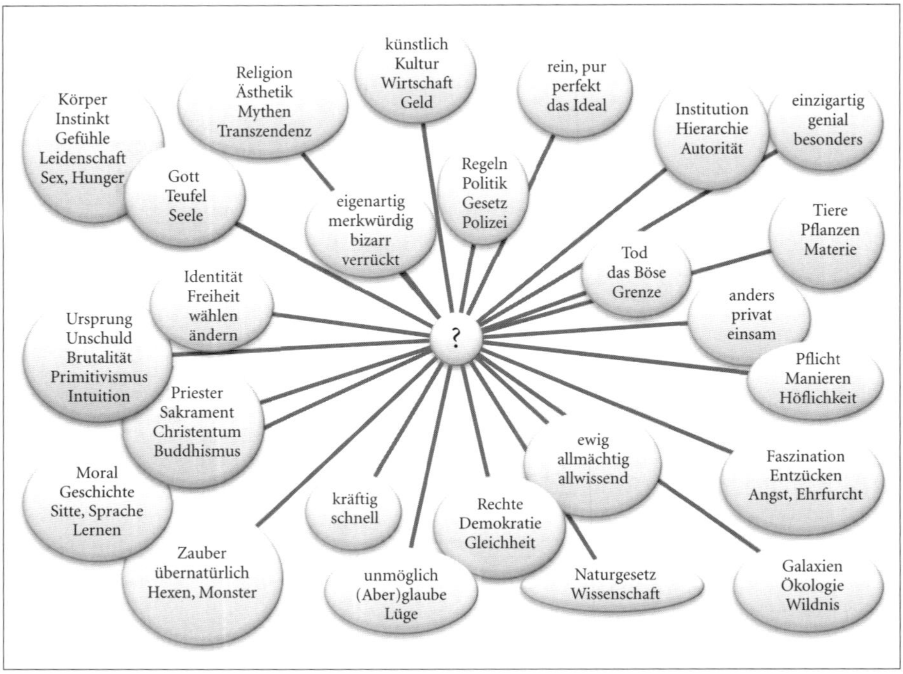


*Abbildung 29: Ordnen Sie bitte zu.*

In Abbildung 30 wurden die verschiedenen Wortgruppen so sortiert, dass jeder semantische Raum die ihm auf natürliche Weise zugeordneten Schlüsselbegriffe enthält. Ich habe diese Übung mit Hunderten von Studierenden durchgeführt und sie stimmen mit dieser Aufteilung zu 90-95% überein.

Es gibt natürlich immer wieder kleine Abweichungen: So wird z.B. bemängelt, dass Gefühle generell der Natur zugeordnet werden, dass aber hier die Wortgruppe „Faszination, Entzücken, Angst, Ehrfurcht“, die ja Gefühle ausdrückt, als metaphysisch etikettiert wird. Es wird auch oft kritisiert, dass manche Wörter nur gebündelt einer gewissen Dimension zugeordnet werden können, wie z.B. die Wörter „Lüge“ oder „Grenze“, die nicht nötigerweise in der Sparte Metaphysik ihren Ort haben.

Wichtiger als diese und vielleicht noch einige anderen Unterschiede ist aber die 90–95% Übereinstimmung. Sie besagt, dass hier unsere abendländischen kulturellen Schemata in hohem Maße übereinstimmen. Dies ermöglicht einen sinnvollen Austausch bei abweichenden Interpretationen. Wir können leichter feststellen, wo wir mit anderen Interpretationen nicht einverstanden sind, wenn wir im Allgemeinen einer Meinung sind. Eben darum müssen wir uns aber auch der allgemein geteilten Schemata bewusst sein.

Die Begriffspalette erweitern kann natürlich ins Negative umschlagen. Statt vier Worten und ein paar Definitionen stehen wir nun hundert frei im Wissensraum schwe-

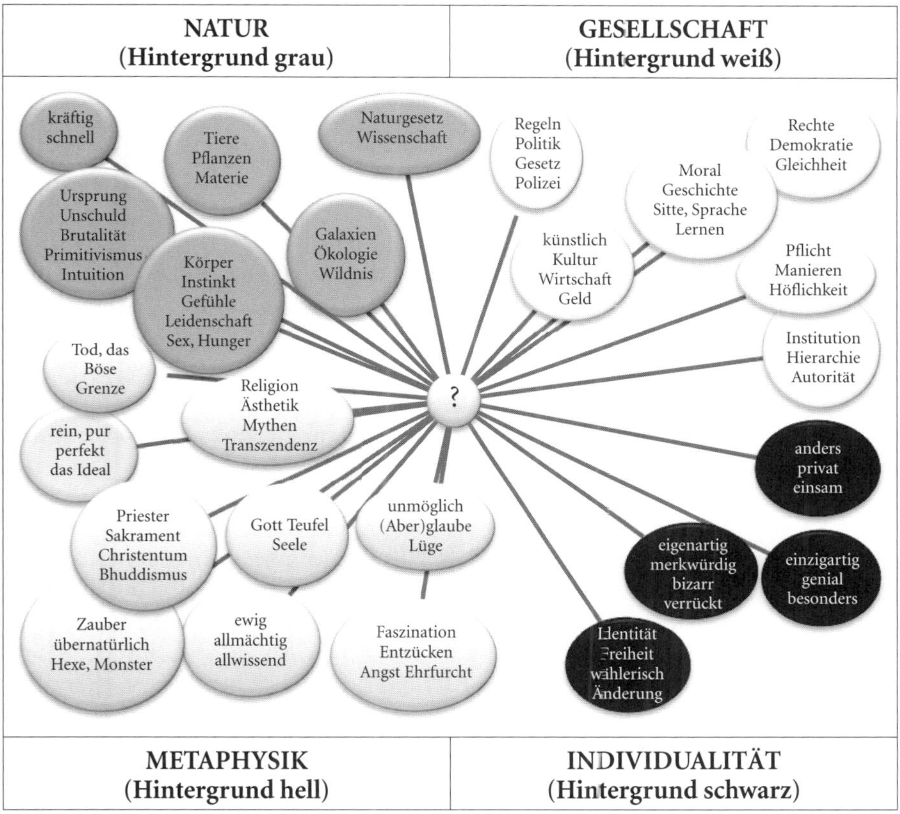


*Abbildung 30: Lösungsvorschlag zu Abbildung 29*

benden Begriffen gegenüber. Wissen kann aber nur funktionsfähig sein, wenn es strukturiert ist, sonst bilden wir ja nur sinnlose Listen (Bransford 2000: 9). Die Welt, in der wir leben, wie die Welt, die wir für die Analyse aufbauen, besteht nicht aus Monaden, sondern aus aufeinander bezogenen Elementen.

Wir befinden uns nun in einer Zwickmühle: Einerseits müsste jetzt jeder der semantischen Räume intern strukturiert werden. Andererseits weiß ich aus Erfahrung, dass Einverleibung und kritische Durchleuchtung der strukturierten Räume für den Leser aufwendig sind und ihre Zeit brauchen. Deshalb werden die vier Strukturierungen auf das nächste Kapitel verlegt. Auf Dauer ist es aber sehr sinnvoll, sich diese Strukturen anzueignen. Es wird daher geraten, Kapitel 6 öfter und vor allem praxisbezogen, d.h. während verschiedener Interpretationen, zurate zu ziehen.

Anhand eines kurzen Gedichts von Robert Graves wird versucht, eine Gedichtsinterpretation anhand einer Reihe von Warum-Fragen, der Benutzung der Mediationsebene und einer gut geführten Beweisführung zu veranschaulichen.

## 4. ‚Warum'-Fragen und Mediationsebene

*Love without Hope (Robert Graves, 1925)*
Love without hope, as when the young bird-catcher
Swept off his tall hat to the Squire's own daughter,
So let the imprisoned lark escape and fly
Singing about her head, as she rode by.

### 4.1 Erstes ‚Warum?'

Titel und erste Zeile des Gedichts verweisen auf die hoffnungslose Liebe als Thema. Auf das Thema „Love without hope" folgt „as when...", womit der Erzähler zu erkennen gibt, dass das ganze Gedicht als Vergleich zu lesen ist, in diesem Fall des Themas mit einer Anekdote über einen Vogelfänger, der in ein adliges Mädchen verliebt ist.

Warum diese Anekdote? Was ist an ihr interessant? Eine Geschichte, in der ein Jüngling niederer Herkunft ein Mädchen aus besserem Hause hoffnungslos liebt, ist an und für sich nichts Besonderes. Auch das Grüßen des vorbeifahrenden Mädchens mit dem Hut macht den Text nicht interessanter. Auf die Frage, warum der Junge das tut, können wir versuchen, realistisch-psychologisch zu argumentieren, etwa so: Der Vogelfänger setzt den Hut ab, weil er das adlige Mädchen liebt und um ihm seine Huld zu erweisen. Oder so: Der Vogelfänger setzt den Hut ab, weil sich das so gehört. Das bringt uns in der Interpretation aber auch nicht weiter.

### 4.2 Zweites ‚Warum?'

Eigenartig ist dann aber doch, dass die Lerche entkommt und dass sie Kreise über dem Mädchen zieht. Der ausbrechende Vogel steht zudem mit dem Beruf des Jungen in Beziehung, er bestreitet seinen Lebensunterhalt als Vogelfänger. Warum? Hier wird der Leser zum literarischen Detektiv, denn die Antwort auf diese Frage kann zunächst nicht in der Motivation des Jungen liegen. Ein Vogelfänger kann ja nicht daran interessiert sein, einen Vogel entkommen zu lassen.

Dabei ist ein Aspekt des Textes schwer zu übersehen: die soziale Distanz zwischen dem Vogelfänger und dem adligen Mädchen. Soziale Distanz lässt sich mit dem Tool am einfachsten als Gegensatz zwischen Natur und Gesellschaft verstehen und könnte dem Vogelfänger und dem adligen Mädchen leicht übergestülpt werden. Täten wir das, würden wir aber verkennen,

- dass es der Bezug Lerche – Vogelfänger ist, der zunächst einen Gegensatz zwischen Natur und Gesellschaft bildet. Wie die Lerche als Vogel ein Stück Natur ist, so wird der Junge, indem er als Vogelfänger charakterisiert wird, in seiner sozialen Rolle dargestellt.

– dass es dem adligen Mädchen nicht anders ergeht als dem Jungen: Auch sie wird durch ihre soziale Rolle definiert, denn wir wissen nicht mehr über sie, als dass sie „the Squire's own daughter“ ist.

Indem wir uns dessen bewusst sind, nehmen wir übrigens die Mediationsebene in Anspruch:
– Im Falle der Lerche läuft dies über die Beziehung Lerche – Vogel –Tier – Natur.
– Im Falle des Jungen ist die Beziehungskette Vogelfänger – Geld / Wirtschaft – Regel – Gesellschaft.
– Beim Mädchen läuft die Beziehung über die Kette Adel – Hierarchie – Regel – Gesellschaft.

## 4.3 Drittes ‚Warum?‘

Diese erste Aufteilung zwischen Natur und Gesellschaft verändert sich aber in der Geschichte. Der Vogelfänger zieht den Hut vor dem adligen Mädchen und tut dabei zweierlei: Er grüßt das Mädchen und lässt den Vogel frei. Was bedeutet diese Bewegung mit doppelter Auswirkung?

1. Ist sie nur die zu erwartende Geste eines Untergebenen gegenüber seiner Herrin oder Ausdruck der Liebe?
2. Ist sich der Vogelfänger bewusst, dass er beim Grüßen die Lerche freilässt?

Je nachdem, wie wir die Fragen beantworten, ändert sich die Interpretation des Textes. Einige Interpretationen sind theoretisch möglich. Bei manchen ist das Hutabziehen lediglich eine Geste des Respekts, wobei aber die Idee der Liebe, die ja im Titel vorhanden ist, verloren ginge, weshalb wir sie nicht in Betracht ziehen. Bei dieser Option könnte der Vogelfänger seiner sozialen Rolle nicht entkommen, weil das Hutabnehmen gesellschaftlich von ihm erwartet wird.

Bei anderen Optionen ist das Hutabziehen aber ein Ausdruck der Liebe des Vogelfängers, wie das energetische „swept off“ andeutet. Dadurch entkommt der Vogelfänger der gesellschaftlichen Reduktion, denn er streift seine soziale Rolle ab. Durch den Parallelismus mit der befreiten Lerche, die Natur ist, wird seine Liebeserklärung zum befreiten Trieb. Der junge Vogelfänger verlässt dadurch das semantische Feld ‚Gesellschaft‘ und tritt in die Felder ‚Natur‘ und ‚Individualität‘. Erlaubt zudem der Junge das Entkommen der Lerche im Bewusstsein seiner sich verschlechternden wirtschaftlichen Position, so entzieht er sich damit der wirtschaftlichen und dadurch auch der gesellschaftlichen Logik. Dies stärkt seine Naturverhaftung.

**Rhythmus und semantische Zuordnung**: Das semantische Spiel zwischen Natur und Gesellschaft findet sich auch im Rhythmus des Gedichts wieder. Der Rhythmus verstärkt den Eindruck des Hutabnehmens als Liebeserklärung. Die Zeilensprünge, die in jedem Vers anzutreffen sind, beschleunigen den Rhythmus. Zudem drückt sich die Hutabnahme in stakkatoartig betonten monosyllabischen Wörtern voller Verschlusslaute aus: „the young bird-catcher / Swept off his tall hat to the Squire's own daughter". Dies steigert die Energie, die hinter der Hutabnahme steht, und Energie deutet auf Natur. Die Zäsur gegen Ende des Gedichts, die darauf hindeutet, dass das Mädchen dem Jungen keine Beachtung schenkt („as she rode by"), bereitet dem sich beschleunigenden Tempo ein jähes Ende, hebt aber dadurch auch den Unterschied zwischen Junge und Mädchen hervor und mit ihm die vernichtende Macht der Gesellschaft. Der Rhythmus zeigt sich also hier für den semantischen Inhalt des Textes bedeutsam.

Mit dieser Interpretation des Gedichts geht die Tendenz einher, Erzählung als Bewegung zu erfahren. Im Text kann viel passieren, aber irgendwie geschieht nicht genug, bis sich nicht irgendwo ein Dimensionsbezug ändert. In *Love Without Hope* führt der sich ändernde Dimensionsbezug von Gesellschaft zu Natur und Individualität das Gute herbei. Das Gedicht fängt mit einem sozialisierten Vogelfänger an und hört mit einem naturverhafteten, befreiten Jungen auf. Dies heißt nicht, dass sich jeder Text dieser Bewegungstendenz beugen muss. Existenziell geprägte Werke wie Kafkas *Die Verwandlung* (1915) oder Becketts *On attendant Godot* (1953) zeigen oft eine verminderte Bereitschaft zur Änderung von Dimensionsbezügen. Andererseits werden in veränderten Dimensionsbezügen oft Schlüsselerfahrungen des Textes codiert.

Mit dieser Interpretation wird erstens gezeigt, wie beim Interpretieren die Suche nach der Motivation des Texts oft Momente aufweist, die außerhalb der Psychologie der Figuren liegen. In *Love Without Hope* zieht uns sowohl der semantische Unterschied zwischen Vogelfänger und Vogel in ihren Bann als auch die anfängliche semantische Entsprechung von Vogelfänger und adligem Mädchen. Sie fügen dem Text ein formales Prinzip außerhalb der individuellen Psyche hinzu.

Zweitens zeigt sich, dass die Tiefe der Interpretation mit der Spannung zwischen den verschiedenen semantischen Feldern und der Möglichkeit einer Änderung in den Dimensionsbezügen verbunden ist. Das Mädchen verharrt im semantischen Feld der Gesellschaft, der Vogelfänger aber entledigt sich seiner sozialen Funktion und avanciert in Richtung Natur und Individualität.

Drittens wird klar, dass es bei einer Interpretation zwar verschiedene Möglichkeiten für die Motivation einer Handlung gibt, ihre Anzahl aber begrenzt ist. Ob der Vogelfänger sich dessen bewusst ist, dass die Freilassung des Vogels für ihn wirtschaftlich ruinös sein wird, ist nicht klar. Dass er aber den Hut zieht, weil er das Mädchen liebt, ist eher wahrscheinlich. Die Möglichkeiten sind auf jeden Fall begrenzt.

# 5. Beweisführung erstellen

Ein Problem, das immer wieder in Seminardiskussionen, Prüfungen und Hausarbeiten auftaucht: Es fehlen bei der Beweisführung wichtige Elemente, sodass nicht klar ist, ob der/die angehende LiteraturkritikerIn wirklich versteht, was er/sie bei der Textinterpretation meint. Was muss denn alles bei einer inhaltsbezogenen Interpretation dabei sein? Im Folgenden werden wir ein Element des Gedichts *Love Without Hope*, das noch nicht analysiert worden ist, aufs Korn nehmen, um zu zeigen, was eine vollständige Beweisführung benötigt.

Dieses Element ist eng an eine Warum-Frage gebunden, die noch nicht beantwortet wurde: Warum fliegt die Lerche nicht einfach davon, sondern fliegt über dem Mädchen, „Singing about her head"? Eine freigelassene Lerche wäre nämlich höchstwahrscheinlich weggeflogen, anstatt über dem Mädchen Kreise zu ziehen und zu tirilieren. Dass diese Lerche es nicht tut, weist auf eine zusätzliche Motivation im Gedicht hin. Hinter diesem unnatürlichen Moment verbirgt sich eine ästhetische Komponente, und laut Mediationsebene versteht sich Ästhetik als Metaphysik. Somit wäre das bis jetzt vermisste semantische Feld doch noch im Gedicht vorhanden.

So könnte man diese Textstelle auf die Schnelle interpretieren. Wie aber präsentiert man diese Interpretation im Sinne einer Beweisführung? Einige Elemente haben wir schon aufgeführt, z.B. das Zitat, aber auch die Interpretation. Letztere führt außerdem vom Zitat zur Abstraktion – Lerche als Natur, Gesang und Flug als Metaphysik –, enthält eine Lesererwartung – die Lerche ist eigentlich Natur – und deren Korrektion – durch Flug und Gesang tritt die Lerche in das semantische Feld der Metaphysik ein.

Ein Element fehlt aber, die Erklärung, die vom Zitat zur Abstraktion führt. Es ist natürlich gut und schön, zu behaupten, der Gesang und Flug der Lerche bilde einen ästhetischen Augenblick ab und Ästhetik sei der Metaphysik gleichzusetzen. Die Frage stellt sich aber, ob das wirklich so ist, und wenn, dann warum. Wenn also interpretiert wird, muss die Erklärung, die ein bestimmtes Zitat zu einer gewissen Abstraktion führt, auch vorhanden sein. Eine Interpretation von Vers 3–4, die eine Erklärung beinhaltet, könnte folgendermaßen aussehen:

> Indem die freigesetzte Lerche nicht einfach davonfliegt, sondern über dem Mädchen kreist – „fl[ies] / Singing about her head" (3–4) –, kommt dem Vogel sein triebmäßiges, deshalb auch natürliches Verhalten abhanden. Der Vogel koordiniert Gesang und Flugrichtung in einer Weise, die seiner Natur nicht entspricht, und schon gar nicht in Bezug auf das Mädchen. Diese formelle Koordination verleiht der Bewegung des Vogels und demnach dem Vogel selbst einen ästhetischen Charakter. Das ästhetische Moment wiederum drängt in das semantische Feld der Metaphysik, da Ästhetik Form außerhalb des natürlichen Gesetzes wie auch der gesellschaftlichen Norm darstellt.

Die Interpretation, die hier geboten wird, muss nicht zwingend so formuliert werden. Wichtig ist, dass die Interpretation sich nicht nur als Resultat einer instinktiven Verbindung von Text und Abstraktion zeigt. Vielmehr sollten die konzeptuellen Beziehungen zwischen Text und Abstraktion durch eine Erklärung hergestellt werden. Damit diese Erklärung zufriedenstellend ist,

- muss der Text auch als Text ernst genommen werden. In der Interpretation des Vogelgesangs wurde z.B. auf die Interaktion zwischen Gesang, Flugrichtung und Mädchen aufmerksam gemacht, die direkt auf die Sprache des Gedichts zurückführt: „Singing about her head".
- müssen die abstrakten Begriffe auch von ihrer Definition und Bedeutung her verstanden werden. Hier z.B. wird Ästhetik als künstlich erworbene Form definiert. Dies ist nicht immer so, enthält aber einen Wahrheitskern (Todorov 1982: 179–84) und ist auf jeden Fall konzeptuell möglich und nachvollziehbar.

Mut zur (denkenden) Lücke: Mir ist schon zweimal gesagt worden, dass Lerchen naturgemäß steil und singend zum Flug anheben. Ich habe versucht, mir darüber Klarheit zu verschaffen, bin aber nicht fündig geworden. Einen Ornithologen habe ich noch nicht befragen können, das steht noch an. Interessant ist bei diesem nicht beendeten Denkprozess Folgendes: Sollten Lerchen so fliegen, würde das die metaphysische Komponente, die wir dem Gedicht gerade angehängt haben, schwächen, denn die Art und Weise, in der die Lerche im Gedicht losfliegt, wäre ja eine natürliche. Dies könnte auch erklären, warum Robert Graves nicht das Wort ‚around' sondern ‚about' in „Singing about her head" verwendet hat. ‚Around' beschreibt eine kreisförmigere Bewegung als ‚about', das eher einem ‚umherfliegen' entspräche. ‚Around' steht deshalb der Form, der Kunst und der Metaphysik näher, ‚about' der Natur. Wichtig ist mir hier klarzumachen, dass uns kein Zacken aus der Krone fällt, wenn wir einmal zugeben, dass wir nicht alles wissen und dass unsere Interpretation offenbleibt. Dies muss natürlich begründet sein und sollte dazu führen, weiterzudenken um unser Bild über die Welt, in der wir leben, zu vervollkommnen. Der Zacken fällt viel schneller, wenn wir den Interpretationsprozess zu früh abschließen.

Man kann natürlich in der Interpretation nicht immer mit dieser Intensität arbeiten. Der Leser würde irgendwann erschöpft den Text zur Seite legen. Eine Textinterpretation, wie sie hier angeboten wird, ist idealiter ein schrittweises Unternehmen. Sie fängt beim Einfachen, dem Erwartungshorizont des Lesers, an und bewegt sich hin zum Komplexeren, dem Überschreiten des Erwartungshorizonts, das oft als Änderung in der Dimensionszuordnung codiert ist. Das Kernstück der Analyse liegt deshalb häufig in der Überschreitung. Dort ist dann auch eine komplette Beweisführung angesagt. Für die ersten Schritte reichen normalerweise weniger ausführliche Erklärungen aus.

Suchen Sie übrigens ein abschreckendes Beispiel dafür, was eine Beweisführung nicht sein sollte, können Sie ruhig auf das längere Zitat von *Max und Moritz* in Einheit 2 zurückgehen, dem die Unterstellung folgt, Wilhelm Busch kritisiere durch ihn das kleinbürgerliche Deutschland seiner Zeit. Diese Unterstellung wird aber nicht durch eine Erklärung der Textstelle nachgewiesen. Obwohl die Kritik an das Kleinbürgertum im Zitat nicht schwer zu erkennen ist, wäre es natürlich vorteilhafter gewesen, diese Kritik im Einzelnen im Text zu signalisieren und zu erklären.

## 6. Übungsaufgabe

Lesen Sie bitte Georg Heyms Gedicht *Die Irren* (1910).

1. Versuchen Sie, über die Frage ‚Warum?' die Motivation zu den Handlungen der im Gedicht erscheinenden Irren herauszufinden. Ist dies möglich?
2. Ziehen Sie, wenn nötig, den Kommentar über die expressionistische Dichtung unter dem Gedicht zurate.

*Die Irren*

Der Mond tritt aus der gelben Wolkenwand.
Die Irren hängen an den Gitterstäben,
Wie große Spinnen, die an Mauern kleben.
Entlang den Gartenzaun fährt ihre Hand.

In offnen Sälen sieht man Tänzer schweben.
Der Ball der Irren ist es. Plötzlich schreit
Der Wahnsinn auf. Das Brüllen pflanzt sich weit,
Dass alle Mauern von dem Lärme beben.

Mit dem er eben über Hume[4] gesprochen,
Den Arzt ergreift ein Irrer mit Gewalt.
Er liegt im Blut. Sein Schädel ist zerbrochen.

Der Haufe Irrer schaut vergnügt. Doch bald
Enthuschen sie, da fern die Peitsche knallt,
Den Mäusen gleich, die in die Erde krochen.

*Kommentar*

Das Gedicht gehört zum Themenkomplex des Ichzerfalls, der eng in Zusammenhang mit der Zivilisations- und Großstadtkritik der Lyriker [des Expressionismus] steht. Den Ichzerfall kann man als Krise definieren, die durch die Wahrnehmungsfülle im modernen Lebensraum Großstadt ausgelöst wurde. Das lyrische Ich äußert oft Gefühle der Ohnmacht, der Verlorenheit und der Auflösung des Ichs. [...] Die Lyriker zeigten Sympathie mit sozialen Randgruppen, die wie sie nicht integriert waren. Sie wurden wegen ihrer Andersartigkeit [ausgegrenzt. Sie zerschlagen] die geltenden Normen und Werte, vernein[en] die bürgerliche Vernunft und zeig[en] die Inhumanität der wilhelminischen Vorkriegsgesellschaft. (abgeändert, Kalden)

## 7. Literatur

*Grundlegend*

Abbott, H. Porter. 2008. *The Cambridge Introduction to Narrative.* Cambridge: Cambridge UP.

Arnold, Margaret. 2002. *Aspekte einer modernen Neurodidaktik: Emotionen und Kognition im Lernprozess.* München: Ernst Vogel.

4 Schottischer Philosoph der Aufklärung (1711–1776).

Ausubel, D. P. 1960. The Use of Advance Organizers in the Learning and Retention of Meaningful Verbal Materials. *Journal of Educational Psychology*, 51 (5): 267–272.

Boyd, Brian. 2009. *On the Origin of Stories: Evolution, Cognition and Fiction.* Harvard: The Belknap P of Harvard UP.

Bransford, John D. / Brown, Ann L. / Cocking, Rodney R. 2000. Learning: from Speculation to Science. Brown, John D. et al. (eds.), *How People Learn: Brain, Mind, Experience, and School.* Washington: National Academy P, 1–28.

Doležel, Lubomír. 1998. *Heterocosmica: Fiction and Possible Worlds.* Baltimore: Johns Hopkins UP.

Kalden, Angelina. „Interpretation: ‚Die Irren'". 7.10.2012. http://lyrik.antikoerperchen.de/georg-heym-die-irren,textbearbeitung,76.html.

Leith, Dick / Myerson, George. 1989. *The Power of Address: Explorations in Rhetoric.* London: Routledge.

Montgomery, Martin / Durant, Alan / Fabb, Nigel / Furniss, Tom / Mills, Sara. 2007. *Ways of Reading: Advanced Reading Skills for Students of English Literature.* London: Routledge.

Porter, Roy. 2000. *The Creation of the Modern World: The Untold Story of the British Enlightenment.* New York: Norton.

Reichl, Susanne. 2009. *Cognitive Principles, Critical Practice: Reading Literature at University.* Vienna: Vienna UP.

Rescher, Nicholas. 2003. *An Introduction to the Theory of Knowledge.* New York: State UP of New York.

Sinding, Michael. 2010. Framing Monsters: Multiple and Mixed Genres, Cognitive Category Theory, and Gravity's Rainbow. *Poetics Today.* 31 (3): 465-505.

Titzman, Michael. 2003. Semiotische Aspekte der Literaturwissenschaft: Literatursemiotik. Posner, Roland / Robering, Klaus / Sebeok, Thomas A. (Hrsg.), *Semiotik / Semiotics.* Bd. 3. Berlin: De Gruyter, 3028–3103.

Todorov, Tzvetan. 1981. *Introduction to Poetics.* Brighton: The Harvester P.

– . 1982. *Theories of the Symbol.* Ithaca: Cornell UP.

*Weiterführend*

Abbott, H. Porter. 2008. *The Cambridge Introduction to Narrative.* Cambridge: Cambridge UP, Kapitel 8 (*Three Ways to Interpret Narrative*): 100–111.
(Zusätzliche Information zur Interpretation für und gegen die Autorenintention.)

Ausubel, D. P. 1960. The Use of Advance Organizers in the Learning and Retention of Meaningful Verbal Materials. *Journal of Educational Psychology*, 51 (5): 267–272.
(Durchführung und Diskussion eines Tests, aus dem ersichtlich wird, wie die Organisation von Wissen das Hinzulernen neues Wissens im selben Wissensbereich erleichtert.)

Doležel, Lubomír. 1998. *Heterocosmica: Fiction and Possible Worlds.* Baltimore: Johns Hopkins UP, Kapitel 2 (*Action and Motivation*): 55–59, 63–73.
(Diskussion über Motivation und die Möglichkeit, sie für die Analyse zu benutzen.)

Ivie, Stanley D. 1998. Ausubel's Learning Theory: An Approach To Teaching Higher Order Thinking Skills. *High School Journal.* 82 (1): 35–42.
(Knappe Erläuterung eines Modells, das das Tool in der Lerntheorie ortet.)

Sinding, Michael. 2010. Framing Monsters: Multiple and Mixed Genres, Cognitive Category Theory, and Gravity's Rainbow. *Poetics Today.* 31 (3), Sektion 2 (*Cognitive Category Research*): 474-81.
(Sehr aufschlussreiche Diskussion darüber, wie Kategorien bzw. Konzepte aufgestellt werden. Die in diesem Kapitel vorgestellte Mediationsebene beruft sich eigentlich auf den Begriff der *folk theory*, der hier von Sinding vorgestellt wird.)

# 8. Lösungsvorschlag

*Zur ersten Teilaufgabe*

In Heyms Gedicht *Die Irren* befinden wir uns von Anfang an vor einer Schwierigkeit. Normalerweise würden wir vom psychologischen Realismus ausgehen und Handlungsgründe der wichtigsten Personen im Gedicht analysieren. In diesem Gedicht sind aber diese Personen die „Irren", weshalb es schwierig ist, ihre Motivation im Sinne des Realismus zu erfassen. Heym macht sich diese Schwierigkeit von Anfang an zunutze: Die Irren werden zunächst als bedrohliche, aber auch eingesperrte Tiere beschrieben („Die Irren hängen an den Gitterstäben, / Wie große Spinnen, die an Mauern kleben"), dann als schwerelose Tänzer („In offnen Sälen sieht man Tänzer schweben") und schließlich als entfesselte, irrationale Bestien („Plötzlich schreit / Der Wahnsinn auf. Das Brüllen pflanzt sich weit").

Vom semantischen Standpunkt aus bewegen sich die Irren zwischen Metaphysik (bedrohlich, schwerelos, ästhetisch) und Natur (tierisch, irrational). Die Kombination von Natur und Metaphysik läuft nicht ganz wider Erwarten, denn soziale Gruppen, die nicht unserem sozial positiv bewerteten Zentrum (weiß / männlich / Mittelschicht etc.) entsprechen (siehe Kapitel 9), werden oft zur primitiven Natur deklassiert. Bei geistig Behinderten erfolgt diese Herabstufung fast automatisch, da man bei ihnen eine verminderte Intelligenz annimmt.

In diesem Gedicht geben sich Metaphysik und Natur manchmal die Hand, werden aber auch auf widersprüchliche Weise entgegengesetzt. So werden die Irren als ästhetisch-schwerelos wie als brutal-tierisch-körperlich beschrieben, ohne dass der Wandel vom einen zum anderen erklärt wird. Solche Widersprüche bedeuten für den Leser einen Mehraufwand, da er keine Hilfestellung vonseiten des Textes erhält. Sie erschweren zudem die Ermittlung von Motivation. Diese Schwierigkeit macht sich auch in den zwei letzten Strophen bemerkbar, denn plötzlich tötet ein Irrer scheinbar unbegründet einen Arzt – der ihn wahrscheinlich kennt, obwohl wir das nicht genau wissen – und die anderen Irren schauen dem „vergnügt" zu . Fast alle Handlungen der Irren sind scheinbar unmotiviert und untereinander nur schwach oder gar nicht verbunden. Es ist deshalb schwierig, Warum-Fragen zu beantworten.

Wir kommen hier mit Fragen zur Motivation nur schlecht voran. Warum tötet der Irre den Arzt? Warum werden die Irren auf widersprüchliche Weise beschrieben? Warum sind sie zunächst bedrohliche Spinnen, dann schwebende Tänzer und dann verschreckte Mäuse? Bei den Irren scheint sich Motivation in anfänglichen Dimensionszuordnungen zu erschöpfen.

Zumindest erlauben uns diese Dimensionszuordnungen, die semantische Aufteilung des Textes auf hinreichende Weise abzustecken. Lassen sich nämlich die Irren als eine Kombination von Natur und Metaphysik konstruieren, so bleiben für die anderen Figuren des Gedichts nicht mehr so viele Möglichkeiten übrig Die verbleibenden Personen sind vor allem der ermordete Arzt, aber auch die Person oder Personen, die mit der Peitsche die Irren wieder zurücktreiben.

Beide scheinen die Gesellschaft zu repräsentieren, beiden schreiben wir auf intuitive Weise eine Kontrollfunktion gegenüber den Irren zu. Außerdem stirbt der Arzt, indem sein Schädel, der Sitz der Rationalität, der im Vergleich mit der Naturverhaftung der Irren als gesellschaftliche Instanz angesehen werden kann, zertrümmert wird.

Aber auch diese Dimensionszuordnung ist nicht ganz ohne. So diskutieren vor dem Mord Arzt und irrer Mörder über Hume, einen aufklärerischen Denker (wenn wir diesen Denker nicht kennen, müssen wir jetzt textextern arbeiten). Denker der Aufklärung verbindet man normalerweise mit Rationalität und Gesellschaft. In diesem Fall ist nicht klar, ob der Arzt oder der Mörder für Hume Partei ergriff. Jedenfalls ist Hume vor allem dafür bekannt, dass er die Moral auf den Kopf gestellt hat, indem er Gefühle über die Rationalität setzte und Rationalität zum Handlanger der Gefühle degradierte (Porter 2000: 178–179). Auch wird die Peitsche, die „fern […] knallt", entmenschlicht. Dadurch macht sie einen ähnlichen Prozess wie die Irren durch. Hinter der Peitsche steht keine Person, weshalb sie sich von einer einfachen gesellschaftlichen Dimensionszuordnung fortbewegt und metaphysische wie natürliche Züge annimmt: Sie ist so bedrohlich, dass vor ihr die gefährlichen Irren zu verschreckten Mäusen werden, und es gibt sie einfach. Widersprüche sehen wir auch hier: Der Arzt ist das Opfer, die Peitsche der Meister der Irren.

Beim Arzt wie bei der Peitsche fehlt uns also eine klare Motivation, vielleicht sogar eine klare Dimensionszuordnung. Zum Teil interpretieren wir beide als gesellschaftliche Größen, weil wir die Irren schon anders interpretiert haben, und nicht, weil es von der Motivation her klar ist.

*Zur zweiten Teilaufgabe*

Zunächst erklärt dieser Kommentar unsere erste Dimensionszuordnung (Irren als natürlich-metaphysisch, Arzt und Peitsche als gesellschaftlich) im Großen und Ganzen für gültig. Die „Sympathie mit sozialen Randgruppen" und die „Inhumanität der wilhelminischen Vorkriegsgesellschaft", die im Kommentar erwähnt werden, lassen uns erkennen, wer hier gut (die Irren) und wer böse (die Peitsche, der Arzt) ist. Diese binäre Aufteilung ordnet den Rest des Gedichts: Die „Wahrnehmungsfülle im modernen Leben" präsentiert sich als Natur, ihre Negation durch die „geltenden Normen und Werte" und die „bürgerliche Vernunft" als Gesellschaft. Humes Gefühlsmoral wird hier den Irren zugeschrieben. Der Irre steht für das Individuum, das sich wegen seiner „Andersartigkeit […] nicht integriert" hat.

Ein zweiter Interpretationsschritt zeigt aber, dass der Ichzerfall des Individuums nicht nur das Ergebnis gesellschaftlicher Unterdrückung, sondern auch eine Auswirkung der Wahrnehmungsfülle des Individuums ist. Natur (Wahrnehmungsfülle) wirkt sich zerstörerisch auf Gesellschaft (bürgerliche Moral) aus, aber auch auf den Einzelnen (Ichzerfall). Der Tod des Arztes kann somit als Tod der wilhelminischen Gesellschaft gefeiert, aber auch als Tod der Einheit des Individuums bedauert werden. Dies macht das Gedicht gleich viel interessanter, erklärt, warum das semantische Feld der Individualität darin nicht vertreten ist, und erlaubt uns Antworten auf Warum-Fragen zu den Widersprüchen im Text zu geben. Um letzte Gründe bezüglich der Motivation des Textes zu beantworten, ist es deshalb vorteilhaft, hier auch textextern zu arbeiten.

# *Kapitel 6*
# Interne Strukturierung der vier semantischen Felder

*In diesem Kapitel wird eine interne Strukturierung jedes der vier semantischen Felder vorgeschlagen:*
- *Die Aufteilung von Natur in äußere und innere Natur wird weiter unterteilt (Einheit 1).*
- *Die Gesellschaft wird in natürliche und künstliche Erscheinungsformen aufgeschlüsselt. Letztere werden weiter unterteilt (Einheit 2).*
- *Die Metaphysik wird im Sinne des Theologen Rudolf Ottos als Erfahrung des ganz anderen und als Antwort auf diese Erfahrung unterteilt (Einheit 3).*
- *Die Aufgliederung der Individualität in Freiheit, Einzigartigkeit und Distanz zur Einzigartigkeit wird weiter verfolgt (Einheit 4).*

So wie die vier semantischen Felder aufgrund kultureller Schemata untereinander gewisse Verbindungen eingehen (siehe Kapitel 4), so können sie auch intern strukturiert werden. Auch hier können wir uns vorherrschenden Schemata nie ganz entziehen, da wir unserer Kultur ja angehören. Jeder der vier Strukturierungsansätze, die hier vorgestellt werden, besitzt seine Logik und ist über Jahre hinweg in vielen Unterrichtseinheiten und Textanalysen erprobt worden.

Die vier Ansätze sind nicht die einzig möglichen. Deshalb werden sie hier sowohl als Eselsbrücken wie als Modelle angeboten, die vom Leser kritisch durchleuchtet und wenn nötig ergänzt werden sollten. Diese Strukturen aufzubauen ist so faszinierend wie auch frustrierend, da immer etwas ausgelassen werden muss und sich permanent Baustellen zeigen.

Letzten Endes sind solche vorläufigen Modelle aber unabdingbar, um ‚professionell' zu lesen. Im Gegensatz zu normalen Lesern sollten professionelle Leser einen komplexen und variantenreichen Erwartungshorizont in den Leseakt einbringen. Ein erweiterter Horizont erlaubt ihnen, schematisches Denken leicht zu durchschauen, um bei der Interpretation schneller tiefer zu schürfen.

Im Folgenden wird die innere Struktur jedes semantischen Raumes kurz erläutert. Für jeden Raum wird eine Abbildung geboten, die versucht, in durchnummerierter Form die verschiedenen Schlüsselwörter eines der Räume auf anschauliche Weise zu strukturieren. Es folgt für jede Abbildung ein Kommentar, der die Abbildung Punkt für Punkt erläutert.

# 1. Natur

Wie wir Abbildung 31 entnehmen können, wird Natur in äußere und innere Natur unterteilt (siehe Kapitel 1).

## 1.1 Natur außen

Der Mensch nimmt im Alltag die äußere Natur intuitiv als Erscheinungsformen der Materie, als Fauna, Flora – belebte Materie – Berge, Flüsse, usw. – unbelebte Materie – wahr (Aristoteles *Physik* II.1). Die alltägliche Wahrnehmung von Natur weist ausserdem auf ihren (wilden) Ursprungscharakter hin (Williams 1988: 219).

Die abstraktere Wahrnehmung ist eher in der Wissenschaft und der Philosophie vertreten. Sie sieht hinter der Natur die Naturgesetze (Detel 2007a: 59–60), wie sie z.B. in der Physik, Chemie und durch die Sprache der Mathematik und der Logik beschrieben werden. Darunter versteht man auch Ökosysteme (Taylor 1986: 3) oder Natur in

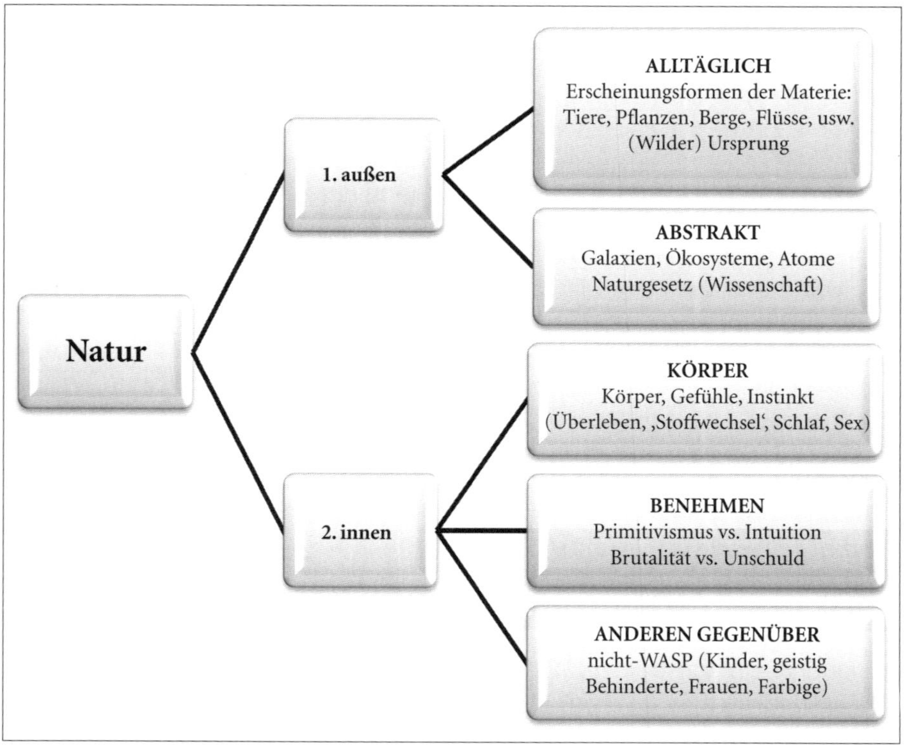


*Abbildung 31: Äußere und innere Natur*

verschiedenen Größen, Kleinst- (Atome) und Größt-Gebilden (Universum). Beide sind häufig in Texten zu finden.

## 1.2 Natur innen

Die innere Natur äußert sich zunächst als Körper – ich habe nicht nur einen Körper, ich bin ein Körper (Merleau-Ponty 1945: 231) – als Instinkt und Gefühl (MacIntyre 1999: 68).

Wegen dieser Körperlichkeit wird menschliches Verhalten oft als von innen sich ausdrückende Natur dargestellt und dann entweder als extrem positiv (z.B. unschuldig, kindhaft, intuitiv) oder als extrem negativ (z.B. primitiv, brutal, dumm) gewertet.

Diese von innen sich ausdrückende Natur wird oft Menschen und Kulturen aufgesetzt, die uns fremd sind. Ein sozial gewertetes Zentrum, das Begriffe wie *männlich*, *weiß* oder *Mittelstand* beinhaltet, deklassiert das, was nicht gänzlich mit ihm zusammenfällt (z.B. Kinder, Frauen, Behinderte usw.), zur Natur. Dies kann ab- wie aufwertend sein, birgt aber immer die Gefahr der Reduktion des Menschlichen.

## 1.3 Spannung Natur – Gesellschaft

Der Mensch lebt in einer konstruktiven Spannung zwischen Natur und Gesellschaft, weil er das Lebewesen mit dem längsten und offensten Sozialisierungsprozess ist. Dieser Offenheit wegen schauen zum einen die Instinkte immer wieder aus dem sich entwickelnden sozialen Gehäuse heraus und drohen ihn zu sprengen. Andererseits ändert dieses Gehäuse auch das Empfinden und den Ausdruck instinktmäßiger Wünsche (MacIntyre 1988: 21). Diese Spannung schafft ein zwiespältiges Verhältnis des Menschen zu seiner inneren Natur, denn er erkennt sie als ersehnten Ursprung seines (wilden) Selbst, aber auch als Gefahr für den Sozialisierungsprozess.

Natur und Gesellschaft werden oft gegeneinander ausgespielt. Dabei ist Natur das Urwüchsige, Gesellschaft das Geregelte. Deshalb werden auch Naturverständnisse, die mit gesellschaftlichen Regeln in Kontakt kommen, normalerweise nicht als natürlich angesehen, obwohl sie es sind (Midgley 1994: 301). Natur und Gesellschaft fließen nämlich oft ineinander: Man muss sich nur der Benutzung des Wortstammes für ‚Natur' gewahr werden, der aus dem lat. *nasci* kommt – ‚geboren sein' (russisch *rodit*, deutsch *zur Welt bringen*). Diese Benutzung verweist nämlich sowohl auf Natur wie auf Gesellschaft. *Nasci* zeigt zunächst den Ursprungscharakter der Natur. Dieser Stamm wird aber interessanterweise in vielen europäischen Sprachen nicht nur für Natur verwendet (deutsch, englisch, spanisch, französisch; russisch *priroda*). Er erscheint in denselben Sprachen in einem rein gesellschaftlichen Begriff wie ‚Nation' (rus. *narod*, dt. *Volk*) wie auch in einem teils auf Natur wie auf Gesellschaft verweisenden Begriff wie ‚native' (engl., sp., fr.; dt. *eingeboren*) (Kharkhordin 2001: 1).

Nichtsdestotrotz wird normalerweise streng zwischen Natur und Gesellschaft unterschieden. Mischformen treten normalerweise nicht auf. So gibt es z.B. ein teleologisches Verständnis von Natur. Hier zeigt sich Natur nicht einfach als ein sich spontan äußernder Instinkt, sondern als zielgerichtete Größe. Natürliches Ziel des Tieres kann z.B. sein sich fortzupflanzen, Ziel des Menschen, glücklich zu sein. Der Vorrang der Zielrichtung über den spontanen Instinkt aber setzt voraus, dass die Welt der Instinkte geordnet werden muss, um zum Ziel zu gelangen (MacIntyre 1990: 138; Spaemann 1994: 32). Die Idee der Ordnung aber würde die Natur regeln, im Falle des Menschen könnte es seine Instinkte sogar moralisch regeln. Dies ist für unser Naturempfinden nicht annehmbar. Deshalb werden Konstruktionen von Natur, die auf der Teleologie beruhen, nicht als Natur angesehen.

## 2. Gesellschaft

### 2.1 Menschen leben miteinander auf natürliche Weise

So wie gesellschaftliche Aspekte der Natur nicht als natürlich erkannt werden, werden natürliche Aspekte der Gesellschaft nicht als solche erkannt. Angeborene ‚Triebe' wie die Ausübung kognitiver Tätigkeiten oder die funktionale Verarbeitung von Materie (Carroll 2005: 87–90) werden selten als Natur klassifiziert. Bei Beziehungen hingegen werden natürliche Aspekte gebilligt, obwohl dabei Gesellschaft droht, zur Natur zu werden. Je affektgeladener die soziale Beziehung – wie zwischen Freunden und Verwandten – des-

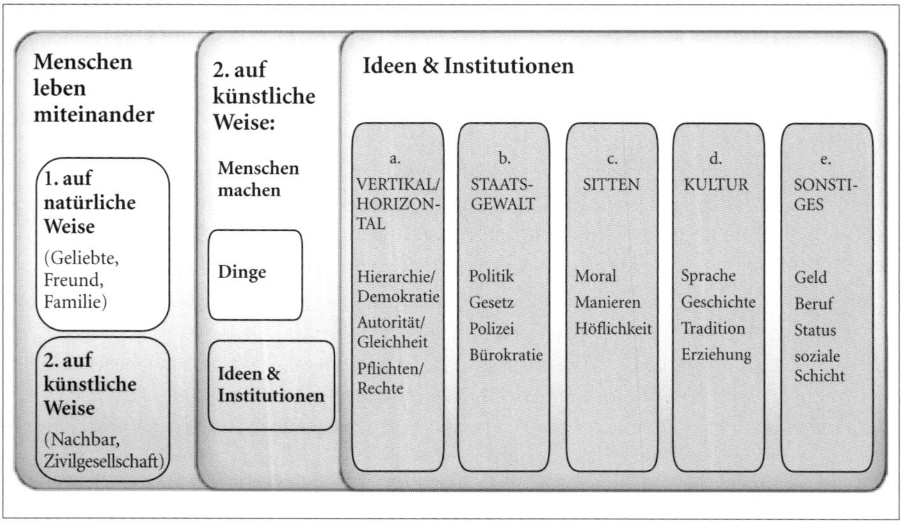


*Abbildung 32: Zusammenleben in der Gesellschaft*

to mehr neigt sie zur Natur. Im lat. *socius*, wovon *societas* abstammt (Williams 1988: 291), d.h. im menschlichen Austausch mit denen, die man mag, lebt solch eine naturalisierte Gesellschaft fort. Diese Art des gesellschaftlichen Miteinanders ist naturverhaftet und individualisierend, da sie mittels des positiven Gefühls persönliche Bindungen schafft.

Der Zivilgesellschaft muss hier eine Sonderstellung eingeräumt werden. Wie der Name schon sagt, verstehen wir sie als Teil der Gesellschaft, und doch grenzt sie sich klar von Regel und Institution und ihren eigentlichen Trägern, z.B. Staat, Wirtschaft oder Politik, ab. Unter der Zivilgesellschaft stellen wir uns Bürger im Allgemeinen oder im Konkreten vor – oder wir verstehen sie als mehr oder weniger losen Zusammenschluss mehrerer Bürger unter Ausschluss des Staates. Obwohl letztere Verbände vom Staat manchmal sogar mitfinanziert werden, beruht ihre Entstehung und Aufrechterhaltung auf Eigeninitiative, nicht auf der Initiative des Staates. Sie decken soziale Flächen ab, die der Staat nicht abdecken kann oder will. Die Zivilgesellschaft wird im Vergleich mit Staat oder Institutionen als freier, demokratischer und natürlicher empfunden und kann deshalb den Weg der Naturalisierung und Individualisierung einschlagen, obwohl sie ganz klar Teil der Gesellschaft ist.

## 2.2 Menschen leben miteinander auf künstliche Weise

Gesellschaft beruft sich nicht so sehr auf den Affekt wie auf die Regel (Detel 2007b: 39–40). Diese ist unpersönlich und künstlich, gemacht (Spaemann 1994: 21). Viele gesellschaftliche Verbindungen verzichten auf Gefühle zugunsten geregelter, institutioneller Beziehungen, z.B. zu Beamten, Polizisten, Politikern, Geschäftsmännern, usw.

Personengruppen wie Nachbarn oder Familienangehörige nehmen auch eine Zwischenstellung ein, die jeder Text für sich bestimmen muss: Man mag normalerweise diesen oder jenen Nachbarn oder Familienangehörigen, mit dem anderen aber pflegt man ein rein funktionales, von den Regeln des Zusammenlebens geprägtes Verhältnis (siehe Kapitel 7).

Menschen leben aber nicht nur zusammen, sie ‚machen' auch, und zwar Dinge, Ideen und Institutionen. Durch Institutionen – lose gefasst als „durch Zeichenaustausch verbundene und der Welt gegenüber als Einheit stehende Menschengruppen" (Posner 2004: 66) – gehen Menschen geregelte und unpersönliche Verhältnisse ein Dazu müssen Institutionen aber erst geschaffen, d.h. gemacht werden.

Ideen und institutionelles Denken kennen viele Teilbereiche. Hier werden die Schlüsselbegriffe, deren Vorkommen in Texten normalerweise auf Gesellschaft hinweist, auf fünf Gruppen verteilt:

a. Vertikale und horizontale Gesellschaftsordnungen
b. Die drei Staatsgewalten der klassischen Staatslehre
c. Sitten
d. Kultur
e. Sonstiges

Jede der ersten vier Spalten (a–d) bildet einen klassischen Fall modernen gesellschaftlichen Denkens ab. Andererseits gibt es keine Logik, die diese Spalten zwingend miteinander verbindet, und somit bildet diese Vierergruppe nicht mehr und nicht weniger als eine Eselsbrücke. Spalte e enthält Begriffe, die nicht in die vorherigen vier Gruppen passen und eher der Wirtschaft und dem Klassenbewusstsein zuzuordnen sind. Termini wie *Geld*, *Beruf*, *Status* oder *soziale Schicht* gehören aber unbedingt zu unserer Idee der Gesellschaft. Der Begriff *Bürokratie* gehört zwar nicht in die Rubrik *Staatsgewalt* (Spalte b), kann aber als staatszugehörig hinzugefügt werden.

Bei den Begriffspaaren *Hierarchie – Demokratie*, *Autorität – Gleichheit* und *Pflichten – Rechte* (Spalte a) bedarf die sie übergreifende Unterscheidung *vertikal – horizontal* einer Erläuterung. In unserer modernen Gesellschaft wird horizontales, egalitäres Denken als natürlich, vertikales, hierarchisches Denken als anti-natürlich und künstlich angesehen. Letzteres wird oft mit Ungleichheit und Machtunterschieden verbunden. Darum werden innerhalb der Gegensätze *Hierarchie – Demokratie*, *Autorität – Gleichheit* oder *Pflichten – Rechte* Erstere eher der Gesellschaft, Letztere der Natur zugeordnet, obwohl alle Pole in gleichem Maße natürlich und gesellschaftlich sind.

Wie schon vorher angedeutet, ist dies eine Auswirkung unserer modernen Gesellschaft, die stark zwischen Natur als echtem Trieb und sozialer Regel als aufgesetzter Norm unterscheidet (siehe Kapitel 4). Hierarchien bedürfen immer der Regel, Demokratien scheinbar nicht, da sie sich dem Begriff der *Gleichheit* öffnen. Somit wird die Natur über die Gesellschaft gestellt. Diese Polarisierung ist zwar nicht immer richtig, ist aber Bestandteil unseres modernen Denkens (Eagleton 2004: 15).

## 3. Metaphysik

Wir strukturieren Natur und Gesellschaft als Bestandteile der Wirklichkeit eher statisch, denn diese Wirklichkeit gibt es und kann somit in ihre Grundbausteine aufgeteilt werden. Die Metaphysik gibt es so nicht, da sie sich ja gerade mit dem abgibt, was nicht ist oder anscheinend nicht möglich ist. Sie ist deshalb am besten als Erfahrungsprozess des Menschen organisiert, der visualisiert werden kann (Abbildung 33).

### 3.1 Unerklärliches im Leben

Der metaphysische Erfahrungsprozess beginnt mit der Wahrnehmung des Geheimnisses im Leben (Spiegelberg 1986: 25–31). Dies kann in positiver Weise geschehen, im Gefühl des Zaubers, der manchmal das Leben durchdringt, sei es in ehrfürchtiger Betrachtung einer imposanten Landschaft, sei es in Momenten der Ekstase. Dies kann aber auch bedrohlichere Formen annehmen. Wir verspüren sie bei der Ohnmacht des Menschen vor Grenzerfahrungen wie dem Tod, dem absolut Bösen oder vor äußeren (Erdbeben, Revolution) wie inneren (Arbeitslosigkeit, Behinderung, Krankheit) Katastrophen, die die Sicherheit unseres Alltagslebens sprengen.

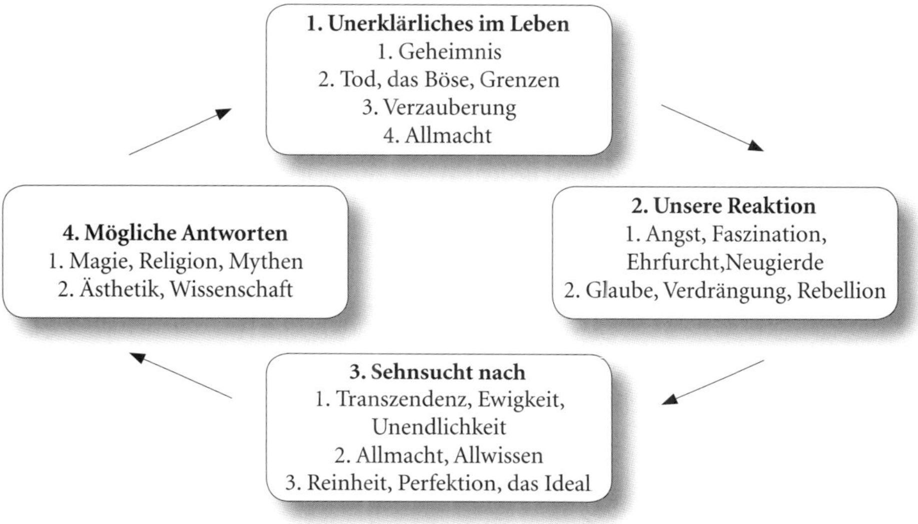


*Abbildung 33: Metaphysik als Erfahrungsprozess*

Fiktion, die ja der Spannung und Ungewissheit bedarf, um zum Weiterlesen zu verleiten, zieht die Idee des Geheimnisses förmlich an. Wir müssen uns nicht gleich übernatürlichen Wesen wie Monstern, Hexen, Aliens oder Engeln und ihren Zaubersprüchen, Wundern und anderen Spezialeffekten stellen, um Metaphysik zu erleben, obwohl natürlich solche fiktionalen Elemente effektvolle Zugriffe auf Metaphysik ausmachen.

## 3.2 Unsere Reaktion

Auf die Wahrnehmung folgt die Reaktion. Wir reagieren instinktiv auf das Mysterium. Empfinden wir es als gefährlich, so überwiegen Angst, Verdrängung und/oder Rebellion. Der Glaube an eine das Gefährliche neutralisierende Kraft ist eine andere Option. Viele Religionen und Glaubensgemeinschaften leben davon. Empfinden wir das Geheimnis nicht als bedrohlich, so überwiegt die Faszination und wir nähern uns ihm mit Ehrfurcht, Neugierde und innerer Stille, bis hin zum Einswerden damit.

Hinter dieser Erklärung der metaphysischen Wahrnehmung und der auf sie folgenden Reaktion steht das Denken des protestantischen Theologen Rudolf Otto. Otto hat die theoretische Erfahrung des Heiligen als eine Erfahrung des „Numinosen" (1920: 5–13), des Ehrfurcht heischenden, uns unendlich überwältigenden ganz anderen, in zwei Grunderfahrungen aufgeteilt: Die Erfahrung des Numinosen als beängstigend, also als „Tremendum" (13–28), und die Erfahrung des Numinosen als faszinierend, also als „Faszinosum" (39–51).

### 3.3 Sehnsucht nach ...

Statt einer passiven Wahrnehmung des Übernatürlichen, wie wir sie bis jetzt dargestellt haben, kann die Grenzerfahrung des Menschen sich als aktive Sehnsucht nach dem Übernatürlichen äußern. Was zeitlich oder logisch vorher kommt, ist schwer zu sagen. Die Sehnsucht kann sich auf verschiedene Weisen ausdrücken: Die allgemeine Idee der Transzendenz drückt sich z.B. konkret aus durch die traditionellen Wesenszüge Gottes (z.B. Allmacht, Allwissen, Güte), durch zeitliche und räumliche Wesenszüge (z.B. Allgegenwart, Ewigkeit) oder durch mit der Moral verbundene Ideen, die oft in Opposition zum Körper stehen (z.B. Reinheit, Perfektion, das Ideal).

### 3.4 Mögliche Antworten

Wahrnehmung, Sehnsucht und Reaktion auf das Geheimnis werden häufig mit dem Versuch verbunden, die Metaphysik zu bändigen. Dies geschieht oft durch epistemologische Diskurse (siehe Kapitel 9). Die großen epistemologischen Diskurse sind von je her die Magie, die Religion und die Wissenschaft, hinzu kommen die Mythen. Magie, Religion und Mythos werden direkt der Metaphysik zugeordnet, obwohl auch sie für den modernen Menschen nur Versuche sind, die Metaphysik (auf vorwissenschaftliche Weise) zu rationalisieren. Deshalb kann man eine ‚magische', ‚mythische' oder ‚religiöse' Wortwahl in fiktionalen Texten zunächst metaphysisch interpretieren (Hexensabbat, Zaubertrank, Voodoo, Priester etc.). Eine Ausnahme stellt das Auftauchen ritueller Elemente dar, die vor allem die Religion in Richtung Tradition und deshalb Gesellschaft treiben.

Die zwei großen gegenwärtigen epistemologischen Diskurse, die eng mit der Metaphysik verwoben sind, sind die Ästhetik und die Wissenschaft, allerdings auf ganz verschiedene Weise. Die Ästhetik fungiert als moderner Ersatz für Religion (Abrams 1973; Wolf 1998). Dem wissenschaftlichen Diskurs wird nachgesagt, er rationalisiere die Metaphysik und entzaubere dadurch die Welt (Weber 1922), obwohl Science-Fiction Romane zu Genüge zeigen, dass dies nicht immer der Fall sein muss (siehe Kapitel 9).

## 4. Individualität

Die Individualität stellt den vielleicht schwierigsten der vier semantischen Räume dar. Ihre Bedeutung kann in drei Wesenszüge unterteilt werden: Einzigartigkeit, Freiheit und Identität (siehe Abbildung 34).

### 4.1 Einzigartigkeit

Die Grunddefinition der Individualität ist die Einzigartigkeit (Williams 1988: 163; Ricoeur 1990: 2, 28). Sie kann fast nur mit Synonymen übersetzt werden, denn jeder

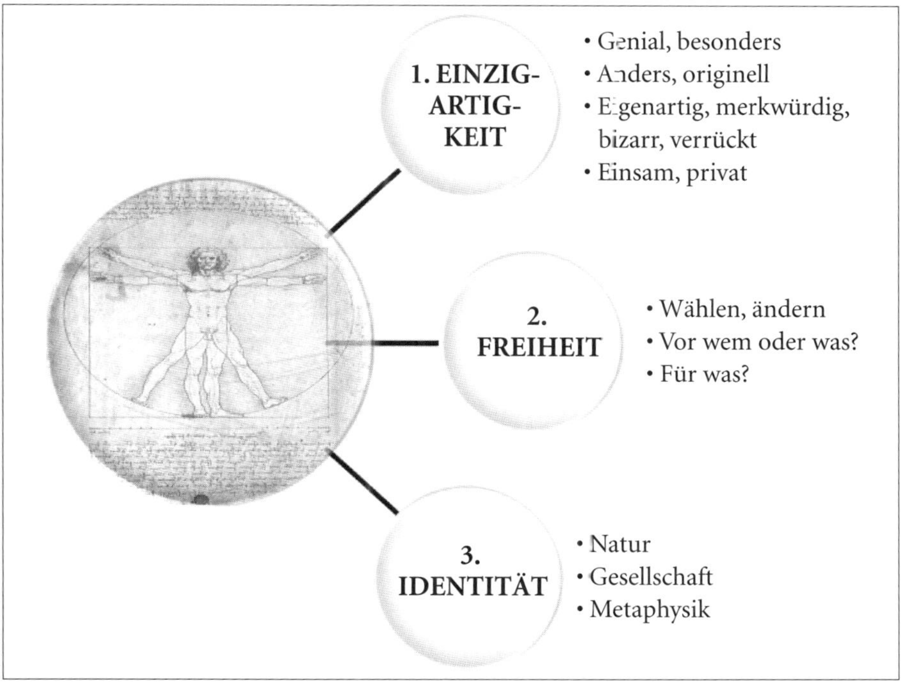


*Abbildung 34: Individualität*

weitere Sinn würde ihre ‚Einzig'-artigkeit zunichte machen. Am nächsten stehen ihr Wörter wie ‚genial', ‚besonders' oder ‚anders'. Jede Entfernung von diesem Kernsinn droht, die Individualität in die Nähe anderer Dimensionen zu rücken.

- Wörter wie ‚eigenartig', ‚merkwürdig', ‚bizarr' oder gar ‚verrückt' steigern Einzigartigkeit in Richtung Unverständlichkeit und sind deshalb fast metaphysisch zu interpretieren.
- Der Rückzug ins ‚Private' und das Gefühl der ‚Einsamkeit' sind oft Manifestationen der Individualität als Negation der gesellschaftlichen Regel. Hier kann die Einzigartigkeit ohne Bezug zur Gesellschaft oder zur Natur als Ausgleich gar nicht richtig bestehen.
- Da sich mein intimstes Ich auch oft in Gefühlen ausdrückt, besteht die Möglichkeit der Reduktion der Individualität zur Natur.

Daraus ergibt sich das Paradox, dass die Verabsolutierung von Individualität droht, gar nicht mehr auf Individualität zu verweisen.

### 4.2 Freiheit

Das Pendant zur Einzigartigkeit ist die Freiheit (Pinckaers 1995: 242–243). Ihr stehen Wörter wie ‚Veränderung' oder ‚Wahl' sehr nahe, denn was frei ist, kennt mehrere Möglichkeiten und ist deshalb stets potenziell im Wandel. Auch die Freiheit leidet an derselben ‚Krankheit' wie die Individualität: An und für sich bedeuten beide nichts. Freiheit ist immer Freiheit von etwas, für etwas. Dem Arabischen Frühling steht die Welt offen, weil er sich gegen die Diktatur entschieden hat, die Entscheidung für eine fundamentalistische, eine demokratisch-kapitalistische oder eine andere Art von Gesellschaft engen diese Welt wieder ein, indem sie sie definieren. Im Moment der Entscheidung geht die Freiheit als Absolutes verloren und mutiert zur Identität.

### 4.3 Identität

Identität ist nicht mehr negativer, sondern positiver Natur. Der Klaviervirtuose, Maler oder Komponist, der als Genie gefeiert wird, entpuppt sich bei näherem Hinsehen als Neoklassiker, Impressionist oder Spätromantiker. Der einzigartige Fußballspieler ist technisch versiert, ein Muskelprotz oder spielt für die Mannschaft wie sonst keiner. Was immer geniale Menschen dann sind, sind sie nicht mehr nur Genies, sondern lehnen sich an andere an, mal mehr, mal weniger. Indem sie dies tun, verlieren sie ihre absolute Individualität. Darum drängt hier ein Weiterfragen zur Auflösung der Individualität oder zu ihrer Mutation in Natur, Gesellschaft oder Metaphysik.

## 5. Übungsaufgabe

In diesem Kapitel wurde versucht, die Vermittlungsebenen der vier semantischen Felder intern zu organisieren. Die Erklärung, wie die Beziehung der semantischen Felder untereinander aussieht, steht aber trotz einiger Hinweise noch aus. Wir können sie als Abgrenzungen ausdrücken, wenn wir die verschiedenen Definitionen jedes der semantischen Felder gegeneinander ausspielen: Natur grenzt sich z.B. von Metaphysik so ab, wie das Notwendige vom Unmöglichen (und deshalb von dem nicht Seienden oder auf übernatürliche Weise Seienden). Diese Abgrenzungen wurden schon in Kapitel 1 ausführlich besprochen. Sie sind ein wichtiger Teil der Strukturierungsmöglichkeiten innerhalb der semantischen Felder. Andererseits heißt Beziehung auch Berührungspunkt. Wo Berührungspunkte entstehen, fließen die semantischen Felder oft teilweise ineinander über. Solches Ineinanderfließen ist auch Teil der zwischensemantischen Strukturierung.

Versuchen Sie im Folgenden bitte, für jede Beziehung zwischen zwei semantischen Feldern ein Beispiel eines solchen Ineinanderfließens zu nennen.

# 6. Literatur

*Grundlegend*

Abrams, M. H. 1973. *Natural Supernaturalism: Tradition and Revolution in Romantic Literature.* New York: Norton.

Aristoteles. *Physics.* 5 December 2012. http://classics.mit.edu/Aristotle/physics.html.

Carroll, Joseph. 2005. Human Nature and Literary Meaning: A Theoretical Model Illustrated with a Critique of *Pride and Prejudice.* Gottschall, Jonathan / Wilson, David Sloan (eds.). *The Literary Animal: Evolution and the Nature of Narrative.* Illinois: Northwestern UP, 76–94.

Detel, Wolfgang. 2007a. *Grundkurs Philosophie: Metaphysik und Naturphilosophie.* Bd. 2. Stuttgart: Reclam.

–. 2007b. *Grundkurs Philosophie: Philosophie des Sozialen.* Bd. 5. Stuttgart: Reclam.Eagleton, Terry. 2004. *After Theory.* London: Penguin.

Kharkhordin, Oleg. 2001. Nation, Nature and Natality: New Dimensions of Political Action. *European Journal of Social Theory,* 4 (4): 1–20.

MacIntyre, Alasdair. 1988. *Whose Justice? Which Rationality?* Notre Dame: UP of Notre Dame.

–. 1990. *Three Rival Versions of Moral Enquiry: Encyclopedia, Genealogy, and Tradition.* Notre Dame: UP of Notre Dame.

–. 1999. *Dependent Rational Animals: Why Human Beings Need the Virtues.* Chicago: Open Court.

Merleau-Ponty, Maurice. 1945. *Phénoménologie de la perception,* Paris, Gallimard.

Midgley, Mary. 1994. *The Ethical Primate: Humans, Freedom and Morality.* London: Routledge.

Otto, Rudolph. 1920. *Das Heilige: Über das Irrationale in der Idee des Göttlichen und sein Verhältnis zum Rationalen.* Breslau: Trewendt und Granier.

Pinckaers, Servais. 1995. *The Sources of Christian Ethics.* Edinburgh: T & T Clark.

Posner, Roland. 2004. Basic Tasks of Cultural Semiotics. Withalm, Gloria / Wallmannsberger, Josef (eds.), *Signs of Power, Power of Signs: Essays in Honor of Jeff Bernard.* Vienna: INST, 56–89.

Ricoeur, Paul. 1992. *Oneself as Another.* Chicago: The UP of Chicago.

Spaemann, Robert. 1994. *Philosophische Essays.* Stuttgart: Reclam.

Spiegelberg, Frederic. 1986. *Die lebenden Weltreligionen.* Frankfurt a. M.: Suhrkamp.

Taylor, Paul W. 1986. *Respect for Nature: A Theory of Environmental Ethics.* Princeton: Princeton UP.

Weber, Max. 1985. Wissenschaft als Beruf. Johannes Winckelmann (Hrsg.). *Max Weber: Gesammelte Aufsätze zur Wissenschaftslehre.*Tübingen: J. C. B. Mohr (Paul Siebeck), 582–613.

Williams, Raymond. 1988. *Keywords: A Vocabulary of Culture and Society.* London: Fontana.

Wolf, Philipp. 1998. The Ontotheology of the Literary Aesthetic: Historical and Systematic Aspects. *Literature and Theology,* 12 (3): 294–304.

*Weiterführend*

Abrams, M. H. 1973. *Natural Supernaturalism: Tradition and Revolution in Romantic Literature.* New York: Norton, Preface & Ch. 2.6 ("Natural Supernaturalism"): 11-14, 65-70.
(Abrams ortet den Übergang der Metaphysik in die Natur in der Romantik)

Kharkhordin, Oleg. 2001. Nation, Nature and Natality: New Dimensions of Political Action. *European Journal of Social Theory,* 4 (4): 1–20.
(Eine Studie über die Beziehungen zwischen Natur und Gesellschaft anhand der Begriffe ‚Nation', ‚Natur' und ‚Natalität' im Kontext des postkommunistischen Russlands)

Otto, Rudolph. 1920. *Das Heilige: Über das Irrationale in der Idee des Göttlichen und sein Verhältnis zum Rationalen.* Breslau: Trewendt und Granier, Kapitel 1-7: 1-51.
(Einflussreiche Theorisierung des Heiligen oder Numinosen über Ideen wie das ganz Andere, das Tremendum oder das Faszinosum)

## 7. Lösungsvorschlag

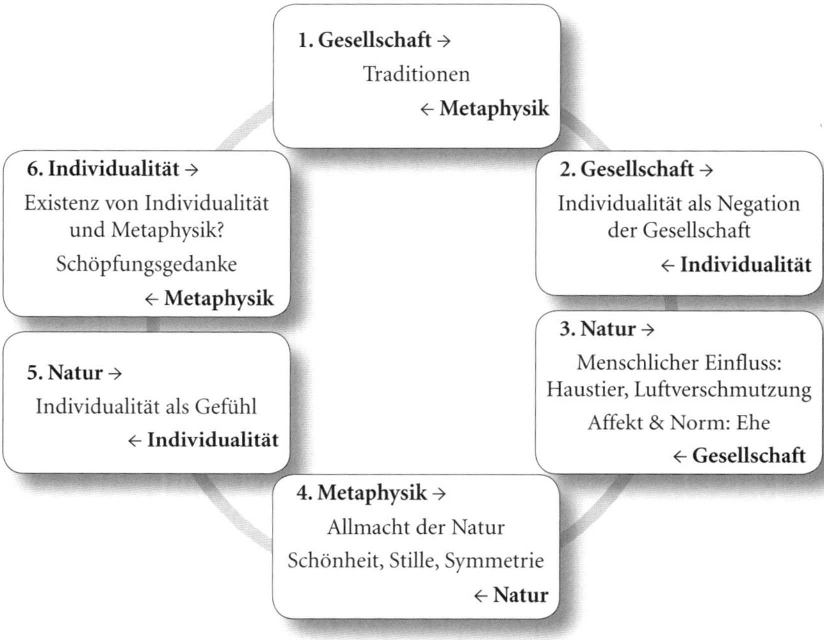


*Abbildung 35: Beziehungen zwischen den semantischen Feldern*

Beispiele von Berührungspunkten sind in Abbildung 35 zu sehen: Jedes Kästchen fasst stichpunktartig typische Beziehungs- oder Berührungsmöglichkeiten zwischen je zwei semantischen Feldern zusammen (z.B. 1. Metaphysik – Gesellschaft, 2. Gesellschaft – Individualität, usw.). Im Folgenden wird jedes Kästchen kurz erläutert.

*Gesellschaft – Metaphysik* (1): Berührungspunkte zwischen Gesellschaft und Metaphysik treten z.B im Konzept der *Tradition* auf. Traditionen verweisen prinzipiell auf die Gesellschaft, weil sie als Normen agieren. Andererseits zeichnen sich Traditionen dadurch aus, dass sie sich in einer Gemeinschaft bewährt haben, was ihnen einen gewissen identitätsstiftenden, aber auch überzeitlichen, d.h. metaphysischen Charakter verleiht. Traditionen sind zudem leicht im metaphysischen Diskurs zu orten, weil dieser sich ja mit dem abgibt, was es zunächst nicht gibt, was aber, da es ja doch ist, irgendwie ausgedrückt werden muss. Die Ausdrucksweisen, die sich in der Gemeinschaft (der Gläubigen) behaupten, bilden Traditionen.

*Individualität – Gesellschaft* (2): Es ist kompliziert, Berührungspunkte bei der Achse Individualität – Gesellschaft zu finden, denn diese Begriffe stehen in direktem Gegensatz zueinander. Wer ein einzigartiges Individuum ist, entzieht sich der Norm. Dennoch ist gerade die Einzigartigkeit, weil sie eben unübersetzbar ist und immer gegen die Norm verstößt, ohne die Norm undenkbar. Es ist demnach auch schwierig, in einem Text Einzigartigkeit ohne Opposition zur Norm zu finden.

Erlauben Sie mir hier einen kleinen Einschub, der eine Ungereimtheit in Kapitel 1, die dort im Eifer der Erklärung absichtlich übersehen wurde, aufdeckt. Dabei wird auch Wichtiges über die Abhängigkeit von Individualität und (sozialer) Norm ausgesagt: Semantisch gesehen ist die Achse Individualität – Gesellschaft weitgehend eine Übersetzung der deontischen Modalität (Gebot – Verbot). Dabei wurde in Kapitel 1 Individualität dem ‚Verbot' zugeordnet. Technisch gesehen ist dies aber falsch, denn wenn sich Gesellschaft als Norm versteht, dann beinhaltet dies das Gebot wie auch das Verbot. Ein Verbot ist ja auch eine Norm. Also steht die Individualität als ‚Einzigartigkeit' außerhalb der Norm, aber auch der deontischen Modalität. In diesem Sinne hätte Individualität keinen eigentlichen, oder besser gesagt, nur einen ‚gegen-gesellschaftlichen' Sinn. Gerade darum ist aber Individualität eng an die Idee der Gesellschaft als Norm gebunden: Ihre negative Existenz lässt sich nur aus der Norm ableiten, weshalb sie trotz allem als Gegenpol zur Norm verstanden wird (Doležel 1998: 122).

*Natur – Gesellschaft* (3): Zwischen Natur und Gesellschaft gibt es viele Schnittstellen. Eine mögliche Schnittstelle ist die affektiv-geladene Normalisierung: Heiraten und deshalb Verpflichtungen eingehen tut man normalerweise, weil man liebt, also ein vom Affekt getragenes Verhältnis pflegt. Eine andere Schnittstelle ist die gezähmte oder vom Menschen beeinflusste Natur: Eine Welt, deren Atmosphäre überall die Spuren menschlicher industrieller Aktivität zeigt (McKibben 1990), oder ein Haustier, dessen Jagdinstinkt sich eingeschränkt auslebt, weil es ihn nicht braucht, da sein Futternapf jeden Morgen gefüllt wird (Midgley 1995: 53–54), ist nicht mehr pure Natur, sondern schon ein Stück Gesellschaft. Bei diesen Beispielen bewegen wir uns von der Natur in Richtung Gesellschaft.

*Metaphysik – Natur* (4): Die primitive Erfahrung der Allmacht der Natur, und deshalb der metaphysischen Ausdrucksform von Natur, ist womöglich das klarste Beispiel für die Auflösung der Abgrenzung zwischen den semantischen Feldern der Natur und der Metaphysik (siehe Kapitel 4). Diese Allmacht kann natürlich auch eine Erfahrung von gesellschaftlicher oder individueller Willkür sein, wird aber kulturgeschichtlich doch vor allem in der Natur erwartet. Aber auch andere Erfahrungen von Natur können dieser metaphysische Züge verleihen, wie die Schönheit, die Stille, oder die Symmetrie.

*Individualität – Natur* (5): Wie wir schon in Kapitel 4 gesehen haben, fließt Individualität in Natur über, wenn sie sich mangels anderer Ausdrucksmöglichkeiten als die Anreihung einander ablösender Gefühle, die der Einzelne erlebt, zeigt. Konservatives Denken stellt dies oft mit Willkür und Unberechenbarkeit gleich. Wiewohl solches Denken nicht schlichtweg verkehrt ist, wird dabei verkannt, dass das Gefühlsleben gesellschaftlich konditioniert ist. Auch wird übersehen, dass die existenzielle, schwerelose Freiheit, auf der solche Individualitätskonzeptionen fußen, selber auf natürliche Weise beschränkt ist, da wir als Spezies mit „highly particular, sharply limited needs and possibilities" von vornherein ausgestattet sind (Midgley 1995: 71).

*Metaphysik – Individualität* (6): Es gibt verschiedene Möglichkeiten, diese beiden semantischen Felder miteinander zu verbinden. Beiden Feldern ist gemeinsam, dass es sie in hohem Maße ‚nicht gibt'. Assoziierte Begriffe wie *Einzigartigkeit*, *Anderssein* und *Unmöglichkeit* oder *Geheimnis* weisen darauf hin. In diesem Sinne ist es auch nicht verwunderlich, dass der Schöpfungsgedanke, der ja ursprünglich in der Religion verankert ist, seit der Romantik auch im kreativen Genie verkörpert wird.

# *Kapitel 7*
# Problematische Schlüsselbegriffe

*In diesem Kapitel*
- *werden einige Begriffe eingeführt, die häufig in der Literatur auftreten, mithilfe der vier semantischen Räume aber oft schwer zu analysieren sind.*
- *werden kurz die Begriffe* Intelligenz *und* Macht *einerseits (Einheit 1), sowie* Mensch, Mann / Frau *und* Liebe *andererseits (Einheit 2.1 und 2.2) besprochen, weil sie potenziell in jeden der vier semantischen Räume passen.*
- *wird die semantische Offenheit des Begriffs* Liebe *anhand einer längeren Interpretation von Maurice Sendaks Kinderbuch* Where the Wild Things Are *verdeutlicht (Einheit 2.3).*
- *wird die semantische Offenheit des Begriffs* Familie *anhand der Interpretation eines Auszugs aus Erich Kästners* Pünktchen und Anton *verdeutlicht (Einheit 2.4).*

## 1. Begriffe, die sich dem Tool entziehen

In Kapitel 4 wurde argumentiert, dass die fachgerechte Handhabung eines Denktools nicht nur eine gute Kenntnis der Anwendungsmöglichkeiten, sondern auch der Unzulänglichkeiten des Tools voraussetzt. Anderenfalls läuft man Gefahr, das Tool falsch anzuwenden und dem Text Gewalt anzutun. So wie man mit einem Hammer zwar Bilder an die Wand nageln, aber keine alten Fernseher reparieren kann, so tut sich auch ein Denktool mit manchen Konzepten und Ideen schwer und muss akzeptieren, dass es mit ihnen nur bedingt oder auch mal gar nicht arbeiten kann. Diese Grundhaltung sollte aber nicht zum interpretativen Defätismus führen. Unbequeme Ideen erschweren vielleicht die Interpretation, führen aber gerade deshalb oft zu den interessanteren Interpretationsvarianten.

Es gibt immer wieder zentrale Begriffe in der Fiktion, die von einem Tool nur teilweise erfasst werden. Ändert sich das Tool, ändern sich auch die Begriffe. In diesem Kapitel werden einige der Begriffe, die unserem Analyse-Tool Probleme bereiten, kurz erörtert und veranschaulicht. Die Begriffe werden in zwei Gruppen aufgeteilt, einerseits in die kälteren Begriffe *Intelligenz / Vernunft* und *Macht*, andererseits in die gefühlsgeladenen Begriffe *Mensch, Mann / Frau, Liebe* und *Familie.* Mit Ausnahme von *Familie* zeichnen sich all diese Wörter dadurch aus, dass sie potenziell in jeden der vier semantischen Räume passen. Dieser potenziellen Vielfalt bietet jeder Text Einhalt, indem er die Begriffe in den Kontext anderer, teilweise sich zu ihnen gesellender, teilweise sich von ihnen abhebender Wörter stellt. Die daraus entstehenden Gebilde grenzen die Aussagekraft der hier behandelten Begriffe auf immer neue Weisen ein und drängen sie mal in diesen, mal in jenen semantischen Raum.

# 2. Intelligenz und Macht

## 2.1 Intelligenz

*Intelligenz* ist von je her ein wichtiger Begriff gewesen, sei es als klassische Tugend der Weisheit (siehe Pieper 1964) oder als Grundunterscheidung zwischen Mensch und Tier (MacIntyre 1999: 12). Intelligenz – und vom Sinn her ähnliche Wörter wie ‚Vernunft', ‚Verstand', ‚Weisheit', ‚Schlauheit' und weitere – werden oft zur Charakterisierung von fiktionalen Helden herbeigezogen. Dies fängt bei Homers Odysseus und der Schlange in der Genesis an, aber auch Biene Maja, Wickie und Reinecke Fuchs oder Gandalf und Voldemort sind davon betroffen. Maja und Wickie sind auf vernünftige Weise intelligent, Odysseus und die Schlange sind schlau, Gandalf weise, Voldemort und Reineke Fuchs vielleicht eher gerissen.

Wir sind der Intelligenz schon bei der Analyse des Gruffalo begegnet (siehe Kapitel 3). Dort wies sie sich als metaphysische und gesellschaftliche diskursive Kompetenz aus. In der Tat kann Intelligenz leicht zu Weisheit und Gelehrtheit aufsteigen und dabei metaphysische oder gesellschaftliche Züge annehmen. So ist Weisheit umfassender und lehnt sich eher an die Metaphysik an als vielleicht die Gelehrtheit, die ja angelernt und deshalb gesellschaftlich angehaucht ist. Taucht die Intelligenz in die Tiefen der raffinierten Schlauheit, Durchtrieben- und Gerissenheit, sind jede Menge Konnotationen möglich. Letztlich entscheidet natürlich jeder Text für sich.

## 2.2 Macht

*Macht* kann in einer Vielfalt von Situationen angewendet werden: Macht übt der Neureiche aus, der ein Gut und die Menschen, die darauf wohnen, kauft. Macht übt auch der Trainer aus, der mit schlechter Taktik, aber brutalem Spielverhalten und aufreibender Rhetorik vor dem Spiel mehr Erfolg erzielt als sein taktisch gewandter, aber stiller und auf faire Spielweise setzender Widersacher. Macht bezieht sich außerdem in scheinbarem Paradox sowohl auf das Zeichen wie auf die Tat. Die Unterscheidung zwischen dem Herrscher, der mit seinem Siegel die Vernichtung eines Volkes beschließt, und den Soldaten, die diese Vernichtung ausführen, scheint die Macht in verschiedene Bereiche zu spalten (Siefkes 2010).

Die wohl bekannteste Definition von Macht stammt aus Max Webers *Wirtschaft und Gesellschaft* (1922): „Macht bedeutet jede Chance, innerhalb einer sozialen Beziehung den eigenen Willen auch gegen Widerstreben durchzusetzen, gleichviel worauf diese Chance beruht" (I, § 16). Macht geschieht hier im gesellschaftlichen Raum, „innerhalb einer sozialen Beziehung". Sie kann also leicht als gesellschaftliche Größe interpretiert werden.

Die Ausübung der Macht in einem gesellschaftlichen Rahmen verwehrt ihr aber nicht den Zugriff auf die verbleibenden semantischen Räume.

- *Natur*: Nietzsche zum Beispiel versucht, „unser gesamtes Triebleben als die Ausgestaltung und Verzweigung einer Grundform des Willens zu erklären – nämlich des Willens zur Macht" (1886: § 36). Sein Bezug auf das „Triebleben" naturalisiert dabei die Macht. Auch im allgemeinen Sprachgebrauch können wir diese Naturalisierung erleben, so z.B. in der ‚Macht der Naturkräfte' oder eines ‚gefährlichen Tieres'.
- *Metaphysik*: Unser Gefühl gegenüber der Macht, sei es als Opfer oder Täter, sei es gegenüber der Macht der Natur, der Liebe oder der Erziehung, besitzt auch eine metaphysische Komponente. Diese ist Folge des Gefühls der ‚Ohn-macht' des Einzelnen, dem gegenüber sich Macht als ‚All-macht' zeigt.
- *Individualität*: Das Gefühl der Allmacht wiederum erschließt dem Mächtigen die Möglichkeit, seiner Individualität freien Spielraum zu lassen. Wer Macht hat, ‚macht' was er will.

Wie immer muss jeder Text für sich entscheiden, welchen Aspekt der Macht er hervorhebt.

## 3. Mensch, Frau, Mann, Liebe und Familie

### 3.1 Mensch, Frau und Mann

Begriffen wie *Liebe*, *Mensch*, *Frau* und *Mann* ist gemeinsam, dass sie sich nicht nur einer Dimension zuordnen lassen, sondern an allen zusammen und gleichzeitig Anteil haben. Dies ist leicht ersichtlich, da die vierdimensionale Welt, die wir am Anfang des Buches erstellt haben, eine primär ‚menschliche' Erfahrung der Welt widerzuspiegeln versucht. Bei Mann und Frau ergibt sich die Besonderheit, dass die Verwendung des einen Wortes oft mit der Benutzung des anderen einhergeht. Dies erleichtert eine Aufteilung der vier semantischen Räume in binäre Oppositionen. Beim Wort ‚Mensch' ist die Möglichkeit des Nicht- oder Unmenschlichen entweder nach oben (Metaphysik) oder unten (Natur) gegeben, weshalb auch hier schnell binäre Strukturen entstehen.

### 3.2 Liebe

Auch die *Liebe* ist potenziell für eine Zuordnung zu jedem der vier semantischen Räume offen:
- *Natur*: Die Liebe ist ein Gefühl, das dem Innersten des Menschen entspringt und sich schlecht steuern lässt. In ihrer Heftigkeit und Unmittelbarkeit gleicht sie einem Trieb. Der Mensch wird von der Liebe überrannt, weshalb man sie leicht der Natur zuordnen kann. Liebe wird hier oft mit sexuellem Verlangen gleichgesetzt.
- *Individualität*: Die Liebe hat ein hohes Individuationspotenzial. Ich liebe dich, weil du du bist und nicht jemand anderes. Ich erlaube dem Geliebten Einzug in mein

Innerstes, er mir auch und das in einer Tiefe, wie es sie sonst nicht gibt. Liebe schließt oft auch alles andere zugunsten des Geliebten aus.

- *Metaphysik*: Die Tendenz der Liebe zum Superlativ und zur Radikalität zeigt, dass man Liebe auch metaphysisch ausschlachten kann: Wer liebt, weiß, dass dieses Gefühl keinem anderen gleichkommt und andere mächtige Regungen, wie Überlebenswille, Hunger, Durst oder Schlaf zumindest zeitweise ausschalten kann. Solche Liebe erscheint vorzugsweise als platonische Liebe und hebt sich vom sexuellen Verlangen ab. Diese Liebe führt zur Idealisierung des Geliebten. Außenstehende wundern sich übrigens oft, was der Liebende am Geliebten findet.
- *Gesellschaft*: Zu guter Letzt ist Liebe aber auch ein Ursprung menschlicher Sozialisation, denn für die Liebe sind mindestens zwei nötig. Aus diesem Miteinander entsteht eine kreative Spannung zwischen Gefühl und Kontrakt. Liebe kann sozusagen zur Ehe führen.

Dazu ein kurzes Beispiel aus Francisco de Quevedos Sonett aus dem sechzehnten Jahrhundert *Definiendo el amor*:

| **Definiendo el amor** | **Dimension** |
|---|---|
| (1) Es hielo abrasador, es fuego helado, […] | Metaphysik und Natur |
| (2) un andar solitario entre la gente,<br>(3) un amar solamente ser amado. | Individualität |
| (4) Es una libertad encarcelada,<br>(5) que dura hasta el postrero paroxismo, | Gesellschaft |
| (6) Éste es el niño Amor, éste es tu abismo:<br>(7) mirad cuál amistad tendrá con nada,<br>(8) el que en todo es contrario de sí mismo. | Alles und doch nichts |

In diesem Ausschnitt wird die Liebe als Naturphänomen beschrieben – „hielo", „fuego". Die Auswahl der natürlichen Elemente ist aber so radikal, die Wirkung auf den Liebenden so extrem und widersprüchlich – „abrasador", „helado" –, dass Natur an die Grenze des Erträglichen kommt und fast in die Metaphysik kippt. Individualität zeigt sich in der Einsamkeit des Liebenden in der Menge – „un andar solitario entre la gente" – und seinem egoistischen Bedürfnis, eher geliebt zu werden als zu lieben – „un amar solamente ser amado". Gesellschaft deutet sich an in dem Bild von der Liebe als ewiger Einkerkerung der individuellen Freiheit des Liebenden – „Es una libertad encarcelada". Diese Liebe aber, die sich auf so verschiedene Weisen manifestiert, gehört letztendlich zu keiner der Dimensionen – „mirad cuál amistad tendrá con nada" –, da jede der besprochenen Definitionen von Liebe einen Gegensatz zu den anderen Definitionen bildet – „el que en todo es contrario de sí mismo".

Wie die Liebe sich aber einer einfachen Dimensionsordnung entzieht, so kann sie nicht umhin, vom Text in diese oder jene Richtung gedrängt zu werden. Der Sinn jedes Begriffs muss sich der Sinnstruktur anpassen, in die er im Text eingebettet ist, so wie jeder Begriff Druck auf die Sinnstruktur des Textes ausübt (siehe Kapitel 2). In modernen Texten wird die Liebe vorzugsweise als Gefühl und deshalb als Natur identifiziert, zu der sich leicht individualisierende und metaphysische Elemente gesellen. In der Praxis aber besitzt Liebe den Status einer alternativen Religion (Beck / Beck Gernsheim 1990: 21). Andererseits fällt es der Moderne schwer, der Liebe ihren Sozialisationsaspekt abzugewinnen. Der schlechte Witz „Wenn ein Paar sich nichts mehr zu sagen hat, heiratet es" ist ein Beispiel dafür. Die Moderne versteht die Gesellschaft als Regularium und Liebe verstößt als ein überwältigendes Gefühl von Natur aus gegen die Regel. Liebe lässt sich demnach leicht in moderne Formen gießen.

Sexualität ist übrigens als Teilbereich der Liebe ähnlichen semantischen Zuordnungen wie die Liebe selbst unterworfen. Die ‚Standard'-Darstellung sexuellen Verkehrs ist die triebhaft-natürliche. Darüber hinaus kann Sexualität aber als metaphysische Größe dargestellt werden. Der sexuelle Rausch übertrifft andere Gefühle an Intensität und die Zeugung neuen Lebens aus dem scheinbaren Nichts kann als kleines ‚Wunder' empfunden werden. Sexualität hat auch Aspekte der Individualisierung zu verbuchen; nicht umsonst heißt es in der Bibel, dass Adam Eva „erkannte" (Gen. 4:1). Der sexuelle Akt erscheint hier als ein intimes ‚Kennen' und ‚Erkennen' des Geliebten. Letztlich ist wie bei der Liebe auch der sexuelle Akt zunächst einmal eine Zweierbeziehung, womit ein erster Schritt in Richtung Sozialisierung gegeben ist.

## 3.3 Liebe sprengt den semantischen Rahmen: *Where the Wild Things Are*

Dank ihrer Multidimensionalität kann Liebe den semantischen Rahmen eines Textes sprengen helfen. Im Folgenden soll anhand einer Analyse und Diskussion des von Maurice Sendak verfassten, 1963 erschienenen Kinderklassikers *Where the Wild Things Are* (dt.: *Wo die Wilden Kerle wohnen*) solch eine Situation der semantischen Rahmensprengung diskutiert werden.

Am Anfang der Geschichte haut der kleine Max Nägel in die Wand, rennt im Wolfskostüm und mit Gabel bewaffnet hinter dem Hund her und bedroht seine Mutter mit „I'll eat you up", als sie ihn „Wild Thing" nennt. Wegen wilden Benehmens wird er von der Mutter ohne Abendessen in sein Zimmer geschickt. Allein gelassen merkt er, wie das Zimmer sich in einen Wald verwandelt. Der Junge segelt Odysseus gleich zu einem Land, in dem schreckliche Monster, die „Wild Things", leben. Max zähmt sie mit seinem gefährlichen Blick und sie erklären ihn zum König der Wilden Kerle. Max fordert sie zum großen „Rumpus" auf, was in der deutschen Version mit „Krachmachen" übersetzt wird. Nach sechs Seiten „Rumpus" (siehe z.B. Abbildung 36), was für eine 36-seitige Geschichte eine gehörige Portion Krach darstellt, hat Max plötzlich genug und schickt die Wilden Kerle ohne Abendessen ins Bett. Er sehnt sich danach, da zu sein, wo jemand ihn lieb hat und riecht warmes Essen. So segelt er trotz der Rufe der

*Abbildung 36: Der große Rumpus*

Wilden Kerle – „we'll eat you up – we love you so" – in sein Zimmer zurück und findet dort sein Abendessen vor, „and it was still hot".

*Wild Things* hat das Interesse vieler Kritiker gefunden und ist vielfach und auf verschiedene Weise interpretiert worden. Zum einen ist die Geschichte einfach schön (obwohl sie Erwachsenen oft besser gefällt als Kindern), zum anderen bietet sie eine wunderbare Mischung aus Bild und Text, die bei der Analyse miteinbezogen wird.

Auf den ersten Blick scheint die semantische Struktur verhältnismäßig einfach zu sein, denn sie spielt auf verschiedene Weisen mit dem Verhältnis zwischen Natur und Gesellschaft:

- Das Verhältnis zwischen Mutter und Max ist eindeutig ein Kampf zwischen Gesellschaft und Natur. Max ist Natur, weil er im Wolfskostüm herumläuft, seine Mutter mit „I'll eat you up" bedroht und von ihr als „Wild Thing" typisiert wird. Die Mutter, die interessanterweise in der Geschichte nicht zu sehen ist, repräsentiert die gesellschaftliche Regel, indem sie Max in sein Zimmer verbannt, weil er wild ist. Außerdem schließt sie ihn vom Abendessen aus, womit sie ihm die Erfüllung des Hungers, der ja ein Trieb und deshalb Natur ist, verweigert: „so he was sent to bed without eating anything".
- Spannender wird der Besuch von Max im Land der Wilden Kerle, ohne aber den Gegensatz zwischen Natur und Gesellschaft aufzuheben. In seiner Fantasie probiert Max hier beide Positionen aus, die des Kindes und die der Mutter. Max ist gleichzeitig der wildeste Kerl (die Wilden Kerle ernennen ihn ja zu ihrem König) und die Mutter (da er die Wilden Kerle ohne Abendessen ins Bett schickt).

Die Geschichte verstärkt diesen Gegensatz zwischen Natur und Gesellschaft durch ihre kunstvolle Handhabung von Text und Bild, die Abbildung 37[5] zeigt (die Nummern

5 Entnommen aus Arakelian 1985: 122–123.

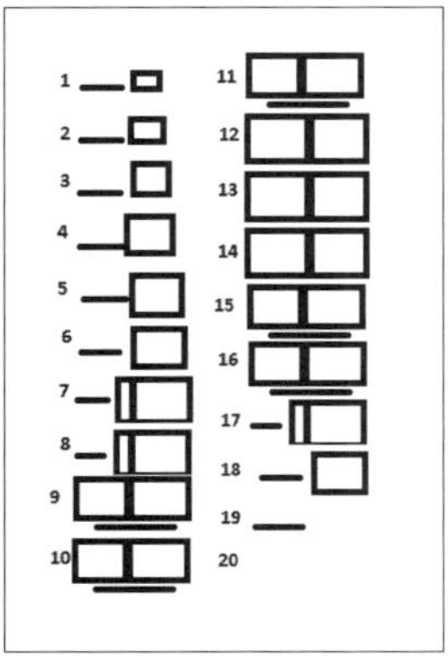


*Abbildung 37: Text-Bild-Verteilung in Where the Wild Things are*

markieren die Doppelseiten der Geschichte, die Striche den Text und die Kästchen die Bilder):

Solange Max zu Hause ist, dominiert der Text, die Bilder sind verhältnismäßig klein (Doppelseiten 1–5). Je tiefer Max in die Welt der Wilden Kerle eindringt, je mehr wir uns dem „Rumpus“ nähern, desto mehr schwindet der Text und wachsen die Bilder (Doppelseiten 6–11). Während des „Rumpus“ gibt es nur noch Bild und keinen Text (Doppelseiten 12–14). Mit Max’ Heimkehr kehrt auch der Text in die Geschichte zurück (Doppelseiten 16–19).

Der Gegensatz zwischen Max‘ wirklichem Zuhause und seiner Fantasie-Welt spiegelt sich in dieser Verwendung von Bild und Text wider. Der Text stellt ein Kommunikationsmittel zwischen Menschen und deshalb auch ein soziales Medium dar. Die Bilder sind visuell unmittelbarer und instinktiver. Deshalb zeugen sie von Natur.

*Wild Things* bietet also auf verschiedenen Ebenen eine klassische Gegenüberstellung von Natur und Gesellschaft. Die Geschichte bezieht aber auch den semantischen Raum der Metaphysik ein, so z.B. in der Mondanbetung, die während des „Rumpus“ stattfindet (siehe Abbildung 36), in Max’ Fantasie oder in der Verwandlung seines Zimmers in einen Urwald. Diese Aspekte fügen der Geschichte ein emotionales Plus hinzu, was natürlich das Leseerlebnis bereichert, den Gegensatz zwischen Natur und Gesellschaft aber nicht modifiziert.

Nur die Liebe hebt den Gegensatz auf. Dies geschieht zunächst einmal auf negative Weise, in der Leere, die in der Welt der Wilden Kerle zu spüren ist: „Max the king of all wild things was lonely“ (Abbildung 38). Diese Leere bezieht sich sowohl auf seinen Versuch, der wildeste Kerl zu sein, wie darauf, die Position der strafenden Mutter auszuprobieren. Die Leere weckt in ihm das Bedürfnis nach Liebe – „[he] wanted to be where someone loved him best of all“. Liebe äußert die Mutter dadurch, dass sie Max sein Essen doch bringt: Max „smelled good things to eat”, und am Ende der Geschichte steht das Abendessen vor ihm, „and it was still hot”. Liebe geht also in dieser Geschichte tatsächlich durch den Magen. Durch ihre von der Liebe getragene Handlung hebt die Mutter erstens das soziale Gesetz auf, zweitens respektiert sie die natürlichen Bedürfnisse ihres Sohnes, indem sie ihm erlaubt seinen Hunger zu stillen. Liebe distanziert sich also von der Gesellschaft und rückt der Natur näher.

Als Max die Insel auf seinem Boot verlässt, versuchen die Wilden Kerle, ihn zurückzurufen: „Oh please don’t go – we’ll eat you up – we love you so“. Hier wird das Aufessen explizit mit der Liebe in Verbindung gesetzt. Plötzlich steht Max‘ Drohung am Anfang der Geschichte – „I’ll eat you up“ – in ganz anderem Lichte da, als stille, ungeschickte Liebeserklärung an die Mutter (ich habe selber einen kleinen Sohn, der ab und zu haut, wenn ihm eine Situation zu emotional wird).

Von der semantischen Seite stellt sich die Frage, ob diese Liebe wirklich imstande ist, neue Rahmenbedingungen aufzustellen.

*Abbildung 38: Max sehnt sich nach Liebe*

- Einerseits ist es möglich, die Individualität, die Dimension, die bislang noch nicht vorkam, auf die Liebe anzuwenden. Man könnte argumentieren, dass der Einbruch der Liebe sowohl Max wie auch seine Mutter von der natürlichen und gesellschaftlichen Verkürzung befreit und sie damit individuiert. Echte Liebe ist ja von der Erkenntnis getragen, dass das Gegenüber ein einzigartiges, nicht-reduzierbares Du ist.
- Andererseits kann dieselbe Logik anstatt zur Individualität zur Vermenschlichung des Anderen führen. Die Nicht-Reduzierung führt somit nicht zu einer neuen Reduzierung (Individualisierung), sondern zur Bejahung des anderen als Ganzes, als Mensch.

Tun wir Ersteres (Individualisierung), kehren wir zum alten Rahmen der vier Dimensionen zurück. Tun wir Letzteres (Vermenschlichung), können wir von neuen Rahmenbedingungen ausgehen. Wir hätten nämlich unsere vier herkömmlichen semantischen Räume verlassen und würden zwei Grundbegriffe in den Diskurs aufnehmen, die neu sind: Liebe und Mensch. Man könnte deshalb argumentieren, dass sich die Beschränkung der Liebe auf die Individuation hier reduktionistisch auswirkt, weil sie andere, genauso gute, aber auch weiterführende Möglichkeiten ausschließt.

Für unsere Zwecke ist die Diskussion von *Wild Things* abgeschlossen. Die Möglichkeiten gehen aber noch weiter. Einer Interpretation der Geschichte zufolge (Keeling / Pollard 1999) manipuliert die Mutter Max sogar durch ihre Liebe. Indem sie ihm die Suppe ins Zimmer bringt, nutzt sie sein Liebesbedürfnis und seinen Hunger, um ihn in die soziale Welt des guten Benehmens zurückkehren zu lassen. Dies könnte erklären, warum die Mutter während der ganzen Geschichte nicht einmal erscheint, was ihr einen etwas unheimlichen Eindruck verleiht. In Abbildung 39 sehen Sie die verschiedenen Interpretationsmöglichkeiten der Liebe in *Wild Things* nochmals zusammengefasst:

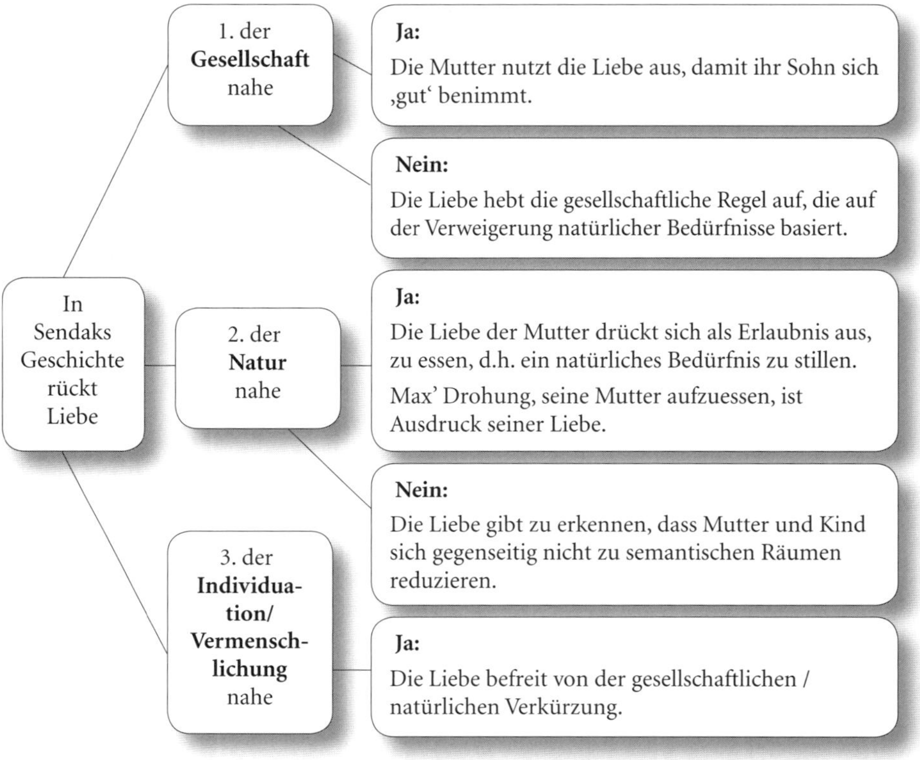


*Abbildung 39: Where the Wild Things are – Interpretationsmöglichkeiten*

Der Anfang der Geschichte ist übrigens voller Leerstellen, die mit ‚Warum'-Fragen gefüllt werden könnten (siehe Kapitel 5). So ist z.B. nicht klar, warum sich Max am Anfang wie ein wildes Tier benimmt. Das erste Bild zeigt, dass er sauer ist – Warum? –, dass er sich ein Zelt baut und dabei die Wand kaputt macht – Wieso sein Heim zerstören, um sich ein neues zu bauen? – und dass er seinen Teddy aufhängt – Warum? Möchte er erwachsen sein? Der Anfang der Geschichte deutet vieles an, ermuntert uns nach Gründen und Motivationen zu suchen, bietet auch zusätzliche Antworten, die aber alle nicht definitiv sind. Im Text sind also viele Andeutungen zu finden, aber auch viele Leerstellen (siehe Abbott 2008: 90–92).

## 3.4 Familie

Wie in Abbildung 40 zu erkennen ist, weist der Begriff *Familie* die Besonderheit auf, dass er sich an einer gesellschaftlichen Schnittstelle befindet. In ihr prallen gefühlsge-

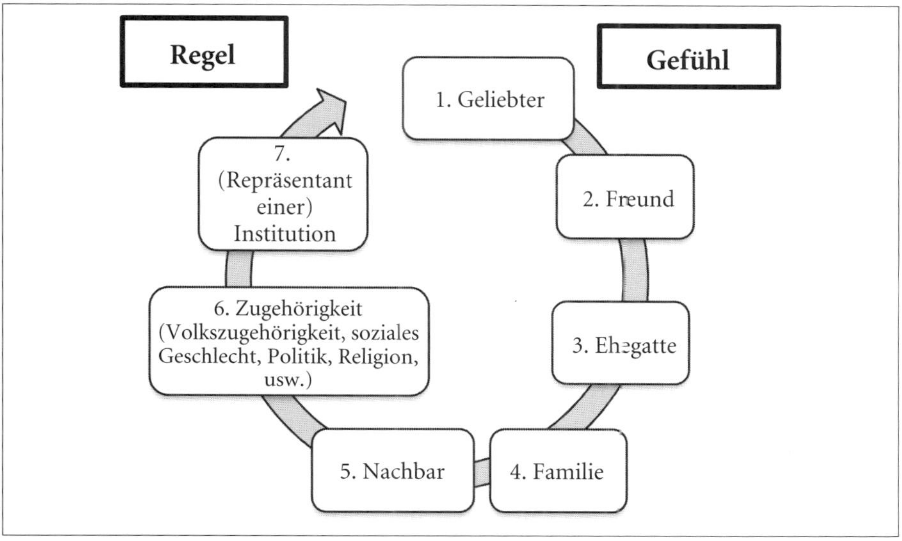


*Abbildung 40: Familie zwischen Regel und Gefühl*

steuerte und geregelte Verhältnisse aufeinander: Klar gefühlsgesteuert sind Liebes- und Freundschaftsverhältnisse (1 / 2), in der Ehe (3) wird das Gefühl durch einen ‚Vertrag' oder ein ‚Sakrament' teilweise geregelt. Vollständig geregelt sind ethnische, politische, sozial bzw. geschlechtlich bedingte oder religiöse (6) sowie institutionelle (7) Verhältnisse.

In der Mitte (4 / 5) liegen gesellschaftliche Verhältnisse, die sich genauso gut von Emotionen wie von der Regel bestimmen lassen. Nachbarn und Familienangehörige stellen solche Verhältnisse dar. Ich kann ein persönliches Verhältnis zu meinem Nachbarn pflegen (ich brauche Salz, klopfe an die Tür, wir sind uns gleich so sympathisch ...) oder aber die Hausordnung als Eckpfeiler meiner Beziehung ansehen (die Geranien müssen in den Farben der Gardinen blühen).

Als Gruppe sind die Nachbarn natürlich weniger wichtig als die Familie, die mich immer begleiten wird. Die Familie stellt deshalb womöglich die zentrale semantische Baustelle in der Opposition zwischen Natur und Gesellschaft dar. Die gesellschaftliche Regel hinter „Ehre Vater und Mutter" (Exodus 20:12) findet im emotionalen „The joys of parents are secret, and so are their griefs and fears" (Bacon 2001: Ch. 7) ihre Gegenüberstellung, und beide erkennt man wieder in dem Zweizeiler „For the hand that rocks the cradle / Is the hand that rules the world" (Wallace 1865). In der Eltern-Kind-Beziehung geht das Natürliche und Gesellschaftliche besonders leicht ineinander über:

– Die Familie stellt die Menschengruppe dar, die in ihrem Kern am ehesten biologisch verankert ist (unter anderem durch Paarung und genetische Ähnlichkeit, Geburt und Mutter-Kind-Bindung). Gleichzeitig ist sie aber als wichtigste Lebensgemeinschaft des Kindes auch die wichtigste Sozialisierungsinstanz in dessen Reifeprozess.

- Der Reifeprozess des Kindes enthält eine sexuelle Entwicklung und in der modernen Gesellschaft auch eine Individuation des Kindes sowie die Loslösung von den Eltern und deren Wertesystem. Letztere werden oft als gesellschaftliche Norm, gegen die es sich aufzubäumen gilt, empfunden (siehe Kapitel 4).
- Die oben beschriebenen biologischen und sozialisierenden Bande sind so stark, dass sie sich von Generation zu Generation als erste oder zweite Natur vererben können. Dies kann zur Naturalisierung gesellschaftlicher Normen führen, die die Eltern befürworten, für die sie aber auch selbst nur teilweise verantwortlich sind.

Aus diesen und anderen Gründen sind Eltern-Kind-Beziehungen potenziell mehrwertig. Als Beispiel dafür nehmen wir einen Auszug aus einer Verarbeitung von Erich Kästners Kinderroman *Pünktchen und Anton* – erschienen 1931 – im Hörspiel (Kästner & Vethake 1998). Inhaltlich ist die Verarbeitung dem Roman sehr ähnlich (siehe Kästner 1989: 86–100), sie ist aber viel kürzer und deshalb leichter zu analysieren.

Der Kontext zu diesem Auszug ist folgender: Der Held der Geschichte – Anton – ist ein verantwortungsbewusstes Einzelkind, das seine alleinerziehende Mutter – Frau Gast – sehr lieb hat. Antons Beziehung zu seiner Mutter ist also vom Affekt getragen, was für den Jungen nicht einfach ist. Am Anfang des Romans ist die Mutter nämlich krank (Kästner 1989: 28, 42–43). Anton erledigt deshalb die ganze Hausarbeit allein (24–28, 75) und bettelt sich abends durch (64–65), um etwas Geld nach Hause zu bringen, ohne dass seine Mutter etwas davon erfährt (74–75). Der Junge schläft deshalb nicht genug und kann in der Schule nicht aufpassen, sehr zum Missfallen seines Lehrers (70).

Gegen Mitte der Geschichte wird die Mutter wieder gesund und kocht Anton sein Lieblingsessen: Linsen mit Würstchen. Als Anton sich zu Tisch setzt, ergibt sich folgender vom Erzähler kommentierter Dialog:

> Mutter: „Anton, den Wievielten haben wir heute?"
> Anton: „Den ... Moment, ich muss erst mal nachsehen, den 9. April."
> Mutter: „Hmm, den 9. April ..."
> Anton: „Mutter, mein Gott, dass ich das vergessen konnte, entschuldige!"
> Mutter: „Anton, Junge, wo willst 'n hin, komm her, ich bin doch wieder gut. Anton, wo bist du?"
> Erzähler: *Frau Gast rief ihren Jungen, bald laut, bald leise, aber er war nicht in der Wohnung, er war fort. Einfach fortgelaufen. Ich gebe ja zu, ich mag Anton gut leiden, und ihr sicher auch, aber einfach davonlaufen und die Mutter sitzen lassen? Also das gefällt mir, offen gestanden, gar nicht. Wo kämen wir hin, wenn jeder, der etwas falsch macht, einfach davon rennen wollte. Frau Gast wurde sehr unruhig. Schließlich riss sie die Wohnungstür auf und rannte die Treppe hinunter, um ihren Jungen zu suchen. Sie fragte in allen Geschäften nach Anton. Der Milchmann, der Bäcker, der Fleischer, der Grünwarenhändler, der Schuster. Keiner wusste etwas.*
> Anton: „Mutter!"
> Mutter: „Mein Junge, gut, dass du wieder da bist. Ich bin dir doch gar nicht mehr böse!"
> Anton: „Ach, Mutter, ich hab' mich ja so geschämt, weil ich deinen Geburtstag vergessen habe!"
> Mutter: „Schon gut, denken wir nicht mehr dran."

Wir sehen hier einerseits, wie Frau Gast ihrem Sohn sein Lieblingsessen kocht. An ihrem Geburtstag hätte sie ja ihr eigenes Lieblingsessen kochen oder gar nicht kochen und auf Anton warten können, aber sie denkt an Anton. Sie liebt ihn also. Andererseits sehen wir auch, dass sie erwartet, dass Anton sich an ihren Geburtstag erinnert: „Anton, den Wievielten haben wir heute?" Der Logik der Erzählung nach besitzt Frau Gast das Recht, dies von Anton zu erwarten, darf ihn also deshalb auch mit ihrer Frage tadeln, ihn aber auch am Ende verzeihen: „Ich bin dir doch gar nicht mehr böse." Diese Logik wird durch Anton selber gefestigt, der sich „so geschämt hat", den Geburtstag vergessen zu haben. Diese Logik wird auch entscheidend vom Erzähler untermauert. Sofern sie vertrauenswürdig sind, und dieser Erzähler ist es hier eigentlich, tragen Erzähler oft dazu bei, die Stellungnahme ihrer Leser zu den Erzählsituationen zu ordnen. In *Pünktchen und Anton* beruht der Vorwurf des Erzählers, Anton solle nicht davonlaufen, darauf, dass Anton „etwas falsch [ge]macht" hat. Der Erzähler hält also zur Mutter.

Nun ist zwar klar, dass Anton einen Fehler begangen hat, der Leser muss aber trotzdem entscheiden, wie er emotional auf Antons und Frau Gasts Benehmen reagiert. Ihrem Ärger, seinen Schuldgefühlen und sogar der Stellungsnahme des Erzählers zum Trotz, weiß der Leser ja, dass Anton sich während der Krankheit seiner Mutter bis zur Erschöpfung um sie gekümmert hat. Zudem ist die Gegenüberstellung von einem Liebesbeweis – ‚Würstchen mit Linsen' – und einer Forderung – ‚Erinnere dich an meinen Geburtstag'– nicht die, die man von einer Mutter unbedingt erwartet. Gute Mütter erlauben ihren Kindern, unter ihrer liebenden Obhut die Welt auszuprobieren und Fehler zu begehen (Winnicott in MacIntyre 1999: 88–89). Dies ist nicht nur eine akademische Feststellung, sondern auch eine intuitive Forderung von Kindern an Mütter: Mama liebt mich nicht, weil ich lieb bin, sondern weil ich ich bin.

Welche Entscheidung wir als Leser letztendlich treffen, ist hier nicht so wichtig. Wichtig ist, dass unsere Entscheidung für oder gegen die Logik der Mutter, des Erzählers und sogar Anton sich auf die semantische Stellung der Familie in dieser Fiktion auswirkt. Entscheiden wir uns für die Logik der drei Erzählfiguren, stufen wir die Erwartung der Mutter als gerechtfertigt. Anton hätte sich erinnern sollen. Erinnerung kann aber nicht gut gesteuert werden, denn sie ist nur sehr bedingt dem Willen unterworfen (Margalit 2002: 26–27, 29–30). Die Erwartung, dass Erinnerung gesteuert wird, würde bedeuten, dass Erinnerung in Benehmen übergeht. Anton hat sich bis dato gut, sogar sehr gut benommen. Wenn er es gekonnt hätte, hätte er sich wahrscheinlich auch an den Geburtstag seiner Mutter erinnert. Man kann dies an seiner Scham erkennen. Indem das Natürliche und Unwillkürliche (Erinnerung) zur Norm und zum Willentlichen (Benehmen) erklärt wird, ergibt sich eine Verschiebung der Verteilung affektiver und institutioneller Elemente in Richtung Sozialisation innerhalb des Familienbegriffs (siehe Kapitel 6). Es zeigt sich hier, wie die semantische Offenheit des Familienbegriffs die Familie zum Problemfall macht. Entscheiden wir uns übrigens als Leser für die Version von Frau Gast, Anton und dem Erzähler, sind wir nicht so genötigt, eine Erklärung zu geben, weil wir mit der Logik der Figuren in der Geschichte übereinstimmen.

Entscheiden wir uns gegen die Erzähllogik, sehen wir uns aber eher genötigt, nach einer Erklärung zu suchen, und zwar außerhalb des Textes, da ja das Hörspiel (wie auch der Roman) dazu keine Antwort gibt. Eine mögliche Erklärung könnte man im engen Verhältnis zwischen dem Einzelkind Erich Kästner und seiner eigenen Mutter finden. Noch im Erwachsenenalter schrieb er ihr jeden Tag lange Briefe. In seinen Romanen erwartete er von seinen sonst so selbstständigen Hauptdarstellern ihren Müttern gegenüber eine moralische Musterhaltung, deren Begründung nicht ohne Weiteres einleuchtend ist. In *Emil und die Detektive* (1929 erschienen) zum Beispiel ist der Hauptdarsteller

> Emil [...] ein Musterknabe [...] weil er einer sein wollte! [...] oft fiel es ihm recht schwer. Wenn er aber [...] sagen konnte: „Mutter, da sind die Zensuren, und ich bin wieder der Beste!" dann war er sehr zufrieden. El liebte das Lob, das er in der Schule und überall erhielt, nicht deshalb, weil es ihm, sondern weil es seiner Mutter Freude machte. Er war stolz darauf, dass er ihr, auf seine Weise, ein bisschen vergelten konnte, was sie für ihn, ihr ganzes Leben lang, ohne müde zu werden, tat... (1970: 37–38)

In Kästners wie in Antons (und auch Emils) Beziehung zur Mutter fehlt der Vater. Dies könnte zumindest teilweise erklären, warum sowohl Kästner wie auch Anton eine gewisse Neigung zeigen, „Kind und Erwachsener zugleich zu sein" (Enderle 1966: 23). Dies kann auch unser Verständnis von Antons alleinerziehender Mutter ändern. Ihre Erwartung, dass Anton ihr äußerste Liebe, Gewissenhaftigkeit und Respekt entgegenbringt, könnte auf den in der Geschichte fehlenden Ehemann zurückgeführt werden. Diese ganze Interpretation müsste natürlich noch weiter verfolgt werden, denn in *Pünktchen und Anton* geht es z.B. auch um Väter, die um ihre Autorität ringen müssen, sie aber schließlich doch erlangen. Herr Pocke, der Vater von Antons Freundin Pünktchen, nimmt am Ende der Geschichte den Jungen gewissermaßen unter seine Fittiche. Fürs Nächste muss diese Erklärung aber reichen.

Für den Erzähler und womöglich für Erich Kästner mag Frau Gasts Benehmen vielleicht natürlich und natürlich gut sein. Der Leser, der im Wissen um Kästners Verhältnis zu seiner Mutter sich dazu entscheidet, gegen die Erzählfiguren zu interpretieren, kann dieses Benehmen aber auch als natürlich empfinden, nur auf einer anderen Ebene, der des Autors. In dieser Ebene könnte Kästner (sowie Frau Gast, Anton und der Erzähler als Kinder von Kästners Fantasie) als unfreiwilliges Opfer interpretiert werden, das vielleicht gar nicht anders kann als dieses enge Verhältnis mit seiner Mutter einzugehen. Gingen wir in der Zeit zurück, könnten wir wahrscheinlich Ähnliches von Kästners Mutter sagen. Irgendwann sind wir alle unfreiwillige und leidende Opfer. Dieses Zurückgehen zeigt auch, wie der Begriff ‚Natur' mit der Idee des Ursprungs verknüpft ist.

## 4. Übungsaufgabe

Schauen Sie sich bitte die folgenden Bilder an (1–3). Alle haben etwas mit dem Wort ‚Familie' zu tun. Weisen Sie bitte jedes der Bilder einem der vier semantischen Felder zu und begründen Sie Ihre Entscheidung. Überlegen Sie, ob es für die Analyse vorteilhafter ist, die drei Bilder einzeln oder als zusammenhängendes Ganzes zu analysieren. Bild 3 bezieht sich auf den berühmten Roman von George Orwell *1984* (1948 verfasst): Der Roman erzählt, wie im Jahr 1984 ein einfacher Bürger versucht, seine Privatsphäre gegen das Überwachungssystem eines Polizeistaates, das sich als ‚Big Brother' zu erkennen gibt, zu sichern. ‚Big Brother' erwischt ihn schließlich doch und unterzieht ihn einer Gehirnwäsche.

*Bild 1*

*Bild 2*

*Bild 3*

## 5. Literatur

*Grundlegend*

Arakelian, Paul G. 1985. Text and Illustration: A Stylistic Analysis of Books by Sendak and Mayer. *Children's Literature Association Quarterly.* 10 (3): 122–127.

Bacon, Francis. 2001. Of Parents and Children. *Essays, Civil and Moral.* New York: Bartleby.com. 10 July 2012. http://www.bartleby.com/3/1/7.html.

Beck, Ulrich / Beck-Gernsheim, Elizabeth. 1990. *Das ganz normale Chaos der Liebe.* Frankfurt a. M.: Suhrkamp.

Enderle, Luiselotte. 1966. *Erich Kästner.* Berlin: Rowohlt.

Kästner, Erich. 1970. *Emil und die Detektive: Ein Roman für Kinder.* Berlin: Cecilie Dressler Verlag.

–. 1989. *Pünktchen und Anton.* Zürich: Atrium Verlag.

Kästner, Erich / Vethake, Kurt. 1998. *Pünktchen und Anton.* Hamburg: Oetinger.

Keeling, Kara / Pollard, Scott. 1999. Power, Food and Eating in Maurice Sendak and Henrik Drescher: *Where the Wild Things Are, in the Night Kitchen,* and *The Boy Who Ate Around. Children's Literature in Education.* 30 (2): 127–143.

MacIntyre, Alasdair. 1999. *Dependent Rational Animals: Why Human Beings Need the Virtues.* Chicago: Open Court.

Margalit, Avishai. 2002. *The Ethics of Memory.* Cambridge: Harvard UP.

*Neue Jerusalemer Bibel: Einheitsübersetzung.* 2007. Deissler, Alfons / Vögtle, Anton, Nützel, Johannes M. (Hsgr.). Freiburg i. Br.: Herder.

Nietzsche, Friedrich. 1886. *Jenseits von Gut und Böse: Vorspiel einer Philosophie der Zukunft.* 10. Juli 2012. http://www.nietzschesource.org/#eKGWB/JGB.

Pieper, Josef. 1964. *Das Viergespann.* München: Kösel.

Sendak, Maurice. 1984. *Where the Wild Things Are.* New York: Harper Collins.

Siefkes, Martin. 2010. Power in Society, Economy, and Mentality: Towards a Semiotic Theory of Power. *Semiotica.* 181 (1): 225–261.

Weber, Max. 1922. *Wirtschaft und Gesellschaft.* 10 July 2012. http://www.textlog.de/7312.html.

*Weiterführend*

Abbott, H. Porter. 2007. *The Cambridge Introduction to Narrative.* Cambridge. Cambridge Up. Kapitel 7, *Interpreting Narrative,* 83–99.
(*Wild Things* bleibt ein offener Text, darum ist es angebracht, sich mit einigen Elementen auseinanderzusetzen, die die Interpretation öffnen.)

Ball, John Clement. 1997. Max's Colonial Fantasy: Rereading Sendak's 'Where the Wild Things Are'. *ARIEL: A Review of International English Literature* 28 (1): 167–79.
(Interessante Variante zur Interpretation von *Wild Things.* Das Pendant zu Keeling / Pollard)

Keeling, Kara / Pollard, Scott. 1999. Power, Food and Eating in Maurice Sendak and Henrik Drescher: *Where the Wild Things Are, in the Night Kitchen,* and *The Boy Who Ate Around. Children's Literature in Education.* 30 (2): 127–143.
(Die kurz erwähnte Variante zu *Wild Things.* Überlegen Sie, inwiefern Keeling / Pollard die Wahrheit über *Wild Things* herausfinden oder ihre Interpretation durchsetzen wollen und was ihnen fehlen könnte.)

Siefkes, Martin. 2010. Power in Society, Economy, and Mentality: Towards a Semiotic Theory of Power. *Semiotica.* 181 (1): 225–261.
(Ausgezeichnete semiotische Durchleuchtung des Machtbegriffs)

# 6. Lösungsvorschlag

*Bilder 1 und 2*

„El roce hace el cariño" heißt es im Spanischen (Reibung erzeugt Liebe), und ähnlich entsteht auch ohne Reibung kein Sinn. Im Allgemeinen sind deshalb die Bilder vereinzelt nicht so aussagekräftig wie im Vergleich. Also ist es am einfachsten, wenn wir damit anfangen, zwei der Bilder, z.B. die ersten beiden, miteinander zu vergleichen.

Dieser Vergleich ergibt prompt einen ersten Gegensatz zwischen Natur (Bild 1) und Gesellschaft (Bild 2). In Bild 1 sehen wir eine lächelnde Familie, in der jeder jeden in den Arm nimmt. Deshalb stehen die affektive Beziehung und die natürliche Bindung zwischen den Familienmitgliedern im Vordergrund. Die Familienmitglieder sind – wahrscheinlich bewusst – abwechslungsreich verteilt: die Großeltern an den Seiten, Eltern und Kinder, männlich und weiblich haben ihre Position in bunter Mischung. Der Vater ist zwar mehr oder weniger in der Mitte – obwohl es bei sechs Personen keine Mitte geben kann –, man sieht aber dafür von ihm am wenigsten. Das Ganze wirkt ungezwungen, horizontal-demokratisch und deshalb auch natürlich (siehe Kapitel 6). Die Familie gehört der modernen Welt an: Mittelschicht, zeitgenössisch, multikulturell ... Im Vergleich zu Bild 2 entspricht sie vielen unserer Wunschvorstellungen, ist also in gewissem Maße ‚so wie wir'. All das – Affekt, Abwechslungsreichtum, horizontal-demokratische Darstellung, Mittelschicht, Gegenwart und Multikulturalität – trägt dazu bei, diese Familie als natürlich zu empfinden.

In Bild 2 schaut die ganze Familie ernst in die Kamera. Dieses Bild ist älter (aus dem 19. Jahrhundert) und zu der Zeit wurde seltener geknipst. Fotografien waren etwas Besonderes. Dementsprechend ging man einen solchen Augenblick auch ernst an. Der Vater sitzt als Einziger, sein Bein vor seiner Frau, der Arm hinter ihr. Er kontrolliert sie. Das Einzige, was visuell der patriarchalen Kontrolle entgeht, ist, dass die Mutter über dem Vater steht. Anstatt als auf Bild 1 sind hier beide Kinder Jungen. Dies mag der Wahrheit entsprechen, verleiht dem Bild aber auch eine gewisse Uniformität. Wir stehen hier eindeutig vor einer vertikalen, hierarchischen Gesellschaftsordnung.

Das Vertikale an Bild 2 wird auch durch die Kleidung vermittelt. So sehen wir auf diesem Bild, dass die Familienmitglieder teilweise durch ihre Kleidung entweder ihren Beruf (der Vater ist Soldat) oder aber ihre Herkunft und soziale Schicht angeben (die Mutter trägt einfache, wahrscheinlich ländliche Kleidung). Auf jeden Fall zeigen sie sich von ihrer gesellschaftlichen Seite. Der Ernst, die steife Haltung und die Projektion nach außen schalten affektive Beziehungen innerhalb der Familie aus.

Dass die Mutter im zweiten Bild einen Rosenkranz in der Hand hält, weist sie in den metaphysischen Bereich ein. Die Kombination von Metaphysik und Gesellschaft führt leicht in die Vormoderne. Die Zugehörigkeit der Familie zur unteren Mittelschicht bzw. Unterschicht und zur Vergangenheit verstärkt das semantische Feld der Gesellschaft.

*Bild 3*

Im dritten Bild sehen wir keine Familie, sondern nur ein Gesicht und auf dem Bild steht geschrieben: „Big Brother is watching you". In George Orwells Roman *1984* wird die ganze Gesellschaft von diesem Gesicht verfolgt und überwacht. Die Konstruktion eines ‚Big

Brother' im Roman ist vom semantischen Gesichtspunkt überaus beunruhigend. Dieses Gefühl kann im Bild teilweise nachvollzogen werden. Bei der Familie können wir uns horizontale wie auch vertikale Beziehungen vorstellen, wobei die vertikalen eher auf Autorität und Gesellschaft drängen. Das Wort ‚Bruder' verweist zunächst auf Horizontalität. Ein ‚großer' Bruder ist natürlich weniger horizontal und bewegt sich in Richtung der Autorität von Vater und Mutter, obwohl er auch eine schützende Funktion einnehmen kann: In Spanien war um 1990 eine Reklame vom ‚primo de Zumosol' sehr erfolgreich. Ein ‚großer Bruder' trank regelmäßig Zumosol-Saft, war daher besonders stark und konnte so den kleinen vor den bösen Buben der Nachbarschaft beschützen.

In den Wörtern ‚Brother' und ‚Big' schwingt all dies mit, vom natürlich-horizontalen zum gesellschaftlich-vertikalen Verhältnis. Im Kontext eines Polizeistaates wird natürlich das soziale Element der Bewachung hervorgehoben und mit dem metaphysischen Element der totalen Überwachung und Allmacht gegenüber dem Einzelnen verbunden. Auch dies können wir im Bild nachvollziehen: Der Gesichtsausdruck des vermeintlichen Bruders ist alles andere als herzlich, sein Blick ist eindringlich und die Idee des „is watching you" deutet auf die totale Überwachung des Einzelnen und die Allmacht, der dieser ausgeliefert ist. Das Bild spielt deshalb mit dem eigentlichen horizontal-natürlichen Sinn des Bruders (‚Brother'), wechselt über auf das Gesellschaftliche (‚Big'), und endet in der Metaphysik (drohender Gesichtsausdruck begleitet von „is watching YOU").

# *Kapitel 8*
# Dimensions-Kombinationen mit Seltenheitswert

*In diesem Kapitel werden anhand ausgesuchter literarischer Beispiele weniger häufige Dimensionskombinationen gezeigt. Der Seltenheitswert dieser Kombinationen erklärt sich durch ihre Abweichung von den in Kapitel 4 besprochenen Grundmodellen der Welt.*

- *Eine Abweichung zur Identifizierung von Individualität mit Natur wird anhand einer Interpretation von Edgar Alan Poes Kurzgeschichte* THE FALL OF THE HOUSE OF USHER *angeboten (Einheit 2).*
- *Alternativen zum Gegensatz von Natur und Gesellschaft werden vorgestellt (Einheit 3). Dies geschieht anhand einer Interpretation von a. einem Auszug aus Angela Carters Kurzgeschichte* THE LADY OF THE HOUSE OF LOVE *(Einheiten 3.1–3.3) und b. Edward Thomas' Gedicht* ADLESTROP *(Einheiten 3.4–3.5).*

## 1. Die Stabilität bestimmter Schemata

Wie wir in Kapitel 4 gesehen haben, arbeitet dieses Buch mit einer Reihe von Schemata, die uns Grundmodelle der Welt bieten – zwei vormoderne und zwei moderne. Diese Grundmodelle drücken sich in verschiedenen Dimensionskombinationen aus, die sich einer hohen Stabilität erfreuen. Wo ein Text mithilfe der vier semantischen Felder analysiert werden kann, sprengt er nicht leicht die vorgegebenen Rahmen. Es ist vor allem schwierig, der Opposition Natur – Gesellschaft und der modernen Kombination Individualität – Natur zu entgehen, denn

- die Opposition Natur – Gesellschaft (*physis – nomos*) ist seit der griechischen Antike (Spaemann 1994: 19–20) das verbreitetste Modell der Zweiteilung der Welt und des Menschen in der abendländischen Kultur. Sie stellt wahrscheinlich ein Grundraster menschlichen Selbstempfindens dar.
- die Gleichsetzung von Individualität und Natur ist wahrscheinlich das Kennzeichen moderner westlicher Identität überhaupt.

In diesem Kapitel werden einige Beispiele aus der Literatur aufgeführt und analysiert, in denen diese beiden stabilen Dimensionsgebilde ins Wackeln geraten.

## 2. Alternativen zu Individualität – Natur

### 2.1 E. A. Poes *The Fall of the House of Usher*

Edgar Alan Poes *The Fall of the House of Usher* (fortan *Usher*), erschien 1839; ein Klassiker aus mehreren Gründen. Zum einen ist nicht klar, ob diese Kurzgeschichte das beste Beispiel des Southern Gothic in den Vereinigten Staaten darstellt oder den Southern Gothic überhaupt erst ‚erfunden' hat (Gray 2004: 118, 123). Zum anderen nähert sich Poe mit dieser Kurzgeschichte so dicht wie nur möglich an sein eigenes, aber auch das wahrscheinlich am weitesten verbreitete Ideal der Kurzgeschichte. Diesem Ideal zufolge sind Kurzgeschichten Texte, in denen „everything is excluded that does not contribute to the general effect, or design, of the story" (Oates 1992: 11; siehe Poe 2004).

Für diejenigen, denen die Geschichte unbekannt ist, folgt eine kurze Zusammenfassung: Usher ist ein Aristokrat, der sich mit seiner Zwillingsschwester Madeline von der Welt abgeschottet hat und in seinem verkommenen herrschaftlichen Wohnsitz ein einsames Dasein fristet. Aufgrund einer mysteriösen Krankheit bittet er seinen einzigen Freund, den Erzähler, ihn zu besuchen. Auf den Besuch des Freundes folgt der Tod der ebenfalls schwerkranken Madeline. Es besteht der Verdacht, dass Usher seine Schwester begraben hat, obwohl sie noch nicht tot war. Als diese wieder aufersteht, sterben Usher und Madeline zusammen. Mit ihnen geht auch das Haus zugrunde.

### 2.2 Zwanghafte Individuation

Wir folgen hier dem oben zitierten Ideal, dass in einer guten Kurzgeschichte so viel wie möglich auf denselben Effekt zielt. Wenn man *Usher* von diesem Gesichtspunkt sieht und in Bezug auf die vier semantischen Felder analysiert, zeigt sich ein zwanghafter Drang zur Individuation in der Geschichte, der immer wieder auf die Figur Roderick Ushers zurückgeht. Der Drang drückt sich in Usher selbst aus, aber auch in Bezug auf seine Schwester (Lawrence 1969: 29–30), seine Familie und das Haus (Gordon / Tate 1969: 29–30), sodass in dieser Geschichte „being must be explained by the environment just as the environment bears the imprint of being" (Spitzer 1969: 66). All diese Elemente werden im Folgenden näher betrachtet.

Was Usher angeht, macht sich der Drang zur Individuation in seinem einsamen Leben bemerkbar. Er äußert sich auch in den vielen Hinweisen auf nur eins von Ushers Augen. Obwohl der Text nie explizit Usher als einäugig ausweist, wird immer wieder auf „his eye" anstatt „his eyes", wie es im Englischen üblich ist, verwiesen. Im Englischen sind ‚eye' und ‚I', also ‚ich', homophon.

Dieser Drang zum intimen Ich weist aber nicht auf die uns schon gängigen Kategorien von Originalität, Einzigartigkeit oder Freiheit. Das zeigt sich z.B. in einem von Usher gemalten Bild, das einen geschlossenen, aber lichtdurchfluteten Raum darstellt, obwohl kein Ursprung für dieses Licht zu erkennen ist (90). Der Erzähler versucht auch, in Ushers Intimität Einblick zu erhalten. Er sucht und sucht – „a closer and still closer intimacy admitted me more unreservedly into the recesses of his spirit“ (90), was er aber findet ist „a mind from which darkness, as if an inherent positive quality, poured forth [...] in one unceasing radiation of gloom“ (90). Ushers intimes Ich, seine Individualität, ist mysteriös und wird von Dunkelheit beherrscht.

Usher geht mit Madeline ein inzestuöses Verhältnis ein. Nun ist Sexualität, wie wir schon in Kapitel 7 gesehen haben, vom semantischen Standpunkt her ambivalent. Im *Usher* drückt die Kombination von Zwilling und Inzest Individuation aus. Zwillinge sind zwar zwei, tendieren aber durch ihre Nähe zur Einswerdung. Einswerdung drückt sich auch in Madelines und Ushers Tod aus: Madeline fällt „heavily inward upon the person of her brother“ (96). Nach innen oder einwärts auf jemanden fallen kann von der Physik her problematisch sein und tut der Sprache Gewalt an, drückt also gewollt und explizit eine sich nach innen vollziehende Bewegung aus. Der Tod der Geschwister vereint sie also.

Was die Familie angeht, so führt auch hier die Richtung in die Einswerdung und das Innere. Im Laufe der Jahrhunderte haben die Ushers systematisch Inzest getrieben. Ihr Stammbaum folgt einer „direct line of descent“ (87), hat keine „enduring branch“ (87) und kennt nur „collateral issue“ (87). Sich auf die Aristokratie zu berufen kann leicht vertikale, soziale Dimensionsbezüge schaffen (siehe Kapitel 6). In diesem Falle aber wird die Aristokratie aufgrund des Inzests und des im Text wiederholten, für die Aristokratie ebenso bezeichnenden Zusammenfallens von individuellem Namen, Familiennamen und Besitz (87) als zentripetale, individualisierende Instanz wahrgenommen.

Im Rahmen dieser zentripetalen Kräfte sind auch Parallelen zwischen Usher und dem Haus zu vermerken, denn Haus und Usher ähneln sich. So wie Usher auf mysteriöse Weise krank ist, weist das Haus „a barely perceptible fissure“ (88) auf. So wie Ushers Haar „of more than web-like softness“ ist (88), sind die Hausmauern von einem Schimmel befallen, der „in a fine-tangled web-work from the eaves“ fällt (88).

Diese Parallelen werden dadurch verstärkt, dass das Haus sich von der umliegenden Welt abschottet. Die Fenster liegen so weit oben, dass man nicht hinausschauen kann (88). Wenn man von draußen kommt, sehen die Fenster bedrohlich, „vacant and eyelike“ (88), aus, das Haus selbst spiegelt sich im See, der es umringt (87). Somit führt jede Projektion des Hauses auf die Außenwelt letztlich wieder auf das Haus zurück. Alles, was nicht Usher ist, ist dem Haus fremd. Dies zeigt sich auch dadurch, dass das Haus mit dem Tod Ushers und seiner Schwester einbricht.

Die Ablehnung all dessen, was von draußen kommt, sodass in gewisser Hinsicht nur Usher selbst und seine Ergänzungen (Zwillingsschwester, Familie, Haus) von Belang sind, zeigt sich schließlich im Kommen des Erzählers. Seine Ankunft sollte ja Ushers Krankheit lindern – Usher erhofft sich „the cheerfulness of [the] society“ (87) des Erzählers – leitet aber den endgültigen Zerfall der Familie ein. Die vernünftige Außenwelt, die der Erzähler repräsentiert, kann die Welt Ushers nicht verstehen und deshalb auch nicht heilen (es besteht sogar die Möglichkeit, dass der Erzähler selbst, und mit ihm die Außenwelt, verrückt ist). Sie gibt den Erzähler als Gesellschaft aus und isoliert Ushers Individualität immer weiter.

### 2.3 Alternative: Individualität und Metaphysik

Bis jetzt hat die Interpretation dieser Kurzgeschichte die Achse, die Individualität und Gesellschaft einander gegenüberstellt, bevorzugt und entschieden auf Individualität gesetzt. Eigentlich birgt bei *Usher* aber die Achse Natur – Metaphysik ebenfalls großes Potenzial. Diese Kurzgeschichte verfügt nämlich über die meisten typischen Merkmale der Gattung der Gothic Novel: Aristokratie, ein mysteriöses, entsetzliches Geheimnis, Sex, Tabu, ein verfallenes Herrenhaus und Tod (Gray 2004: 118). Viele dieser Elemente weisen auf eine Atmosphäre des Übernatürlichen hin, die Sexualität hingegen wird bevorzugt mit der Natur in Verbindung gebracht. In der Tat ist es erstaunlich, dass die Geschichte nicht mehr Nervenkitzel aus dem verbotenen sexuellen Verhältnis der Zwillinge herausholt.

Aber gerade diese Herabstufung der Natur in der Wertungsskala von *Usher* macht die Geschichte besonders. Hätte sich Natur als solche in die Geschichte hineingeschlichen, wäre sie wahrscheinlich in die ‚typische' moderne Falle der Identifizierung von Individualität mit Natur getappt oder hätte sich in eine psychologisch-fiktionale Studie über Schizoidie verwandelt (Riemann 1987: 20–58). Inzest gibt sich in dieser Geschichte aber nicht als Instinkt oder Leidenschaft aus. Der Text unterstreicht vielmehr Entartung und Abwesenheit von Leidenschaft und deshalb auch von Natur. Mit dem Ausbleiben von Natur bleibt die Individualität sich selbst überlassen ... und geht gerade deshalb interessante Bindungen mit einer unerwarteten Dimension ein, der Metaphysik.

Wie eine gewisse metaphysische Atmosphäre in der Geschichte wegen der oben aufgeführten Elemente unumgänglich ist, so geht die Bedeutung der Metaphysik in der Geschichte weit über bloße Stimmungsmache hinaus. Der obsessive Individuationsdrang des Textes, der alles auf Usher bezieht und in Usher erschöpft, kennt keine Erlösung des Ichs vor sich selbst, es sei denn im Tod Ushers. Diesem Zwang kann sich der Text nicht entziehen: Auf Schritt und Tritt wird Usher von der Allgegenwart und Ewigkeit seines dunklen Ichs verfolgt. Allgegenwart und Ewigkeit sind aber Attribute Gottes und als solche ordnen sie Individualität im metaphysischen Bereich ein. Ushers Angst und die Angst des Lesers sind, dem ewigen, sich selbst wiederholenden Ich nicht entgehen zu können. Diese Angst führt Usher dazu, seine Schwester bei lebendigem Leib zu begraben. Der Tod Ushers ist zum einen biologischer Tod der Person, zum anderen Erlösung vom ewigen Ich, aber auch die Erkenntnis, dass es eigentlich kein Entrinnen vor diesem Ich gibt.

## 3. Alternativen zu Natur – Gesellschaft

### 3.1 Natur in der Vampirliteratur

In Vampirgeschichten wird seit dem 19. Jahrhundert – siehe z.B. Erzählungen wie Sheridan Le Fanus *Carmilla* oder Bram Stokers *Dracula* – das Blutaussaugen als Metapher für das sexuelle Verlangen verwendet (Hughes 2000: 144–145). Ein paradigmatisches Beispiel findet sich z.B. am Anfang von *Dracula*, als Jonathan Harker von gefährlichen weiblichen Vampiren umringt wird, die ihm an die Gurgel wollen. Links steht der Textauszug, mit Hervorhebung der sexualisierten Elemente im Text. Rechts werden diese Elemente glossiert:

**Textauszug**

There was something about them that made me feel uneasy, **some longing** and at the same time some **deadly fear**. I felt in my heart **a wicked, burning desire that they would kiss me with those red lips** [...] The fair girl went on her knees, and bent over me, fairly **gloating**. There was a deliberate **voluptuousness** which was both thrilling and repulsive, and as **she arched her neck she actually licked her lips like an animal**, till **I could see** in the moonlight the moisture shining on the scarlet lips and on the red tongue as it lapped the white sharp teeth. **Lower and lower** went the head as the lips went below the range of mouth and chin and seemed about to fasten on my throat. Then she paused, and I could **hear** the **churning sound** of her tongue as it licked her teeth and lips, and could **feel** the **hot breath** on my neck. Then the skin of my throat began to tingle as one's flesh does when the hand that is to tickle it approaches **nearer – nearer**. I could feel the soft, shivering touch of the lips on the **supersensitive skin** of my throat, and the hard dents of two sharp teeth, **just touching and pausing** there.

*Stoker 1997: 42–43*

**Elemente der Sexualisierung**

Harker verspürt „deadly fear" vor dem Biss, aber auch „some longing [...] a wicked, burning desire that they would kiss me with those red lips".

Der Text benutzt Wörter mit erotischen Assoziationen wie „gloating" und „voluptuousness".
Tierisches Benehmen verstärkt das Animalische der Sexualität: „as she arched her neck she actually licked her lips like an animal".

Alle Sinne werden aktiviert: „I could see [...] hear [...] feel". Das Empfinden durch die Sinne ist extrem: „churning sound", „hot breath", „supersensitive skin".
Das Tempo der Erzählung erlahmt und stockt öfter. Dies erzeugt erotische Spannung: „Lower and lower went the head", „Then she paused, and I could hear [...] and could feel [...]", „nearer – nearer", „just touching and pausing".

Man kann dieser Verbindung von Vampirbiss und Sexualität einen universellen Charakter verleihen oder sie als Begleiterscheinung einer Gegenbewegung zur viktorianischen Prüderie des 19. Jahrhunderts interpretieren (Davison 1997: 27; Hughes 2000: 145). In Stokers Roman wirkt sich Draculas mörderisches Eindringen in London, zu jenem Zeitpunkt wirtschaftlicher und kolonialer Mittelpunkt der Welt, auch als feministische Befreiung der viktorianischen, sexuell passiven Ehefrau und Mutter aus.

## 3.2 Angela Carter, *The Lady of the House of Love*

Die Verbindung von Vampirbiss und Sexualität findet sich auch in einer modernen Kurzgeschichte wie Angela Carters *The Lady of the House of Love* (fortan *House of Love*) aus ihrem 1979 erschienenen Sammelband *The Bloody Chamber and Other Stories* (1989). *House of Love* erzählt die Geschichte einer jungen Vampirfrau, die (wie Usher) in einem verfallenen Herrengut wohnt, aber anstatt Menschen das Blut auszusaugen lieber selber Mensch sein würde. Auch hier wird der sexuelle Instinkt im Blutaussaugen als Hunger bzw. Durst sublimiert. Obwohl die Vampirfrau das Häschen liebkosen möchte, muss sie sein Blut haben (119). Beide Aspekte des Vampirdaseins, der bissige wie der sexuelle, weisen sich hier als triebmäßig aus.

In diesem Kontext ist der Anfang der Kurzgeschichte vom semantischen Standpunkt her interessant, denn hier werden der Sexualität als Trieb Schranken gesetzt. Um die Erklärung besser verfolgen zu können, ist der Text in drei Paragrafen aufgeteilt worden (entspricht den Seiten 115–116 im Original):

> At last the revenants became so troublesome the peasants abandoned the village and it fell solely into the possession of subtle and vindictive inhabitants who manifest their presences by [...] shadows that have no source in anything visible; by the sound, sometimes, of sobbing in a derelict bedroom where a cracked mirror suspended from a wall does not reflect a presence [...] Now all shun the village below the chateau in which the beautiful somnambulist helplessly perpetuates her ancestral crimes. (Par. 1)
> [...] the beautiful queen of the vampires sits all alone in her dark, high house under the eyes of the portraits of her demented and atrocious ancestors, each one of whom, through her, projects a baleful posthumous existence [...] (Par. 2)
> Her voice is filled with distant sonorities, like reverberations in a cave [...] she is herself a cave full of echoes, she is a system of repetitions, she is a closed circuit. "Can a bird sing only the song it knows or can it learn a new song?" She draws her long, sharp fingernail across the bars of the cage in which her pet lark sings, striking a plangent twang like that of the plucked heartstrings of a woman of metal. Her hair falls down like tears. (Par. 3)

Obwohl Vampire Figuren sind, die Angst einflößen, besitzen sie dank der Verbindung von Vampirbiss und Sexualität auch das Potenzial, Urängste im Menschen wachzurütteln. In einem modernen Paradigma, zu dem auch ein Roman wie *Dracula* gehört, ist Instinkt mit Natur und demnach mit Echtheit zu identifizieren.

In diesem Auszug aber zeigt sich zunächst, dass Vampire alles andere als echt sind. Dies beschränkt sich nicht nur auf den für Vampire typischen Spiegel, „[which] does not reflect a presence“ (Par. 1). Sie sind zudem „shadows“ und haben „no source in anything visible“ (Par. 1), was Traurigkeit – „sobbing“ (Par. 1) – hervorruft. Außerdem werden Vampire als „subtle“, „vindictive“ (Par. 1) und „demented“ (Par. 2) beschrieben, alles Merkmale, die nicht recht ins Konzept des Echten passen.

Auch der Vampirfrau ist Echtheit fremd. Alles an ihrer Beschreibung läuft darauf hinaus, dass sie ihre Taten nicht kontrolliert, dass diese vorbestimmt sind und auf Wiederholung hinauslaufen. So können wir lesen, dass „the beautiful somnambulist helplessly perpetuates her ancestral crimes“ (Par. 1) und dass sie „a system of repetitions, a closed circuit“ (Par. 3) ist. Auch dies wird als bedauernswert empfunden, denn „Her hair falls down like tears“ (Par. 3). Der typische Killerinstinkt des Vampirs, ja das Vampirdasein überhaupt, mag oft sexuelle Befreiung signalisieren. In dieser Geschichte zeigt er sich aber nicht als Befreiung, sondern als Verdammung.

## 3.3 Alternative: Natur als gesellschaftliches Konstrukt

Dabei wird ein typisches Symbol – der im Käfig gefangene Vogel –, das mit Freiheit und Natur verbunden wird, entgegen unseren Erwartungen ausgebaut:

> 'Can a bird sing only the song it knows or can it learn a new song?' [the Queen of the vampires] draws her long, sharp fingernail across the bars of the cage in which her pet lark sings, striking a plangent twang like that of the plucked heartstrings of a woman of metal. (Par. 3)

Der Vogel im Käfig weist hier nicht auf eine ersehnte Freiheit, sein Gesang ist nicht deren natürlicher Ausdruck. Vielmehr ermöglicht die Bearbeitung des Vogelmotivs das Verständnis von Freiheit als Freiheit *von* Natur: Vögel können unter normalen Umständen kein anderes Lied singen, als sie es von Natur aus tun. Ein Vogel, der anders singt, singt wider seine Natur. Die zusätzliche Anreicherung des Vogelgesangs mit dem Schrammeln des Käfiggitters einerseits und den metallischen „Herzsaiten" andererseits deutet auf eine Mechanisierung von Natur, die gegen unser „normales" Verständnis verstößt.

Mit dieser Abwertung von Natur können wir uns nun dem bis jetzt unbeachteten Paragrafen 2 des Auszugs zuwenden. Er ist wichtig, weil er die Abwertung von Natur in Umwertung verwandelt:

> The beautiful queen of the vampires sits all alone in her dark, high house under the eyes of the portraits of her demented and atrocious ancestors, each one of whom, through her, projects a baleful posthumous existence [...] (Par. 2)

Aus diesem Paragrafen kann man entnehmen, warum das triebgesteuerte Verhalten der Vampirkönigin dem Trieb zum Trotz nicht echt ist und warum deshalb Trieb und Natur in dieser Geschichte abgewertet werden. Die Vampirkönigin lebt nur als Projektion der „baleful posthumous existence" ihrer Vorfahren. Die Gemälde dieser Vorfahren, die an den Wänden des Herrenhauses hängen, dienen als geschichtliche und deshalb soziale Kulisse, auf deren Hintergrund man das Handeln der Königin erst versteht. Trieb ist hier das Resultat sozialer Konditionierung. Natur erfährt sich deshalb als sekundär der Gesellschaft gegenüber, die als ihr Ursprung auftritt. Normalerweise kommt Natur, das Original, immer vor der Gesellschaft, dem Künstlichen, das der Natur aufgezwungen wird (Spaemann 1994: 20–21).

Gesellschaft und die von ihr konstruierte und aufgezwungene Natur zeigen sich hier als männlicher Diskurs. Die Ahnenreihe der Königin stellt eine patriarchale Gesellschaft dar, der die Königin – die Frau – nicht entrinnen kann. Metaphysik ist dabei wie bei *Usher* die Ewigkeit, das Ausweglose eines bestimmten Zustands – in *Usher* das Ich, in *House of Love* die Degradierung der Frau zum sexuellen Wesen.

Die Alternative war bei *Usher* die Auflösung des Ichs im Tod, hier ist es die des Triebes. Denn die Königin möchte Mensch (sprich Frau, sprich Individuum) sein, also ihrer sexuell auferlegten Rolle entkommen. Im Verlauf der Geschichte verliebt sie sich in einen Jüngling und lässt ihn trotz ihres Hungers am Leben. Dieser Verzicht verwandelt sie in einen Menschen, tötet sie aber als Vampir und deshalb auch als Figur in der Geschichte. Die eigentliche Identität kann nur mit dem Tod erkauft werden. Aufgezwungene Natur löst sich in Metaphysik, in dem, was nicht ist, auf. Zurück bleibt, wie bei *Usher*, eine sinnleere Gesellschaft.

## 3.4 Edward Thomas *Adlestrop* (1915)

> Yes. I remember Adlestrop—
> The name, because one afternoon
> Of heat the express-train drew up there
> Unwontedly. It was late June.
>
> The steam hissed. Someone cleared his throat.
> No one left and no one came
> On the bare platform. What I saw
> Was Adlestrop—only the name
>
> And willows, willow-herb, and grass,
> And meadowsweet, and haycocks dry,
> No whit less still and lonely fair
> Than the high cloudlets in the sky.
>
> And for that minute a blackbird sang
> Close by, and round him, mistier,
> Farther and farther, all the birds
> Of Oxfordshire and Gloucestershire.

Edward Thomas' *Adlestrop*, ein Gedicht, das aus einem wirklichen, dem Autor widerfahrenen Ereignis schöpft, bietet uns einen Augenblick, in dem Natur und Gesellschaft ineinander verwoben sind. Das Gedicht beschreibt die Eindrücke des lyrischen Ichs, als sein Zug in einem kleinen, im romantischen Gloucestershire gelegenen Dorf namens Adlestrop hält. Das Gedicht besteht aus zwei gleichen zweistrophigen Teilen:

- Die ersten beiden Strophen beschreiben die Ankunft des Zuges im Bahnhof sowie den Eindruck, den der Bahnhof auf das lyrische Ich macht.
- In den beiden letzten Strophen weitet sich der Blick auf die umliegende Landschaft.

In den ersten beiden Strophen liegt der Akzent auf dem Negativen: So ist in Strophe 1 für das lyrische Ich Adlestrop lediglich ein Name, es ist auch furchtbar heiß – „one afternoon / of heat" – und der Zug hält „Unwontedly". Die zweite Strophe endet so, wie die erste begonnen hat, mit der Feststellung, dass Adlestrop „only the name" ist. Die Welt dieser ersten beiden Strophen zielt auf eine Leere, die sich im gesellschaftlichen Raum manifestiert. Dies geschieht in der Verbindung von sozialem Raum – ein Schnellzug, ein Bahnsteig, ein Stück Zivilisation – und einer von Abwesenheit gepräg ten Anwesenheit: Anwesend sind nur „the steam“ und ein nicht weiter präzisierter „someone“, der durch Räuspern – „cleared his throat“ – auf die Unzulänglichkeit von Sprache und Gesellschaft verweist. Das übliche geschäftige Treiben, das man von einem Bahnsteig erwartet und das die Existenz anderer Menschen voraussetzt, wird expliziert, indem es geleugnet wird („No one left and no one came / On the bare platform“).

Diese als soziale Leere empfundene Abwesenheit wird nicht nur von der vorhin beschriebenen Hitze, sondern auch von einer stakkatohaften, ‚aussterbenden‘ Rhythmik auf meisterliche Weise untermalt. Punkt und Komma sind so gesetzt, dass der Rhythmus durch Unterbrechungen erlahmt und schließlich aus dem Takt kommt. In Vers 1, 2, 4, 5, 7 und 8 sind Zäsuren vorzufinden, die den Rhythmus stoppen. In beiden Strophen gehen solchen Unterbrechungen Zeilensprünge voraus (V. 2–4, V. 6–8), die eigentlich den Rhythmus beschleunigen sollten, ihn aber aufgrund einer systematischen Versetzung der Betonung aus dem Takt kommen lassen und deshalb verlangsamen. In der ersten Strophe wird dieser ‚taktlose‘ Rhythmus durch Vermehrung der betonungslosen Silben so kunstvoll ausgearbeitet, dass er die Verlangsamung des in den Bahnhof einrollenden Zugs nachahmt:

> […] because óne afternóon
> Of héat the expréss-train drew úp there
> Unwóntedly.

Im Vergleich wirken die beiden letzten Strophen viel positiver. Der Blick wendet sich vom Bahnhof ab und richtet sich auf die umgebende Landschaft. Das Gefühl der Leere und des Verlassenseins wird von einem Gefühl der Fülle der Natur ersetzt. Auch hier hängt dieses Gefühl von der gemeinsamen Ausarbeitung von Sinn und Rhythmus ab.

Was den Sinn angeht, ist naturbehaftete Fülle zum einen Effekt der Aufzählung verschiedener Pflanzenarten in der dritten Strophe – „willows“, „willow-herb“, „grass“, „meadowsweet“ – aber auch ihrer Verwertung – „haycocks“. Zum anderen drückt sie sich aus in der von innen nach außen laufenden Ausbreitung des Vogelgesangs (Strophe 4). Natur ist durch und durch präsent und wird positiv empfunden. Durch den Vergleich mit den Wolken am Himmel – „No whit less still and lonely fair / Than the high cloudlets in the sky“ – und die Zunahme des Vogelgesangs nimmt diese Natur auch metaphysische Züge an. Der Leser weiß zwar nicht direkt, was das lyrische Ich empfindet, indirekt aber kann er das Wunder, an dem das Ich teilhat, nachvollziehen.

Was den Rhythmus betrifft, so drückt sich das Gefühl der Fülle einerseits durch eine Betonung aus, die im Vergleich mit dem ersten Teil des Gedichts viel gleichmäßiger ist. Zudem kommt eine progressive Öffnung des anfangs stockenden Rhythmus jeder Strophe zum Vorschein. Formal drückt sie sich durch das Einsetzen von Zäsuren in immer längeren Abständen, Wörtern mit zunehmender Silbenanzahl (V. 9–10, 14–16), Wiederholungen (V. 15–16) und spät einsetzenden Zeilensprüngen (V. 11–12, 15–16) aus. Ein Beispiel dieser äußerst kunstvollen rhythmischen Ausarbeitung, die alle vorher erwähnten Elemente beinhaltet, bietet das Ende des Gedichts:

> and round him, mistier,
> Farther and farther, all the birds
> Of Oxfordshire and Gloucestershire.

## 3.5 Alternative: Semantische Akribie

Wäre vom semantischen Standpunkt nichts weiter aus dem Gedicht herauszuholen, wäre das Ergebnis dieser Analyse voraussagbar: eine Zweiteilung seiner Welt in soziale und natürlich-metaphysische semantische Felder. *Adlestrop* ist aber nicht zuletzt deshalb ein besonderes Gedicht, weil es den Abstand zwischen diesen entgegengesetzten semantischen Kategorien verringert, ohne die Opposition ganz aufzugeben.

Die erste Hälfte des Gedichts weist, wie wir gesehen haben, zweifellos auf die Gesellschaft hin. Wenn man aber genauer hinschaut, merkt man, dass das gesellschaftliche Element gleichwohl minimiert wird. Ein Dörfchen wie Adlestrop mit seinem kleinen Bahnsteig bietet nicht den passenden Hintergrund für den hochmodernen „express-train", der eigentlich die in Eile lebende Gesellschaft darstellt. Das geschäftige Hin und Her, das auf so einem Bahnsteig erwartet wird, findet eben nicht statt – „no one left and no one came / on the bare platform". Für einen modernen Leser wird diese Minimisierung der Gesellschaft zudem noch durch den Verweis auf den Schnellzug als von einer Dampflok getriebenen unterstrichen. Dampfloks sind für uns eben nicht schnell.

In ähnlicher Weise ist der Verweis auf Natur in der zweiten Hälfte des Gedichts gesellschaftlich behaftet. Die Aufzählung der verschiedenen Pflanzen schließt einerseits einen „haycock" oder Heuhaufen ein, der ja menschliche Tätigkeit impliziert. Im Vergleich mit der rhythmisch und klanglich fließenden Aufzählung der Pflanzen ‚knistert' es auch bei den „haycocks dry". In der letzten Zeile umfasst die Ausweitung des Vogelgesanges außerdem „Oxfordshire und Gloucestershire". Diese zwei Regionen – vor allem Gloucestershire als eine der traditionell agrarischen ‚three counties' – stehen hier für das Ideal eines ländlichen, vorindustriellen Englands, weshalb sie sich innerhalb der Gesellschaft in Richtung Natur bewegen. Andererseits sind diese Regionen geschichtlich und gesellschaftlich durchzogen und bilden administrative Einheiten. Das Wort ‚shire' selbst ist ein Gemisch aus Sozialem und Natürlichem: ‚Shire' ist der angelsächsische administrative Vorgänger des normannischen ‚county' und evoziert noch die Idee des vorzivilisierten Originals (vgl. die Benutzung von ‚shire' in *The Lord of the Rings*).

Das Gefühl der wunderbaren Fülle, das durch die Aufzählung der Pflanzen und die Vermehrung des Vogelgesanges entsteht, dient einerseits als Umkehrung des anfänglichen Gefühls der Leere, das durch die Evozierung der Abwesenheit durch Anwesenheit geschaffen wurde. Andererseits wird Sozialisation von Haus aus mit Häufung und Vermehrung verbunden, da Gesellschaft das Zusammenkommen vieler voraussetzt. Indem Natur und Gesellschaft in diesem Gedicht so miteinander verwoben sind, dass sie als entgegengesetzte Pole Verbindungen untereinander schaffen, heben sie einerseits den polaren Unterschied hervor, den es zwischen ihnen gibt. Andererseits schaffen sie es gleichzeitig auch, ein Gefühl von „Heim“ und „Heimat“ zu vermitteln, ohne auf einfache Einebnungen semantischer Differenzen einzugehen.

## 4. Übungsaufgabe

Lesen Sie bitte folgendes Gedicht von Richard Crashaw aus seiner 1646 erschienenen Sammlung *Steps to the Temple* (1904). Analysieren Sie es mithilfe der vier semantischen Felder, indem Sie vor allem auf mögliche Abweichungen von tradierten Schemata achten.

*On Our Crucified Lord, Naked and Bloody (1646)*

They have left thee naked, Lord. O that they had;
This garment too, I would they had denied.
Thee with thyself they have too richly clad,
Opening the purple wardrobe of thy side:
O never could there be garment too good
For thee to wear, but this of thine own blood.

## 5. Literatur

*Grundlegend*

Brueggemann, Walter. 2001. Symmetry and Extremity in the Images of YHWH. *The Blackwell Companion to the Hebrew Bible.* Leo G. Purdue (ed.). Oxford: Blackwell, 241–257.

Carter, Angela. 1989. *The Bloody Chamber and Other Stories.* London: Gollancz.

Crashaw, Richard. 1904. *Steps to the Temple: Delights of the Muses, and Other Poems.* A. R. Waller (ed.) Cambridge: Cambridge UP.

Davison, Carol Margaret. 1997. Introduction. *Bram Stoker's Dracula: Sucking Through the Century, 1897–1997.* Carol Margaret Davison (ed.). Toronto: Dundurn P. 19–40.

Gordon, Caroline & Tate, Allen. 1969. „Viewpoints“. *Twentieth-Century Interpretations of* The Fall of the House of Usher. Thomas Woodson (ed.). Englewood-Cliffs: Prentice Hall, 27–30.

Gray, Richard. 2004. *A History of American Literature.* Oxford: Blackwell.

Hughes, Lawrence. 2000. Fictional Vampires. *A Companion to the Gothic.* David Punter (ed.). Oxford: Blackwell, 143–154.

Lawrence, D. H. 1969. Edgar Allan Poe. *Twentieth-Century Interpretations of* The Fall of the House of Usher. Thomas Woodson (ed.). Englewood-Cliffs: Prentice Hall, 35–42.

Oates, Joyce Carol. 1992. Introduction. *The Oxford Book of American Short Stories.* Joyce Carol Oates (ed.) Oxford: Oxford UP, 3–16.

Poe, Edgar Alan. 1999. The Fall of the House of Usher. *American Gothic: An Anthology.* Charles L. Crow. Oxford: Blackwell, 86–97.

–. 2004. Hawthorne's Twice-Told Tales. http://xroads.virginia.edu/~hyper/poe/hawthorne.html. 3.10.2012

Riemann, Fritz. 1987. *Grundformen der Angst: Eine tiefenpsychologische Studie.* München: Ernst Reinhardt.

Spaemann, Robert. 1994. *Philosophische Essays.* Stuttgart: Reclam.

Spitzer, Leo. 1969. A Reinterpretation of 'The Fall of the House of Usher'. *Twentieth-Century Interpretations of* The Fall of the House of Usher. Thomas Woodson (ed.). Englewood-Cliffs: Prentice Hall, 56–70.

Stoker, Bram. 1997. *Dracula.* New York: Norton.

Thomas, Edward. 2000. Adlestrop. *The Norton Anthology: English Literature.* Vol. 2. M. H. Abrams (ed.) New York: Norton, 2051–2052.

*Weiterführend*

Auerbach, Erich. 1946. *Mimesis: Dargestellte Wirklichkeit in der abendländischen Literatur.* Tübingen: Francke, Kapitel I, (*Die Narbe des Odysseus*): 5–27.
(Auerbach hat wie kein anderer gezeigt, wie sich ändernde, auch überraschende Vorstellungen der Wirklichkeit in der Literatur ihren Ausdruck finden.)

Greenblatt, Stephen. 1987. Towards a Poetics of Culture. *Southern Review.* 20 (1): 3–15.
(Der ganze Artikel ist interessant. Seiten 10–11 bieten zudem ein ‚echtes' Beispiel des Zusammenkommens von Natur und Gesellschaft.)

Riemann, Fritz. 1987. *Grundformen der Angst: Eine tiefenpsychologische Studie.* München: Ernst Reinhardt, *Einleitung, Die schizoide Persönlichkeit*: 7–19, 20–58.
(Riemann bietet Parallelen und Alternativen zum Modell, das in diesem Buch benutzt wird. Es lohnt sich, das Kapitel über Schizoidie in Verbindung mit *Usher* zu lesen.)

Shklovsky, Victor. 1988. Art as Technique. *The Theory of Criticism: From Plato to the Present.* Raman Selden (ed.) London: Longman 274–276.
(Viktor Shklovski hat das Konzept der *Verfremdung* erstmals gebraucht und für die Kunst wirksam gemacht. Die Verfremdung steht der Idee seltener Dimensionskombinationen nahe.)

## 6. Lösungsvorschlag

Crashaws Gedicht über die Kreuzigung Christi arbeitet mit einer sorgfältig ausgearbeiteten Kleidungsmetapher. Im Normalfall erwarten wir gewisse elementare Dinge von Menschen in Bezug auf ihre Kleidung. Wir können solch einen Normalfall mit den Wörtern, die im Gedicht auf die Kleidungsmetapher verweisen, etwa so konstruieren: Wir können erwarten, dass nackte („naked") Leute sich kleiden („clad"),wozu sie Kleidung („garment") brauchen, die man im Kleiderschrank („wardrobe") aufbewahrt. Wir bewegen uns hier vom Wesentlichen und Inneren (nackte Leute) zum Nebensächlichen und Äußeren (Kleidung, Kleiderschrank).

Dieser Normalfall wird im Gedicht aber auf den Kopf gestellt, und zwar durch mehrere Paradoxa, die mit der Kleidungsmetapher aufs Engste verbunden sind:

– So glaubt das lyrische Ich, es wäre gut gewesen, wenn Jesus bei der Kreuzigung nackt geblieben wäre („Oh that they had [...] left thee naked")
– Das lyrische Ich bezieht sich auch auf Jesus' nackten Körper als Kleidung („This garment") und Kleiderschrank („the [...] wardrobe of thy side")
– Schließlich versteht das lyrische Ich Christus wortwörtlich als mit Christus bekleidet („Thee with thyself they have too richly clad")

Am Ende des Gedichts wird alles klar: Das Blut Christi, das seinen Körper bedeckt, als seine Seite durchstochen wird (siehe Joh. 19,34), wird zur Kleidung, die seine Nacktheit bedeckt. Sein Körper wird zum Kleiderschrank, der durchstochen, also aufgemacht, wird, um die Kleidung, d.h. das Blut, herauszuholen. Somit kann auch Jesus sich (seinen Körper) mit sich selbst (seinem Blut) bekleiden.

Durch die Paradoxa, die unser normales Verständnis von Kleidung umkrempeln, werden die semantischen Zuordnungen, die wir erwarten, auch umgekehrt. Die Kleidung, das Äußere, vom Menschen gemacht und entbehrlich, umgibt den Körper, das Innere, Wesentliche und Unentbehrliche. Deshalb wird Kleidung oft als gesellschaftlich codiert, der Körper als natürlich verstanden. In diesem Falle aber umgibt der Körper das Blut, weshalb der Körper sozusagen sozialisiert wird. Er wird zur äußeren Hülle und somit entbehrlich, wie sich zeigt, als er durch die Seitenwunde gleich einem Schrank geöffnet wird. Das Blut hingegen ist weiter drinnen, weshalb es auch „intimer" ist und somit auf wahre Identität und Individualität deutet. Es ist wesentlicher, weshalb es auch mit Natur gleichgesetzt werden kann.

Gleichzeitig wird diese erste, von sich aus schon erstaunliche Dimensionszuordnung wieder in Frage gestellt. Das Blut nämlich, intim und natürlich, wie es ist, wird zur Kleidung des Körpers, indem es aus dem Körper austritt und ihn bedeckt: „Thee with thyself they have too richly clad"; „O never could there be garment too good / For thee to wear, but this of thine own blood". Das Blut wird also zur Kleidung. Man könnte sagen, dass es somit auch gesellschaftliche Züge annimmt (entbehrlich, vom Menschen gemacht). Andererseits scheint es aber die Intimsphäre Jesu und deshalb auch seine Individualität zu stärken. Die Kleidung of „Thee with thyself" mit „thine own blood" ist „too rich", „too good". Besser geht es eigentlich nicht, das „O never" bestätigt dies.

Diese Verabsolutierung der neuen Verkleidung drängt Intimität und Identität in die Sphäre des Absoluten und verbindet so das semantische Feld der Individualität mit dem der Metaphysik. Das Intimste (Individualität) und Wesentliche (Natur) in Jesus, sein Blut, ist Zeichen seiner Göttlichkeit (Metaphysik). Das Wort „purple", das die „wardrobe" kennzeichnet, bezieht sich wegen seiner Farbe natürlich auch auf das Blut Christi. Diese Farbe ist die Farbe der Könige, weshalb sie auf Gesellschaft verweist. Andererseits ist die Figur des Königs im Alten Testament – wie die des Richters und Kriegers – eine traditionelle Herrschaftsfunktion Gottes (Brueggemann 2001: 243–252), womit Gesellschaft sogleich wieder in Metaphysik mutiert. In diesem Gedicht ist es vielleicht der Körper, das Symbol des Natürlichen im Menschen, was am ehesten zur Gesellschaft als entbehrlicher äußerer Hülle degradiert worden ist.

Diese semantische Umwälzung führt das lyrische Ich dazu, auf widersprüchliche Weise auf die Kreuzigung zu reagieren. Zum einen wünscht er sich Jesu Nacktheit ‚zurück', denn dies bedeutet, dass Jesus nicht mit der Lanze in die Seite gestochen worden wäre. Indem er dies tut, denkt er noch in traditionellen Schemata. Andererseits preist und beschreibt er voller Ehrfurcht das herausfließende Blut, weil es ja das Ureigenste an Jesus ist. Hier ist die semantische Umwälzung vonseiten des lyrischen Ichs auch gefühlsmäßig vollzogen worden.

# *Kapitel 9*
# Wissen in der Literatur: Magie, Religion, Wissenschaft

---

*Die Art und Weise, in der wir unser Wissen organisieren, bietet oft Zugang zu fiktionalen Welten. Um diesen Zugang zu erleichtern, werden in diesem Kapitel teilweise unreflektierte Aufteilungen und schematische Vorstellungen unserer Wissensformen bewusst gemacht, konkret*
- *die Dreiteilung von Magie, Religion und Wissenschaft*
- *unsere Schemata von Magie und Religion*
- *unser Schema von Wissenschaft und*
  - *a. ihre Aufteilung in Natur- und Geisteswissenschaft*
  - *b. ihr Verhältnis zur Technik*
  - *c. ihr Verhältnis zur Geschichte, Literatur und Ästhetik*

*Als Beispiel der Analyse fiktionaler Welten über epistemologische Diskurse dient Tim Burtons* SLEEPY HOLLOW.

---

## 1. Epistemologische Erkenntnisbrillen

Guest: "Why do you believe in second sight, Major?"
Major Darby (in an impressive whisper): "Because I fell in love at *first* sight!"

*Abbildung 41: First sight – second sight*

Im Alltag haben wir oft das Gefühl, der Wirklichkeit unmittelbar gegenüber zu stehen. Ihre Deutung und Interpretation erfolgt automatisch. Manchmal sind wir uns aber bewusst, dass Interpretation und Deutung der Wirklichkeit nicht direkt erfolgen. In Abbildung 41 versucht der ältere Major, die Wirklichkeit über die Hellseherei („second sight") zu erfassen, weil ihn der erste unmittelbare Blick („first sight"), der der Liebe und Sinneswahrnehmung, getäuscht hat.

Auch im Alltag gibt es genügend Situationen, in denen die Wirklichkeit nicht unmittelbar erfahrbar ist. So sind wir im Physikunterricht auf die Sprache der Mathematik angewiesen. Im Museum setzen sich oft ästhetische oder geschichtliche Erkenntnisformen durch; Letztere werden erzählerisch gestaltet. Im Dialog mit dem Pfarrer hingegen herrscht eher der theologische Diskurs vor, der seine eigenen Kategorien benutzt (z.B. Theodizee, Dogmatik, Sünde, Gnade). Diese Diskurse gleichen einer Brille, die man aufsetzt, um gewisse Aspekte der Wirklichkeit zu erfassen oder auf eine gewisse Art zu erfassen.

Auch beim Lesen wird die fiktionale Welt nicht immer direkt erkannt und gedeutet. Der Text kann uns die eine oder andere Erkenntnisbrille aufzwingen, ohne die wir den Text nur unzulänglich verstehen würden. In unserer westlichen Welt gibt es verschiedene Möglichkeiten, Erkenntnisbrillen zu typisieren:

- Zum einen haben sich drei allgemeine Erkenntnisbrillen durchgesetzt, die wir mit Vorliebe aufsetzen, um die Welt zu ‚verstehen'. Es sind *Magie*, *Religion* und *Wissenschaft*.
- Zum anderen wird die Wissenschaft in *Natur-* und *Geisteswissenschaften* unterteilt.
- Darüber hinaus gibt es zwei weitere Erkenntnisbrillen, die häufig thematisiert werden, weil sie mit der Fiktion eng verwandt sind: die *Literatur* und die *Geschichte*.

In diesem Kapitel werden wir jeder dieser Aufteilungen nachgehen. Dabei werden wir nicht immer herausfinden, wie diese Erkenntnisbrillen wirklich funktionieren. Stattdessen nehmen wir stereotype Vorstellungen dieser Brillen aufs Korn, mit denen die westliche Kultur arbeitet. Da es meines Wissens nach keinen Fachbegriff gibt, der übergreifend auf so verschiedenartige Diskurstypen wie der der Physik oder Chemie, Magie oder Religion, Geschichte, Geistes- und Naturwissenschaften angewandt werden kann, wird hier der Begriff *epistemologischer Diskurs* wegen seines inklusiven Charakters verwendet.

## 2. Magie, Religion und Wissenschaft

Wir leben in einer Zeit fortschreitender Spezialisierung. Die Welt wird immer undurchschaubarer, nur der Spezialist versteht sie, und auch das nur auf seinem eigenen Gebiet. Um nicht den Durchblick zu verlieren, bilden sich im Gegenzug zu dieser Spezialisierung reintegrative Diskurse, d.h. Diskurse, die den Eindruck vermitteln, dass die Welt eine ist und auf einfache, menschliche Weise durchschaubar ist (Link 1988: 285). Die Fiktion stellt einen solchen Diskurs dar (286).

Übersetzt auf die Verarbeitung epistemologischer Diskurse in der Fiktion heißt dies, dass wir zunächst nicht zu viel von ihnen erwarten sollten. Integrative Diskurse integrieren, und um zu integrieren, müssen sie vereinfachen. Dies gilt insbesondere für epistemologische Diskurse.

Wie es nun in der Semantik die alethischen, deontischen und axiomatischen Modalitäten gibt (siehe Kapitel 1), so gibt es auch eine epistemische Modalität, die die Welt in Dinge aufteilt,

- über die wir *unwissend* sind,
- an die wir *glauben*,
- die wir *wissen*. (Doležel 1998: 114)

Magie und Religion werden traditionell den ersten beiden, Naturwissenschaft der dritten Modalität zugeschrieben.

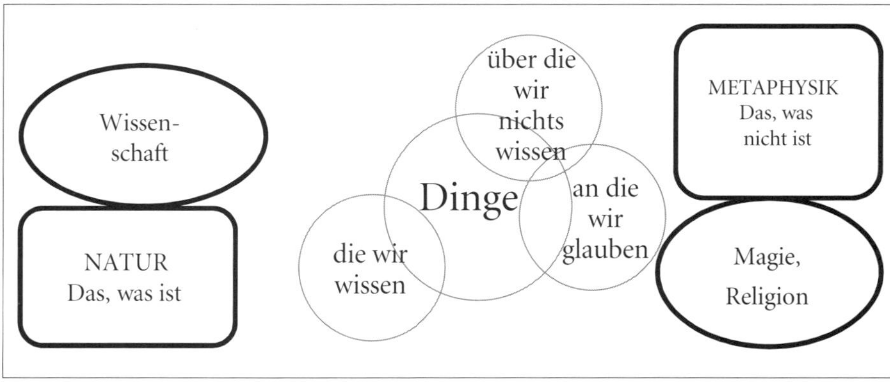


*Abbildung 42: Epistemische Modalität*

Was wir wissen kommt dem, was ist, sehr nahe, wie auch das, was wir glauben bzw. nicht wissen dem nahekommt, was nicht ist. So decken sich auf stereotype Weise Wissen mit Natur und Wissenschaft, Magie und Religion mit Unwissenheit und Glaube und deshalb mit Metaphysik (siehe Abbildung 42).

Aus moderner Sicht ergibt diese Aufteilung einen gewissen Sinn:

- Das Untersuchungsobjekt der Naturwissenschaft ist im Grunde die Natur (Levine 1987: 5), und die Naturwissenschaften bieten das leistungsstärkste Naturkonstrukt der westlichen Welt (Simmons 1993: xi; Heise 1997).
- Magie und Religion orten wir hingegen in der Metaphysik. Oft wird gesagt, hinter der Offensichtlichkeit dieser Ortung lauere die Aufklärung. Die Aufklärung hat die Wirklichkeit auf Natur reduziert, somit die Welt entzaubert und die Metaphysik aus dem Alltag vertrieben (Adorno / Horkheimer 1988: 22; siehe auch Spaemann 1994: 19–24).

Diese Zweiteilung ist zwar extrem vereinfacht, kommt aber in Diskussionen, Zeitungsartikeln und nicht zuletzt in der Fiktion immer wieder vor, weil sie eine einfache Ausgangsposition darstellt. Abbildung 43 zeigt dies ganz deutlich (in der Mitte des Bildes die australische Ministerpräsidentin Julia Gillard, die hier wegen einer $CO_2$-Steuer im Blickfeld steht):

**Natur**
Ökologischer Diskurs, auf naturwissenschaftlichen Thesen bauend
("carbon emissions")

**Metaphysik**
Religiöser Pöbel (Priester, Nonnen), magischer Diskurs
(Plakat: "Burn the witch")

*Abbildung 43: "I was just trying to reduce the carbon emissions."*

- *Magie*: Ein durchschnittlicher Leser hat ein generell reduziertes Vorverständnis von Magie. Er identifiziert sie oft mit Zauberei, unerklärlichen Phänomenen und Vorgängen. Dahinter sieht er eine Abwendung von allgemeinen wissenschaftlichen Prinzipien wie Ursache – Wirkung oder der Materialität der Welt. Eine Doppeldefinition, wie sie in Frazers Klassiker *The Golden Bough* von 1922 (2003) zu finden ist, geht von der Prämisse eines vom wissenschaftlichen Standpunkt falschen Naturverständnis der Magie aus. Solch eine Definition ist aber zu reflektiert, um unseren einfachen Schemata über Magie ‚gerecht' zu werden:
  - Magie basiert auf dem *homöopathischen Prinzip* von „like produces like" oder „an effect resembles its cause" (Frazer 2003), sodass ich z.B. meinen Feind zerstören kann, indem ich sein Bild zerstöre.
  - Magie basiert auch auf dem *Ansteckungsprinzip*: „things which have once been in contact with each other continue to act on each other at a distance after the physical contact has been severed" (Frazer 2003). So kann ich z.B. meinen Feind zerstören, indem ich seine Haarlocke verbrenne.

  Unser intuitives Vorverständnis von der unerklärbaren Magie reduziert Magie auf das Primitive und Mysteriöse. Andererseits ermöglicht die Magie die Erfüllung von Wunschvorstellungen, die im wirklichen Leben unmöglich sind: Allmacht, Allwissenheit, Fliegen oder Unsichtbarkeit. Da die Magie unerklärlich ist, wird sie vornehmlich als Metaphysik eingestuft. Als primitive Erkenntnisform kann sie natürliche und gesellschaftliche Formen annehmen, während die Erfüllung von Wunschvorstellungen die Metaphysik naturalisieren kann.
- *Religion*: Unser westliches Vorverständnis von Religion arbeitet seit Jahrhunderten mit Göttern, seien es die monotheistischer Religionen (Judaismus, Christentum, Islam) oder jene polytheistischer Religionen (germanische, griechische und römische). Leser können deshalb leicht mit Frazers Definition von Religion als „a propitiation or conciliation of powers superior to man which are believed to direct and control the course of nature and of human life" (2003) übereinstimmen. Konzepte wie *Allmacht*, *Allwissenheit* oder *Allgegenwart*, die oft mit Gottheiten in Zusammenhang gebracht werden und menschlich und natürlich schwer realisierbar sind, führen Religion in den semantischen Raum der Metaphysik. Andererseits passt bei vielen fernöstlichen Religionen der Begriff einer Gottheit oder „superior powers" nicht so richtig ins Konzept. Dies stimmt mit der Komplexität des Begriffs Religion überein, der schwer unter einen Nenner zu bringen ist (Haussig 1999: 1). Religion ist deshalb kulturell mehrdeutig. Das Vorverständnis von christlicher Religion in der westlichen Welt ist hellenisiert, teilt die Welt in Natur und Metaphysik auf und ortet Religion in der Metaphysik (Tresmontant 1953). Von dort aus lässt die westliche Mentalität Religion leicht den Weg in den gesellschaftlichen oder natürlichen Raum einschlagen: Über Gesetz, Tradition, Moral oder die Institutionalisierung der Religion wird semitischen Religionen oft ein gesellschaftlicher Raum zugewiesen (siehe Diskussion von *The Da Vinci Code* in Kapitel 4). Im Dialog zwischen Katholizismus und Protestantismus oder mit der zivilen Gesellschaft bleibt der gesellschaftliche Raum normalerweise der katholischen Kirche ‚vorbe-

halten'. Diesen Raum kann in den USA auch der Puritanismus einnehmen – natürlich denken die Gläubigen dieser Gemeinschaften oft anders über sich.

Bei fernöstlichen Religionen, vor allem im Buddhismus, wird dem metaphysischen Raum der Religion gern ein natürlicher hinzugefügt. Obwohl die Zuweisung eines natürlichen Raumes normalerweise positiv, die des gesellschaftlichen Raumes eher negativ erscheint, ist die Naturalisierung des anderen immer schon ein aus kolonialer Sicht fragwürdiges Unternehmen, da es den anderen als primitiv ausweist. Außerdem verhüllt die Naturalisierung der Religion die großen Unterschiede, die es z.B. zwischen Buddhismus, Hinduismus oder Konfuzianismus gibt.

Beispiele einer solchen Naturalisierung reichen von *The Karate Kid* (1984, 2010) zu *The Last Samurai* (2003). Natürlich gibt es auch Gegenbeispiele. In Clint Eastwoods *Letters from Iwo Jima* (2006) gibt die Verteidigung einer japanischen Insel während des Zweiten Weltkrieges Anlass zur Kritik der damaligen hierarchischen Gesellschaft Japans. In diesem Film entzieht sich die Religiosität der japanischen Soldaten nicht immer dieser gesellschaftlichen Kritik.

Weitere Probleme entstehen, wenn andere religiöse Gemeinschaften, z.B. Muslime, orthodoxe Christen, Baptisten oder gar Mitglieder der Scientology, in der Fiktion behandelt werden. Hier ist es schwierig, von Standardpositionen auszugehen. Dafür gibt es viele und verschiedene Gründe. Ein Grund ist die im westlichen Denken über Religion verankerte Privilegierung der Achse Natur – Gesellschaft in der Opposition Atheismus / fernöstliche Religion – Christentum. Ein anderer Grund ist das komplizierte Verhältnis des Westens zum Islam oder seine Unkenntnis hinsichtlich des orthodoxen Christentums. Auf jeden Fall besteht immer die Möglichkeit, Religionen gegeneinander oder gegen die zivile Gesellschaft durch Ortung in den verschiedenen semantischen Räumen auszuspielen.

## 2.2 Naturwissenschaft

Seit dem 19. Jahrhundert definiert sich Wissenschaft nicht nur im Gegensatz zu Magie und Religion, sondern auch intern durch Abhebung von den Geisteswissenschaften. Wir glauben, dass die Naturwissenschaften wissenschaftlicher sind, je mehr sie sich von den Geisteswissenschaften distanzieren. Eine klischeehafte Unterscheidung von Geistes- und Naturwissenschaften finden Sie in Abbildung 44:

| | Geisteswissenschaften | Naturwissenschaften |
|---|---|---|
| 1. Objekt | Texte | Materie, Energie, Lebewesen |
| 2. Semantisches Feld | Gesellschaft, Metaphysik | Natur |
| 3. Aussagekraft | Vage, tief: Erklärung, Verstehen, Interpretation | Präzise: Beweis, Naturgesetz, Faktum |

| | | |
|---|---|---|
| 4. Medium | Sprache, Narrativität | Mathematik, Logik |
| 5. Disziplinen | Geschichte, Literatur, Philosophie | Physik |
| 6. Experimentalität | Keine Wiederholbarkeit<br><br>Unbegrenzte Variablen<br>Kein Verhältnis zur Technik | Wiederholbarkeit unter gleichbleibenden Bedingungen, begrenzte Variablen<br>Enges Verhältnis zur Technik |
| 7. Nutzen | Klein, indirekt | Groß, direkt,<br>Herrschaft über Natur |
| 8. Gefühl | Weich, unnütz, menschlich | Hart, nützlich, unmenschlich |

*Abbildung 44: Naturwissenschaft vs. Geisteswissenschaften*

Diese Unterscheidung ist natürlich übertrieben. Auch innerhalb der Naturwissenschaften gibt es eine äußerst breite Palette an Disziplinen und Richtungen. Im Vergleich mit den Geisteswissenschaften (die Sozialwissenschaften agieren hier als eine Art Geisteswissenschaft mit naturwissenschaftlichem Bestreben) aber verhärtet sich oft unsere Konzeption auf die Begriffe, die in der Tabelle erscheinen.

Der Glaube an die Naturwissenschaft hat zum großen Teil damit zu tun, dass sie die Welt aufgrund der Herrschaft über die Natur verändern kann. Diese Herrschaft ist letztlich nur über die Technik oder Technologie möglich (Jonas 1987: 28). Über sie erhalten die Naturwissenschaften Einfluss auf die soziale und nicht nur auf die natürliche Wirklichkeit. Dieser Bezug kann natürlich positiv wie auch negativ empfunden werden.

Überdies muss man bei der Analyse epistemologischer Diskurse aufpassen, ob nun Wissenschaft mit Technik gleichgesetzt wird, sich von ihr absondert oder gar von ihr ersetzt wird. Die Technik kann nämlich eine Eigendynamik entwickeln, die sie als zweite Natur ausgibt – wobei sich Mensch oder Natur als Maschine und die Maschine als natürlich Gegebenes entpuppen können. Die Technik kann auch mit jedem der vier semantischen Felder in Berührung kommen, wie folgende Beispiele zeigen:

- *Individualität und Metaphysik*: Bei *Iron Man* (2008) werden Wissenschaft und computergesteuerte Technologie zu einem ästhetisch-metaphysisch angehauchten Schauspiel, denn der Held des Films ist eine Art künstlerisches Genie, der wie kein anderer Roboter zu bauen weiß.
- *Natur und Gesellschaft*: Bei *Avatar* (2007) wiederum finden wir mindestens zwei Arten des Umgangs mit Technologie: Einerseits wird Technologie eingesetzt, um die Na'vi besser kennenzulernen – wofür man Maschinen braucht, die aber nur Mittel zum Zweck anthropologischer Studien sind. Andererseits wird aber auch die mechanische, gesellschaftlich gesteuerte Kriegsmaschinerie gegen die Na'vi ver-

wendet, um das Volk wegen der kommerziellen Ausbeutung eines wertvollen Minerals zu unterjochen.

Die Strenge und Präzision der modernen Naturwissenschaft hängt sehr stark von ihrer mathematischen Ausrichtung ab. In der Fiktion kann diese Mathematisierung aber normalerweise, wenn überhaupt, nur angedeutet werden. Gründe dafür sind:
- Standardleser verfügen nur über mathematische Grundkenntnisse.
- Die Fiktion beruht auf Sprache und über die Sprache können mathematische und logische Prozesse nur unzulänglich vermittelt werden.
- Die moderne Wissenschaft verstößt oft gegen unsere Intuitionen.

Bei modernen wissenschaftlichen Erkenntnissen (z.B. vierdimensionale Wirklichkeit, Krümmung des Raumes, Higgs-Teilchen) fällt es uns sogar schwer, uns ein Bild von ihnen zu machen. Wir kommen schlecht über unsere alltäglichen Erfahrungen von Raum, Zeit, Ursache und Wirkung hinaus.

Daraus ergibt sich eine paradoxe Folgerung: Wiewohl sich die Wissenschaft von der Magie abwendet, kann sie sich ihr oft wieder nähern, wenn sie ‚modern' genug wird. Magie und moderner Wissenschaft ist dann gemeinsam, dass sie ein unerklärliches Moment aufweisen. Wir schweben hier zwischen den Gattungen *Fantasy* und *Science-Fiction* (siehe Abbildung 45): Bei Fantasy müssen für uns unerklärliche Elemente nicht rationalisiert werden, bei Science-Fiction müssen dieselben Elemente eine zumindest scheinbar rationale Erklärung haben, auch wenn es sich dabei oft um Pseudowissenschaft handelt (McHale 2010: 190).

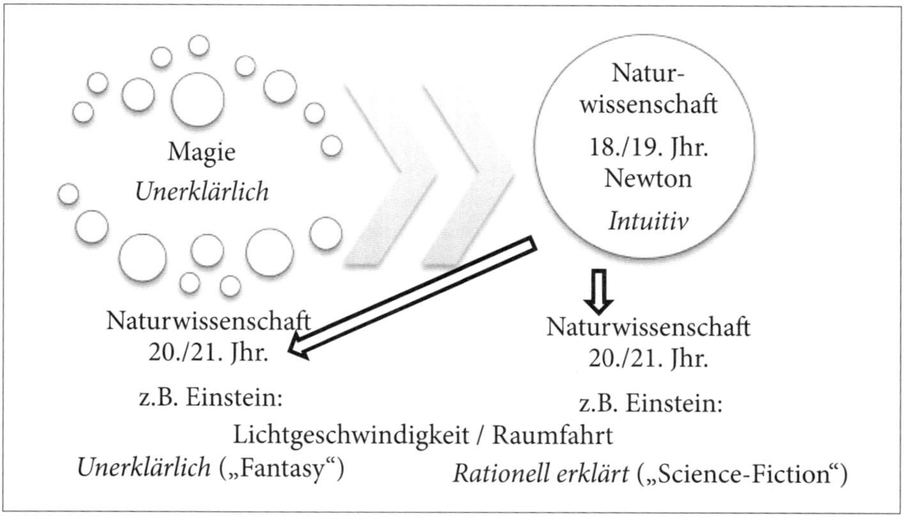


*Abbildung 45: Fantasy und Science-Fiction*

Ob ein bestimmtes Element in der Fiktion auf Fantasy oder Science-Fiction deutet, ist manchmal gar nicht so einfach zu bestimmen. In der *Star Wars*-Saga z.B. gibt es eine Macht, *the force*. Sie ist einerseits eine Naturkraft, „an energy field created by all living things. It surrounds us, and penetrates us. It binds the galaxy together" (*Attack of the Clones*). Als Energie kann man sie bändigen und nutzen – „Use the force, Luke" (*The Empire Strikes Back*) und Störungen in ihr wahrnehmen – „I sense a great disturbance in the force" (*Star Wars*). All dies sind Indizien für ihre Materialität und ihre theoretische Empfänglichkeit für wissenschaftliche Auseinandersetzung.

– Andererseits ist in *Star Wars* Wissenschaft diesseitig, die Macht jenseitig. Wissenschaft ist *high technology* und erfolgt mehrheitlich über Maschinen. Der normale Mensch der Zukunft lebt in dieser hochtechnologisierten Welt und reagiert wie ein moderner säkularisierter Mensch (z.B. Han Solo). Für ihn ist die Macht entweder mystischer Hokuspokus oder aber nicht nachvollziehbare Wirklichkeit.
– Die Sprache der Macht ist oft christlich-religiös: Das wiederkehrende „May the Force be with you" findet sich in der Bibel und der Liturgie wieder – „The Lord be with you" (Ruth 2,4, 2 Chr. 15,2) –, das genauso rekurrente „Strong am I with the Force" (z.B. *Return of the Jedi*) findet sich in Paulus' Brief an die Epheser – „be strong in the Lord" (16,10). Luke Skywalker wird außerdem als „the chosen one" prophezeit.
– Die Macht weist auch gesellschaftliches Potenzial auf, wie Luke zu Leia sagt: „The Force runs strong in my family" (*Return of the Jedi*). Hier ist nicht klar, ob die Macht biologisch oder gesellschaftlich zu interpretieren ist. Eine gewisse aristokratisch-edle Gebärde, die auf einen mittelalterlichen Primitivismus hinweist, ist aber bei den Jedi unverkennbar.

In *Star Wars* bietet die Macht theoretisch Möglichkeiten der Rationalisierung und der Bändigung durch die Wissenschaft. In der Praxis ist sie aber eher nicht rationellen Strömungen unterworfen, weshalb sie sich auch zu Magie und Religion bekennt. Sie kann deshalb in verschiedenen semantischen Feldern geortet werden. Eine Klassifikation der Macht als Teil der Fantasy oder der Science-Fiction ist aus diesem Grund nicht einfach.

## 2.3 Triade der Fiktion: Naturwissenschaft, Geschichte, Literatur / Ästhetik

In den letzten hundert bis hundertfünfzig Jahren hat die westliche Literatur vermehrt über sich selbst und über andere epistemologische Diskurse und deren Wahrheitsanspruch reflektiert. Die Problematisierung des Wahrheitsanspruchs epistemologischer Diskurse ist ein Grund, warum Postmoderne von Moderne unterschieden wird (Lyotard 1979).

Auch in den Naturwissenschaften ist ein absoluter Wahrheitsanspruch unmöglich. So gibt es strukturelle Grenzen wie nicht additive, inkommensurable Modelle (Kuhn 1970: 91–110), gesellschaftliche Einflüsse wie die Finanzierung von Projekten, Entscheidungsgremien (Broderick 1994: 82), kulturelle Epochen – Episteme oder Paradigmen (Foucault 1966; Kuhn 1970: 4–5) oder quasi-metaphysische Momente wie die Inspiration. Sie alle setzen gelegentlich auch die strengste Wissenschaft nicht mathematischen, nicht logischen Rahmenbedingungen aus. Die Wirklichkeit selbst bietet somit nicht nur natürliche, sondern auch gesellschaftliche und metaphysische Konstruktionen der Naturwissenschaft.

Selbstbewusste Reflexion in der Literatur dreht sich aber zuallererst um sich selbst, und so denkt Literatur gern über Literatur und literaturähnliche Formen wie Geschichte nach. In der Literatur geht es nämlich auf ganz natürliche Weise ums Erzählen von Geschichten, und Geschichten sind mit der Disziplin der Geschichte verwandt, weil

– beide Bedeutungen im selben Wort enthalten sind (siehe auch sp. *historia*, it. *storia*, fr. *histoire*, engl. *(hi)story*, rus. *istorija*),
– beiden das Konzept des Handlungsschemas (engl. *plot*) als Wesenszug gemeinsam ist.

Geschichte und Wissenschaft sind auch nicht gänzlich voneinander getrennt, sondern stellen interne Beziehungen her:

– Die Wissenschaft verbündete sich erst während der Industrialisierung systematisch mit der Technik. Bis ins 19. Jahrhundert waren daher viele der wichtigsten Theorien der Zeit geschichtlich-narrativer und nicht mathematischer Natur, allen voran Darwins Theorie (Beer 1984). Wissenschaft hieß bis in die Neuzeit „histoire naturelle“ (Foucault 1966: 58).
– Bis heute bleibt Geschichte ein wichtiger Bestandteil unseres Natur- und deshalb auch unseres naturwissenschaftlichen Verständnisses. Natur drängt nicht nur zur grünen Außenwelt, sondern auch zu Begriffen wie *Entstehung* und *Herkunft* – die lateinische Wurzel von Natur, *nasci*, bedeutet „geboren sein“ – und besitzt deshalb auch eine zeitliche und geschichtliche Komponente (siehe Kapitel 6).

Wir haben gesehen, dass Literatur mit Geschichte verwandt ist. Also kann sie auch zur Wissenschaft Kontakte pflegen. Ursprünglich gehören außerdem die Begriffe *Literatur*, *Wissenschaft / Science* und *Geschichte / History* einer Bedeutungsgruppe an, die sich undifferenziert und allgemein ums *Wissen* dreht. Die Ausdifferenzierung fand erst in der Neuzeit bis Ende des 19. Jahrhunderts statt (Byatt 1993: 20).

Unser neuzeitliches Verständnis von Literatur grenzt sich aber vom Wissenschaftlichen und Geschichtlichen ab. Die Literatur hat im Laufe des 19. Jahrhunderts den Wandel vom Wissen zu den ‚belles lettres‘, also der Ästhetik, durchgemacht. Die Ästhetik wird aber primär der Metaphysik zugeordnet. Zeichen dafür sind einerseits die Übernahme religiöser Sprache vonseiten der Kunst in dem metaphysischen Vakuum, den die Säkularisierung zurücklässt. Dazu kommt der Verlust des Mäzenatentums, verbunden mit der Individualisierung der Gesellschaft. Über den Mäzen baute der Künstler früher eine persönliche Beziehung zu seinem Leser und der Gesellschaft auf. In der freien Marktwirtschaft steht er, seiner sozialen Bedeutung beraubt, allein vor einem anonymen Leser. Der Künstler postuliert sich deshalb als verkanntes, göttlich inspiriertes Genie, das in einer höheren Wirklichkeit lebt (Abrams 1973; Todorov 1982: 152–157; Scholes 1998: 76; Wolf 1998).

## 3. Epistemologische Diskurse und Dimensionszuordnung

Wenn epistemologische Diskurse in einem Text auftauchen, überprüfen sie oft die dargestellte Wirklichkeit und können auch selbst auf ihre Wahrheitsansprüche hin geprüft werden. Dabei gilt zunächst das Prinzip minimaler Abweichung: Lässt sich der Text nicht auf Änderungen ein, folgen epistemologische Diskurse den Schemata, wie sie bis jetzt aufgetaucht sind (siehe Abbildung 46).

| Wahrheitsanspruch<br>Dimension | Groß<br>Natur | Klein<br>Gesellschaft / Metaphysik |
|---|---|---|
| 1. in Bezug auf epistemische Modalitäten | Naturwissenschaft | Religion, Magie |
| 2. innerhalb der Wissenschaft | Naturwissenschaft | Geisteswissenschaft |
| 3. innerhalb der Religion | Fernöstliche Religionen<br>Protestantismus | Christentum<br>Katholizismus |
| 4. innerhalb der Geisteswissenschaften | | Geschichte (Gesellschaft)<br>Literatur / Kunst (Metaphysik) |

*Abbildung 46: Epistemische Diskurse*

Diese tabellarische Ausführung taugt nur als erstes Grundraster, weil Verschiebungen innerhalb der Diskurse oft auftreten.

Weitere allgemeine Bedingungen, die den Wahrheitsanspruch und die möglichen Dimensionszuordnungen der epistemologischen Diskurse beeinflussen, sind folgende:

– Es ist wichtig, im jeweiligen Text zu beachten, welcher epistemologische Diskurs theoretisch den größten Wahrheitsanspruch aufweist. Normalerweise ist es der, in dem wir die Natur ansiedeln, weil sich der moderne Mensch mit der Natur am ehesten identifiziert. Eine intuitive Wahl wäre demnach die Naturwissenschaft. Ein Text kann aber z.B. die Magie über die Naturwissenschaft setzen oder Religion gegen Magie direkt ausspielen und die Wissenschaften ganz auslassen (wie z.B. in Zemeckis *Beowulf*, siehe Kapitel 4). Dann müssen Wahrheitsanspruch und Natur innerhalb dieses Gegensatzes geortet werden.

- Auch ist wichtig zu wissen, welcher Diskurs im Text zentral, welcher sekundär ist. Diskurse mit sekundärem Charakter werden bevorzugt karikiert, denn „[...] the act of appropriation must be seen always already to involve not only self-projection and assimilation but alienation through reification and expropriation" (Weimann in Greenblatt 1987: 13). Bei Diskursen, die in der Fiktion eine zentrale Stellung einnehmen, findet sich deshalb auch eher eine ausführliche und komplexe Auseinandersetzung mit ihrer epistemologischen Reichweite.

## 4. Tim Burton, *Sleepy Hollow*

### 4.1 Stereotype Unterteilung von Magie, Religion und Wissenschaft

Tim Burtons *Sleepy Hollow* (1999), nur oberflächlich mit Edgar Alan Poes *The Legend of Sleepy Hollow* verwandt, handelt von einem New Yorker Ermittler (Constable Ichabod Crane, gespielt von Johnny Depp), der eine Reihe mysteriöser Enthauptungen aufklären muss, die angeblich von einem kopflosen Reiter ausgeführt werden. Diese Morde haben sich in einer kleinen, am Hudson River gelegenen Ortschaft holländischer Abstammung und puritanischer Gesinnung zugetragen. Hinzu kommt, dass Ichabod Crane in seiner eigenen Vergangenheit kramen muss, um mit sich selber ins Reine zu kommen und den Fall zu lösen. Es gibt deshalb zwei Nüsse, die es im Film zu knacken gilt.

Im Film darf der Zuschauer mal die eine, mal die andere der drei klassischen Erkenntnisbrillen aufsetzen (Wissenschaft, Religion, Magie), um zu sehen, durch welche Gläser man die Wirklichkeit besser fokussieren kann. Am Anfang gliedert sich Erkenntnis erwartungsmäßig – Wissenschaft einerseits, Magie und Religion andererseits:

- Ichabod Crane glaubt an eine Wissenschaft, die sich von ihrer naturwissenschaftlichen Seite zeigt, weil sie sich in „cause and consequence" erschöpft, Morde klärt, indem sie „up-to-date scientific techniques" verwendet, und in „scientific experimentations" ihre Beweise findet. Im Verlauf des Films seziert Ichabod Körper wie ein Mediziner und benutzt Chemikalien wie ein Chemiker. Wissenschaft ist hier eng mit Natur verbunden.
- Die (männliche) Gemeinschaft in *Sleepy Hollow* ist hingegen religiös und glaubt an die Religion als Gegenkraft zum übernatürlichen Bösen. Religion und Böses betreten somit den semantischen Raum der Metaphysik.

Magie und Wissenschaft werden anfangs direkt gegeneinander ausgespielt. Ichabod glaubt nicht an übernatürliche Phänomene, die Einwohner Sleepy Hollows nicht an wissenschaftliche Experimente. Als Ichabod Crane Katrina, seiner späteren Geliebten, einen optischen Trick zeigt, führt sie das auf Magie zurück – sie ist selbst eine Hexe –, er auf die Gesetze der Optik.

## 4.2 Abwendung vom Stereotyp

Als moderne Zuschauer stimmen wir natürlich mit Ichabod Crane überein, nur hat die Sache einen Haken: Der kopflose Reiter existiert wirklich, man kann ihn sehen und anfassen. Somit verkürzt sich der Abstand zwischen Natur und Übernatur. Für Ichabod Crane gibt es jetzt zwei Möglichkeiten: wegzulaufen, was dem Eingeständnis einer Niederlage und der Bankrotterklärung seiner wissenschaftlichen Überzeugungen gleichkäme, oder dazubleiben und die Übernatur in sein wissenschaftliches Raster zu integrieren. Letzteres ist der Fall: Ichabod akzeptiert das Übernatürliche als Teil des Natürlichen.

Um dies zu tun, muss er zuerst in seiner eigenen Vergangenheit graben. Zum Vorschein kommt eine ihn liebende Mutter, die eine Hexe war, und ein strenger puritanischer Pastor und Vater, der sie ihrer Zauberkünste wegen gefoltert und getötet hat. Wie auch immer man dieses Geschehen psychologisch deuten möchte: Indem Ichabod das Übernatürliche verneint hat, hat er auch seine Mutter verneint und, obwohl die Religion ihm auch nicht liegt, durch die Wissenschaft die Strenge des Vaters übernommen.

Ein Gespräch mit Katrina stellt den Augenblick dar, in dem Ichabod zur ‚familiären' Erleuchtung kommt. Dieser Moment ist etwas arg offensichtlich, legt aber dar, wie auf semantischer Ebene die Übernatur zur Natur wird und man sich ihr deshalb auch wissenschaftlich annähern kann, da Wissenschaft sich mit Natur abgibt.

> Ichabod: "My mother was a child of nature, murdered by my father to save her soul, murdered behind a mask of righteousness. I was 7 when I lost my faith."
> Katrina: "What do you believe in?"
> Ichabod: "Reason, cause and consequence. I should not have come to this place. Now my rational mind has been so controverted by the spiritual."
> Katrina: "Will you take nothing from Sleepy Hollow that was worth to come here?"
> Ichabod: "No, nothing. A kiss from a lovely young woman, before she saw my face or knew my name."
> Katrina: "Yes, without sense or reason."

Als „child of nature" wird über Ichabods Mutter, die ja eine Hexe ist, die Übernatur zu einem Teil der Natur erklärt. Was Ichabod am Ende des Zitats von Sleepy Hollow mitnimmt, scheint vom epistemologischen Standpunkt harmlos zu sein: „a kiss from a lovely young woman". Es ist aber bezeichnend, dass dieser Kuss von einer (guten) Hexe kommt, denn dadurch bekommt der Zusatz „without sense or reason" einen doppelten Sinn. Als Liebeskuss verweist er auf Gefühl und deshalb auf Natur, als Hexenkuss auf das Übernatürliche und somit auf Metaphysik. Natur und Übernatur sind hier eng miteinander verwoben.

Tim Burtons Film nähert sich übrigens oft auf schalkhafte Weise der Verwobenheit von Natur und Übernatur. Gegen Ende des Films entkommt Ichabod Crane gleich zweimal dem Tode:

1. Mit Hilfe seines mit Chemikalien und wissenschaftlichen Instrumenten gefüllten Koffers wehrt er einen tödlichen Schwertstreich des kopflosen Henkers ab. Wissenschaft schützt hier vor der Übernatur auf höchst unwissenschaftliche Weise.

2. Eine ebenso tödliche Kugel von Lady van Tassel bleibt in einem Büchlein voller Zaubersprüche stecken, das Ichabod bei sich trägt. Magie schützt hier auf höchst unmagische Weise vor natürlichen Gegebenheiten.

Religion indessen wird im selben Zitat zur Gesellschaft degradiert: Ichabods Vater möchte zwar die Seele seiner Frau retten, Gründe für ihren Tod gibt es aber eigentlich keine. Seine Rechtschaffenheit ist vorgetäuscht, „a mask of righteousness". Weitere Hinweise auf die gesellschaftliche Strukturierung von Religion finden sich auch in einer Szene, in der ganz Sleepy Hollow vor dem kopflosen Henker in die Dorfkirche flüchtet, weil ja Kirchen traditionell vor der Übernatur schützen. Einen erkennbaren Schutz gegen den Henker sieht man in dieser Szene aber nur, nachdem Katrina ein magisches Zeichen in die Mitte der Kirche gezeichnet hat. Erst dann wird klar, dass der Reiter nicht in die Kirche eindringen kann. Dass in derselben Szene ein Priester einen gesellschaftlich motivierten Mord mithilfe des Kreuzes auf dem Altar begeht, bekräftigt diese Interpretation.

Wenn Zauberei übernatürliche Natur wird, kann die Wissenschaft sich auch ihrer annehmen und sie studieren. Über kausales Denken löst Ichabod das Geheimnis, das sich hinter den vielen Morden versteckt. Nur erklärt Ichabods Wissenschaft nicht, wie es wissenschaftlich möglich ist, dass ein kopfloser Henker wieder aufersteht, seinen Kopf sucht und währenddessen anderer Leute Köpfe als Ersatz sammelt. Letztlich funktioniert Magie im Film über die üblichen Zaubersprüche, Symbole und Frazers homöopathische Ansteckungsprinzipien, die natürlich naturwissenschaftlich nicht nachvollziehbar sind. In Wahrheit tut in diesem Film Wissenschaft nichts anderes, als die Geschichte der Morde aufzuarbeiten, weshalb auch Ichabods auf „cause and consequence" basierendes Denken vor allem historisch, nicht naturwissenschaftlich ist. Nichtsdestotrotz erfreut sich Ichabods Wissenschaft des Status der Naturwissenschaft, weil

– diese am Anfang des Films in naturwissenschaftlicher Manier vorgestellt wird (als „up-to-date scientific techniques" und „scientific experimentations"),
– sie die Übernatur ins Reich der Natur – des Gegebenen – zieht,
– sie als undifferenzierte Wissenschaft sowohl die Geistes- als auch die Naturwissenschaften umfasst,
– die traditionelle Spannung der Wissenschaft gegen den Aberglauben, dem Ichabod am Anfang des Filmes den Kampf angesagt hat, im naturwissenschaftlichen Reduktionismus verankert ist und somit auf Naturwissenschaft verweist.

Indem jetzt die ‚Naturwissenschaft' den Schuldigen entlarvt, wird deutlich, worin der Unterschied zwischen gutem und bösem Zauber liegt: Ichabods Mutter, Katrinas Mutter und Katrina sind gute Hexen, Lady van Tassel, Katrinas Stiefmutter, hingegen ist eine böse Hexe, die der schwarzen Kunst verfallen ist. Der Grund für ihre Bosheit liegt aber in sozialer Ungerechtigkeit: Als Kind wurde sie von der Gemeinschaft in Sleepy Hollow geächtet und in die „Western Woods" verbannt, weil ihr treu dienender Vater gestorben und ihre Mutter der Hexerei verdächtigt wurde. Um sich an der Gemeinde zu rächen, verkaufte sie ihre Seele dem Teufel.

Hier wird erstens deutlich, dass den Unterschied zwischen guter und böser Magie nicht die Magie selbst, sondern die Umstände, die sie begleiten, ausmacht. Gute wie böse Magie sind übernatürliche Natur, nur ist die Ausübung Letzterer das Produkt einer gesellschaftlichen Kontaminierung. Wieder dient also die Gesellschaft als semantischer Lückenbüßer.

## 4.3 Folgen der Abwendung vom Stereotyp

In diesem Film bietet uns die Abwendung vom Stereotyp ein neues epistemologisches Bild: Wissenschaft und Magie teilen sich den guten, natürlich-metaphysischen semantischen Raum. Der Religion wird der böse soziale Raum zugewiesen. Bemerkenswert ist an diesem Film die Strenge, mit der die Einteilung eingehalten wird, die auch ein Merkmal der Filme Tim Burtons ist. Gerade darum ist aber auch erstaunlich, wie hartnäckig das Stereotyp trotz dieser programmatischen Strenge wieder zum Vorschein kommt. Wiewohl Religion im Film nicht ernst genommen und zur sozialen Instanz deklassiert wird, kommt der Film letzten Endes ohne Religion als Übernatur nicht aus. Indem Lady van Tassel ihre Seele dem Teufel verkauft, droht der Film die ganze religiöse Software wieder hochzufahren, die er vorher so programmatisch runtergefahren hatte. Die Frage stellt sich, inwiefern ein westlicher Film im Kontext des Puritanismus dem Teufel Wirklichkeitscharakter erteilen kann, ohne damit auch die christliche Religion mit einzubeziehen. Es ist bezeichnend, dass ein Film, der sich als militant anti-religiös darstellt, letzten Endes auf religiöses Vokabular zurückgreifen muss, um seinem Publikum das Böse verständlich zu machen. Durch die Hintertür wird Religion doch wieder als diskursfähig erklärt.

Semantische Abwendungen vom epistemologischen Stereotyp bieten Raum für die Neuordnung der nicht epistemologischen Wirklichkeit. Dies zeigt sich in der geschlechtsspezifischen Aufteilung der Epistemologie in *Sleepy Hollow*: Nur Frauen sind in diesem Film Träger der Magie und somit der Natur wie der Metaphysik zuzuordnen. Ichabods Mutter, Katrina und ihre Mutter, Lady van Tassel, ihre Mutter und ihre Zwillingsschwester, sie alle sind Hexen. Die Hauptfunktion der Männer – der hohe Richter am Anfang des Filmes, Ichabods Vater und der Dorfrat – ist eine soziale, sei diese nun religiös verankert wie im Falle des Vaters und des Dorfpriesters oder nicht. Religion (Gesellschaft) ist somit Männersache. Magie (Natur, Metaphysik) ist Frauensache.

Mit seiner Wissenschaft hat Ichabod sich zunächst vom Glauben seines Vaters abgesondert, aber auch von der Magie seiner Mutter distanziert. Als Wissenschaftler ist er nicht Mann noch Frau, was mit seinem auffälligen Benehmen – er wirkt unsicher und komisch – im Laufe des Filmes übereinstimmt. In diesem Benehmen decken sich die gerade aufgeführten semantischen Gründe mit psychologischen und historischen Argumenten: Ichabod hat sich affektiv von seinen Eltern abgewendet (psychologisches Argument) und Ende des 18. Jahrhunderts steckt die Wissenschaft noch in den Kinderschuhen. Sie wird nicht genug gewürdigt, wie auch Ichabod von der Gesellschaft nicht ernst genommen wird (historisches Argument).

## 5. Übungsaufgabe

Lesen Sie bitte die beiden folgenden Auszüge. Der erste stammt aus dem Roman *Kepler* (1981) von John Banville und beschreibt eine Entdeckung des Astronomen und Mathematikers Johannes Kepler Anfang des 16. Jahrhunderts. Der zweite kommt aus der Novelle *Strange Case of Dr. Jekyll and Mr. Hyde* (1886) von R. L. Stevenson und beschreibt, wie Dr. Jekyll sich durch die Einnahme eines von ihm entwickelten Medikamentes in Hyde verwandelt. Analysieren Sie mithilfe des Analyse-Tools den wissenschaftlichen Diskurs in diesen beiden Auszügen und den Aufbau der fiktionalen Welt, der sich daraus ergibt:

1. For months he labored over the problem [...] One morning in the middle of May, while Europe was buckling on its sword, he felt the wing-tip touch him, and heard the mild voice say *I am here*. [...] it was the third of his eternal laws, and the supporting bridge between the harmonic ratios and the regular solids. It said that the squares of the periods of evolution of any two planets are to each other as the cubes of their mean distances from the sun. [...] The regular solids describe the raw masses, harmony prescribes the fine structure, by which the whole becomes that which it is, a perfected work of art.

2. Any drug[6] that so potently controlled and shook the fortress of my identity, might by the least scruple of an overdose [...] utterly blot out that immaterial tabernacle which I looked to it to change. [...] The most racking pangs succeeded: a grinding in the bones, deadly nausea, and a horror of the spirit that cannot be exceeded at the hour of birth and death. Then these agonies began swiftly to subside [...] I felt younger, lighter, happier in body; within I was conscious of [...] a current of disordered sensual images [...] I knew myself, at the first breath of this new life, [...] sold a slave to my original evil [...] I was suddenly aware that I had lost in stature. [...] The evil side of my nature [...] was less robust and less developed than the good which I had just deposed. Again, in the course of my life, which had been, after all, nine tenths a life of effort, virtue and control, it had been much less exercised and much less exhausted. And hence [...] Edward Hyde was so much smaller, slighter and younger than Henry Jekyll. [...] Evil besides [...] had left on that body an imprint of deformity and decay. And yet when I looked upon that ugly idol in the glass, I was conscious of no repugnance, rather of a leap of welcome. This, too, was myself. It seemed natural and human. [...] all human beings, as we meet them, are commingled out of good and evil: and Edward Hyde, alone in the ranks of mankind, was pure evil. [...] Had I approached my discovery in a more noble spirit [...] from these agonies of death and birth, I had come forth an angel instead of a fiend.

6 Im neunzehnten Jahrhundert war das Wort ‚drug' viel enger mit ‚Medikament' verbunden als heutzutage.

# 6. Literatur

*Grundlegend*

Abrams, M. H. 1973. *Natural Supernaturalism: Tradition and Revolution in Romantic Literature.* New York: Norton.

Adorno, Theodor W. / Horkheimer, Max. 1988. *Dialektik der Aufklärung: Philosophische Fragmente.* Frankfurt a. M.: Fischer.

Beer, Gillian. 1983. *Darwin's Plots: Evolutionary Narrative in Darwin, George Eliot and Nineteenth-Century Fiction.* London: Ark.

Broderick, Damien Francis. 1994. *The Architecture of Babel: Discourses of Literature and Science.* Melbourne: Melbourne UP.

Brown, Dan. 2004. *The Da Vinci Code.* London: Corgi.

Byatt, Antonia Susan. 1993. *Passions of the Mind: Selected Writings.* New York: Vintage.

Doležel, Lubomír. 1998. *Heterocosmica: Fiction and Possible Worlds.* Baltimore: Johns Hopkins UP.

Foucault, Michel. 1966. *Les mots et les choses: un archéologie des sciences humaines.* Paris: Gallimard.

Frazer, James George. 2003. *The Golden Bough: A Study of Magic and Religion.* 25 August 2012. http://www.gutenberg.org/dirs/etext03/bough11h.htm.

Greenblatt, Stephen. 1987. Towards a Poetics of Culture. *Southern Review.* 20 (1): 3–15.

Haussig, Hans-Michael. 1999. *Der Religionsbegriff in den Religionen: Studien zum Selbst- und Religionsverständnis in Hinduismus, Buddhismus, Judentum und Islam.* Berlin: Philo.

Heise, Ursula K. 1997. *Chronoschisms: Time, Narrative, and Postmodernism.* Cambridge: Cambridge UP.

Jonas, Hans. 1987. *Technik, Medizin und Ethik: Zur Praxis des Prinzips Verantwortung.* Frankfurt a.M.: Suhrkamp.

Kuhn, Thomas S. 1970. *The Structure of Scientific Revolutions.* Chicago: UP of Chicago .

Levine, George. 1987. One Culture: Science and Literature. George Levine (ed.), *One Culture: Essays in Science and Literature.* Madison: The UP of Wisconsin, 3–31.

Link, Jürgen. 1988. Literaturanalyse als Diskursanalyse: Am Beispiel des Ursprungs literarischer Symbolik in der Kollektivsymbolik. Fohrmann, Jürgen / Müller, Harro (Hrsg.) *Diskurstheorien und Literaturwissenschaft.* Frankfurt a. M.: Suhrkamp, 284–307.

Lyotard, Jean-François. 1979. *La condition postmoderne: rapport sur le savoir.* Paris: Les Editions des Minuits.

McHale, Brian. 2010. Popular Genres. Herman, David / McHale, Brian / Phelan, James (eds.), *Teaching Narrative Theory.* New York: MLA, 181–194.

Scholes, Robert. 1998. *The Rise and Fall of English: Reconstructing English as a Discipline.* New Haven: Yale UP.

Simmons, Ian. G. 1993. *Interpreting Nature: Cultural Constructions of the Environment.* London: Routledge.

Spaemann, Robert. 1994. *Philosophische Essays.* Stuttgart: Reclam.

Todorov, Tzvetan. 1982. *Theories of the Symbol.* Ithaca: Cornell UP.

Tresmontant, Claude. 1953. *Essai sur la pensée hébraïque.* Paris: Du Cerf.

Williams, Raymond. 1988. *Keywords: A Vocabulary of Culture and Society.* London: Fontana.

Wolf, Philipp. 1998. The Ontotheology of the Literary Aesthetic: Historical and Systematic Aspects. *Literature and Theology,* 12 (3): 294–304.

*Weiterführend*

Candel Bormann, Daniel. 2002. *The Articulation of Science in the Neo-Victorian Novel: A Poetics (and Two Case-Studies).* Bern: Peter Lang, Kapitel 1 (Dis)similar Developments: Science and History: 25–50.

(Historische Entwicklung der wissenschaftlichen und historischen Diskurse im Dialog miteinander, auch im Kontext von Ästhetik und Religion)

Frazer, James George. 2003. *The Golden Bough: A Study of Magic and Religion.* Project Gutenberg. http://www.gutenberg.org/ebooks/3623, Kapitel 3–4 (*Sympathetic Magic; Magic and Religion*).
(Klassische Definition und Erläuterung von Magie und Religion)
Kuhn, Thomas S. 1970. *The Structure of Scientific Revolutions.* Chicago: UP of Chicago , Kapitel 4 (*Normal Science as Puzzle Solving*): 35–42.
(Klassische Hinterfragung des Wahrheitsanspruchs der Naturwissenschaften. Es lohnt sich auf jeden Fall, bis Kapitel 9 weiterzulesen.)
Tresmontant, Claude. 1953. *Essai sur la pensée hébraïque.* Paris: Du Cerf, chap. 2 (*Schéma de l'anthropologie biblique*).
(Korrektur einiger wesentlicher Stereotypen über das Christentum)

## 7. Lösungsvorschlag

Intuitiv glauben wir, dass Wissenschaft auf besondere Weise die Natur untersucht. Die Wissenschaft beschreibt die Natur so genau und logisch wie nur möglich. Im Idealfall führt diese Beschreibung zu Naturgesetzen und zur Möglichkeit vorauszusagen, wie die Natur reagieren wird. Ist dies der Fall, kann mit Hilfe von Technologie die Natur beherrscht werden. Solches intuitive Wissen beschreibt sowohl die Wissenschaft wie auch die Natur. In diesen beiden Auszügen werden aber andere Weisen, mit Wissenschaften und Natur umzugehen, vorgestellt.

*1. Auszug*
In Banvilles Roman ist das Ergebnis von Keplers wissenschaftlicher Untersuchung zwar ein Gesetz, dieses wird aber als „eternal" beschrieben und erlangt somit metaphysische und nicht nur natürliche Bedeutung. Das Naturgesetz wird zwar auf wissenschaftlich nüchterne Manier formuliert – „It said that the squares [...] of their mean distances from the sun" – geht in seiner Bedeutsamkeit aber weit über die genaue Naturbeschreibung hinaus. In gewisser Weise sind die Wissenschaft und das Naturverständnis, das sich von ihr ableitet, ‚nicht von dieser Welt'.

Was wir vielleicht als bloße Natur beschreiben würden, sind die „regular solids" bzw. die „raw masses". Diese kommen dem nahe, was wir herkömmlich unter Materie verstehen, sind aber hier nur die Grundbausteine des Naturgesetzes, die erst durch eine „fine structure" bzw. „harmony" untereinander verbunden werden. Beides zusammen – Materie und Struktur – ergeben ein Ganzes, das zum „perfected work of art" erklärt wird. Natur wird in der regelmäßigen Wechselbeziehung der Materie somit zur Kunst erklärt, die Wissenschaft macht die Natur erst als solche erfahrbar. Alles in allem avanciert hier Natur über die Wissenschaft zur Metaphysik.

Diese metaphysische Komponente wird auf zweierlei Weise untermauert, erstens im Kontrast zwischen Keplers Naturgesetz und den historischen Geschehnissen der Zeit, dem Dreißigjährigen Krieg – „while Europe was buckling on its sword". Historische Ereignisse sind diesseitig und chaotisch, Naturgesetze jenseitig und harmonisch. Zweitens zeigt sich auch die Eingebung, die Keplers Entdeckung begleitet, als nicht materiell – „he felt the wing-tip touch him" – und wird womöglich theologisch vermittelt: „*I am here*" könnte eine ungefähre Übersetzung des hebräischen Gotteswortes „Jahwe" sein [Deissler 2006: 64].

*2. Auszug*

Im wissenschaftlichen Experiment, das Jekyll in Hyde verwandelt, drückt sich der Inbegriff dessen, was menschlich ist, auf verschiedene Weisen aus. Der Begriff *Mensch* wird definiert als

1. metaphysisch angehauchte Individualität,
2. Natur und
3. Kombination von Natur und Gesellschaft.

Zu 1. Von Anfang an ist zu vermerken, dass die Wissenschaft nicht nur auf die Materie bzw. Natur Einfluss hat – „a grinding in the bones" – sondern auch auf die Einzigartigkeit Jekylls. Jekylls Medikament scheint eine noch stärkere Wirkung als Psychopharmaka zu haben, da sie „potently controlled and shook the fortress of my identity". Wissenschaft beschreibt also nicht nur, sie ändert, und sie ändert nicht nur im Bereich des Natürlichen, sondern in dem der Individualität.

Die Wortwahl, mit der Identität und Individualität aber begleitet werden, ist nicht die, mit der wir Individualität semantisch auskleiden – z.B. Freiheit, Originalität oder Identität. Vielmehr wird sie mit Konzepten, die eigentlich im semantischen Raum der Metaphysik beheimatet sind, ausgeschmückt. So ist Identität ein „immaterial tabernacle", und die Verwandlung in Hyde ist nicht nur materiell, sondern wird auch als „horror of the spirit", typisch für Grenzsituationen wie „the hour of birth and death", beschrieben.

Zu 2. Wie wir gerade gesehen haben, ist der Inbegriff des Menschlichen die Vereinigung von Individuation und Metaphysik. Das Experiment Jekylls wandelt den Menschen aber in Natur um: „I felt younger, lighter, happier in body; within I was conscious of [...] a current of disordered sensual images". Diese Natur wird einerseits vom Leser als positiv empfunden – „younger, lighter, happier in body". Andererseits wird diese Natur als Körperlichkeit – „body" – und Sexualität – „sensual" – ausgedrückt und von Jekyll als Inbegriff des Bösen – „original evil" – gesehen. Auch wirkt sich das Böse physiologisch aus, denn Hydes Körper zeigt Anzeichen von „deformity and decay". Der natürliche Körper zeigt sich hier von seiner positiven – „younger, lighter, happier in body" – und seiner negativen Seite – „deformity and decay". Interessant ist dabei, dass Jekyll die natürliche Identität Hydes als menschlich anerkennt: „I was conscious of [...] a leap of welcome. This, too, was myself. It seemed natural and human".

Zu 3. Andererseits bezeugt Jekyll, dass „all human beings [...] are commingled out of good and evil". Somit zeigt er auch, dass das Menschliche eine Verbindung aus Natur und Gesellschaft ist. Letztere zeigt sich in Jekylls „life of effort, virtue and control".

Als Letztes sei noch vermerkt, dass Jekylls Experiment nicht das Bessere, sondern nur das Negative im Menschen isoliert. Jekyll ist beides, Hyde nur das Böse. Laut Jekyll ist das Resultat wissenschaftlicher Forschung nicht vom Wissenschaftler unabhängig, sondern hängt von seiner moralischen Verfassung ab: „Had I approached my discovery in a more noble spirit [...] I had come forth an angel instead of a fiend." Wissenschaft ist deshalb hier nicht nur Natur-, sondern auch Humanwissenschaft, da sie auf wesentliche Weise metaphysische und gesellschaftsmoralische Komponenten enthält.

## *Kapitel 10*
# Analyse-Tool und Literaturtheorie

*Dieses Kapitel setzt sich mit verschiedenen literaturtheoretischen Ansätzen in ihrem Verhältnis zum Analyse-Tool auseinander, um einen einheitlichen Zugang zur Textinterpretation zu schaffen. Im Vorfeld der Diskussion wird der Tool mit wertebewusster Literaturtheorie, vor allem mit dem dekonstruktivistischen Begriff der* METAPHYSIK DER PRÄSENZ, *in Zusammenhang gebracht (Einheiten 1 und 2).*
*In der Diskussion selber werden Verbindungen hergestellt zwischen den Kategorien des Tools und*
- *darwinistischen, marxistischen und psychoanalytischen Ansätzen (Einheit 3),*
- *genderspezifischen und postkolonialen Ansätzen (Einheit 4).*

*Als Beispiel für eine genderspezifische Interpretation mithilfe der Kategorien des Tools wird Angela Carters Kurzgeschichte* THE SNOW CHILD *analysiert (Einheiten 5 und 6).*

## 1. Verschiedene literaturtheoretische Ansätze

Bis jetzt könnte es den Anschein erwecken, dass das Analyse-Tool in einem akademischen Vakuum lebt. Doch mindestens seit dem 5. Jahrhundert v.Chr. machen sich die Menschen Gedanken über ‚Literatur' (Davis / Finke 1989: 54). Daraus ist eine große Tradition entstanden, die sich in den letzten Jahrzehnten zu einer Pluralität von Ansätzen ausgeweitet hat. Seit den Griechen lebt die Literaturtheorie auch von einem fruchtbaren Dialog zwischen Technischem und Göttlichem, zwischen Wissenschaft und Humanismus. Platon verbannte die lügenden Dichter aus der Gesellschaft (*Republik*) und Aristoteles ergründete die Literatur auf systematische Weise (*Poetik*). In beiden Versuchen steckt sowohl der Glaube an die Ordnung, wie auch eine gewisse Angst vor dem Leben und seinen Ausdrucksformen. Diesen Gegensatz gibt es auch heute:

- Einige literaturtheoretische Ansätze sind Werten gegenüber eher neutral, neigen zur Beschreibung und suchen universelle Gültigkeit (z. B. Narratologie, Literatursemantik oder Gattungstheorie). Diese ‚universellen' Ansätze sind präzise, aber eher technisch und kalt und nicht immer leicht mit Interpretation zu verbinden, da ihr Abstraktionsgrad hoch ist und sie zum Formalen neigen (Bal 2009: 225–229).
- Andere Ansätze (z. B. postkoloniale, marxistische, genderspezifische oder psychoanalytische) verstehen wir eher als ‚humanistisch' und ‚wertebewusst'. Sie neigen zur ideologischen Kritik und verstehen sich deshalb eher als interpretationsorientiert. Oft entbehren sie aber der Präzision neutralerer Ansätze.

Bei dieser groben Aufteilung handelt es sich natürlich um Tendenzen. Auch universelle Ansätze können bei der Interpretation hilfreich sein (Fludernik 2008: 19) und sind ideologiebeladen. Und auch humanistische Ansätze gehen davon aus, dass ihre Theorien mit der Wirklichkeit auf verschiedene Weisen kongruent sind und einen gewissen universellen Charakter haben. Am besten ist, interdisziplinär zu arbeiten.

In Kapitel 1 wurde versucht, mit dem Tool Brücken zum wertneutralen, allgemeingültigen Teil der Literaturtheorie – in diesem Falle den möglichen Welten – zu schlagen. Ziel des jetzigen Kapitels ist, das Tool mit ideologieträchtigeren Ansätzen in Kontakt zu bringen. Dazu werden die Kategorien des Tools als gemeinsame Sprache benutzt, um die verschiedenen Ansätze miteinander zu verbinden, ohne ihre Unterschiede zu verwischen. Des Weiteren wird mithilfe des Tools eine Vorgehensweise vorgeschlagen, bei der man mit realistischer Erfolgserwartung die verschiedenen Ansätze produktiv auf Texte anwenden kann.

Mit dieser Zielsetzung werden genderspezifische, marxistische, darwinistische, dekonstruktivistische und psychoanalytische Ansätze präsentiert. Mit Ausnahme des Darwinismus, der sich aber zur Zeit bemerkbar macht, sind diese Ansätze in der Literaturtheorie vertreten. Genauso wichtig ist, dass Problemstellungen dieser Ansätze in der Fiktion ebenfalls häufig vorkommen.

## 2. Dekonstruktivismus und *Metaphysik der Präsenz*

Vereinfacht gesagt kann man den Dekonstruktivismus als Umkehrung des Strukturalismus sehen (Barry 2009: 59). Beide gehen davon aus, dass wir im Alltag wesentliche Denkstrukturen als allgemeingültig voraussetzen. Beim Dekonstruktivismus aber weisen diese Strukturen innere Ungereimtheiten auf. Die Sprache ist konstant Spannungen zwischen den Zeichen und deren Bedeutung ausgesetzt (Barry 2009: 62). Dekonstruktive Verfahren decken diese Ungereimtheiten auf und hinterfragen somit die Allgemeingültigkeit unserer Strukturen und unseres Denkens.

Eine solche Ungereimtheit ist die sogenannte *Metaphysik der Präsenz*, die auf Derrida und Heidegger zurückgeht (Derrida 1997: 74). Darunter versteht man unter anderem, dass bei binären Paaren – z. B. schön / hässlich, ideal / real, natürlich / künstlich – immer ein Element konsequent bevorzugt, das andere genauso konsequent abgewertet wird. Dekonstruktive Praktiken zeigen, wie solche Präferenzen im Text explizit aufgestellt, dabei aber auch auf Schleichwegen wieder umgangen werden, weil sie nicht haltbar sind.

*Abbildung 47: René Magritte: Le trahison des images (1929)*

Schauen Sie sich bitte folgendes Bild von René Magritte, einem französischen Surrealisten, an und fragen Sie sich, ob dieses Bild einen Sinn ergibt oder nicht.

Zunächst könnte man meinen, das Bild sei widersprüchlich, sogar sinnlos, da man ja die Pfeife sieht, die der darunter stehende Satz verneint. Und doch ergibt dieses Bild einen gewissen Sinn, wenn man bedenkt, dass die Pfeife, die wir da sehen, keine echte Pfeife, sondern nur die Repräsentation einer Pfeife ist.

René Magrittes Bild bietet ein anschauliches Beispiel der Metaphysik der Präsenz. Es zeigt, wie in unserem Wertesystem das wirkliche Ding gegenüber seiner Repräsentation, das Bild gegenüber der Sprache und das Sehen gegenüber dem Lesen bevorzugt wird. Normalerweise steht die unmittelbare natürliche Wahrnehmung – Ding, Bild, Sehen – in der Rangordnung höher als sekundäre, gesellschaftlich vermittelte Wahrnehmung – Repräsentation, Sprache, Lesen. Durch das Bild zeigt Magritte aber auch, dass das, was natürlich empfunden wird, nicht unbedingt natürlich ist oder überhaupt ist, also einen metaphysischen Moment aufweist.

Die Metaphysik der Präsenz ist für dieses Kapitel wichtig, weil sie auf exemplarische Weise zeigt, dass die heutige Literaturtheorie

- die Entlarvung als natürlich empfundener Ideologien bevorzugt und dabei das Primär-Natürliche (und das Sekundär-Gesellschaftliche) gern auf den Kopf stellt.
- dazu neigt, den Ausdruck *Metaphysik* als das, was einfach nicht wahr ist, zu verstehen.

## 3. Marxismus, Darwinismus und freudsche Psychoanalyse

Bei jeder Textanalyse tut man gut daran, freudsches, marxistisches und darwinistisches Gedankengut gegenwärtig zu haben. Erstens bilden sie eine Art modernes kollektives Bewusstsein, aus dem Autoren oft schöpfen und mit dem wir mit dem Autor oder gegen ihn interpretieren können. Zweitens können wir jede dieser Theorien als frühes Beispiel für viele der später kommenden literaturtheoretischen Ansätze behandeln. Vom Tool aus gesehen arbeitet jede dieser drei Theorien primär im Rahmen eines der semantischen Felder: Freud untersucht das Individuum – und leugnet wahrscheinlich seine Existenz (Eagleton 2004: 5–6) –, Marx die Gesellschaft und Darwin die Natur. Die Abwesenheit einer Theorie der Moderne, die auf ähnliche Weise die metaphysische Dimension verarbeitet, trägt der These von der Metaphysik als dem, was nicht ist, Rechnung. Dass explizit nicht metaphysische Theorien in einer Zeit der fortschreitenden Säkularisierung erschienen sind, ist natürlich kein Zufall.

Jede dieser Theorien entlarvt verschiedene Überzeugungen des modernen Menschen als Beispiele der Metaphysik der Präsenz. In der Terminologie des Tools können diese Theorien folgendermaßen ausgedrückt werden:

Freud entlarvt den Glauben an die Unabhängigkeit des Individuums und die Rationalität der Moral (MacIntyre 2007: 72). Unsere Moral ist gesellschaftlich geprägt, äußert sich als Gewissen (Über-Ich) und lebt in einem ständigen Spannungsverhältnis mit unserem als Natur sich äußernden Trieb, vor allem dem Sexualtrieb (Es). Individualität gibt es, wenn überhaupt, nur in jeder Entscheidung des Einzelnen (Ich) für oder gegen das *Über-Ich* bzw. das *Es*. Die Ersatzbefriedigung oder die Verdrängung und/oder Sublimierung der natürlichen Triebe sind Beispiele der Metaphysik der Präsenz (Abbildung 48).

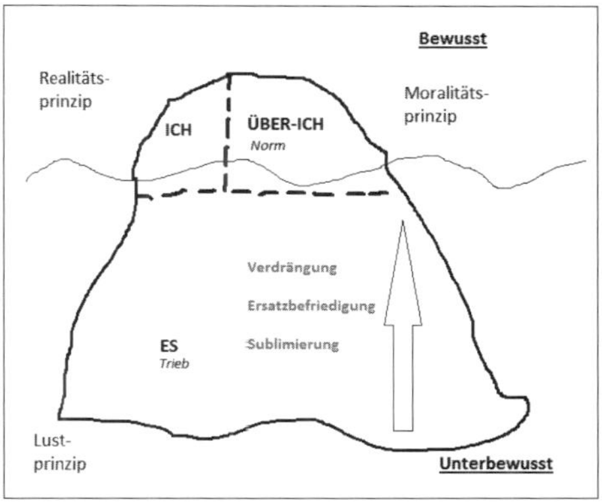


*Abbildung 48: Ich – Es – Über-Ich*

Marx entlarvt den Glauben an die Kultur als eine von der Produktionsweise unabhängige und deshalb als natürlich und notwendig empfundene Größe (Barry 2009: 151–152). Laut Marx ist der kulturelle und institutionelle Überbau der Gesellschaft ein Auswuchs dieser Produktionsweisen (Abbildung 49). Somit beeinflusst der traditionelle Unterbau (Produktionsweise) den Überbau (Kultur). Unstimmigkeit herrscht darüber, ob der Einfluss groß und/oder wechselseitig ist. Der Unterbau wird dadurch naturalisiert. Der Oberbau wird zu einer eher sekundären Erscheinung. Als solche kann er zur gesellschaftlichen ‚Ausrede' der herrschenden Klassen zwecks Machterhaltung werden. Er kann aber auch einfach als nicht wirklich, d.h. als Metaphysik, gesehen werden. Um die gesellschaftlichen Verhältnisse zu ändern, muss sich vor allem der Unterbau ändern. Geschieht das nicht, bleibt er weiterhin Natur. Wird er verändert, wird im Text neu ausgehandelt, wo Natur (und auch Individualität) zu finden sind. Was für Marx die Produktionsweise ist, entspricht in der Literaturtheorie oft dem geschichtlichen Kontext, in dem sich der Text bewegt.

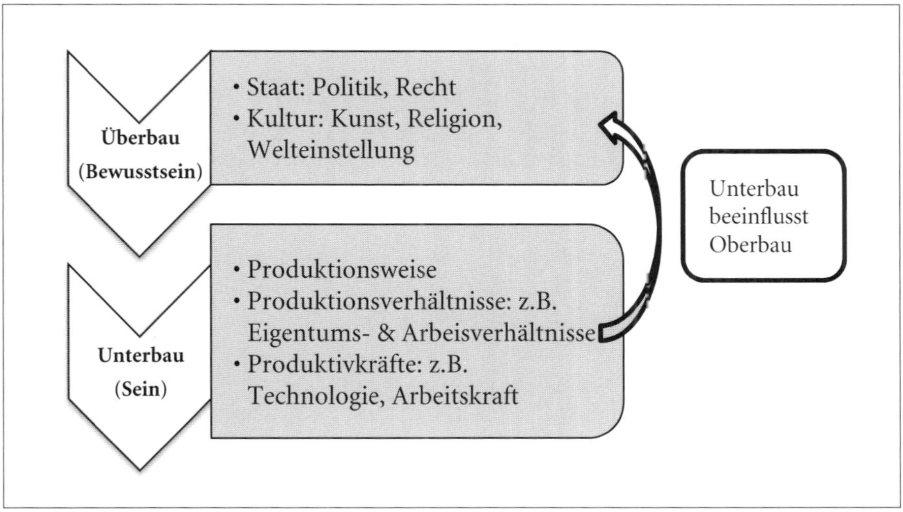


*Abbildung 49: Gesellschaftlicher Über- und Unterbau nach Marx*

Darwin entlarvt den Glauben an den Menschen als ein vom Tier sich im Wesentlichen unterscheidendes Wesen. Darwins Evolutionstheorie führt von der Natur zur Gesellschaft, wobei das Gesellschaftliche immer auf der Basis des Natürlichen aufbaut, und, weil aufgesetzt, immer wieder zu kollabieren droht. Mit zunehmender Komplexität der Lebewesen steigert sich deren Sozialisation, wobei diese in der Fiktion nicht immer den Endpunkt der Evolution darstellt. Am Ende kann die Evolution in eine Art Regression in Natur führen (Abbildung 50) oder in eine metaphysische Hinzufügung münden, wie die Repräsentation von Lovecrafts Ctulhu-Mythos zeigt (Abbildung 51).

*Abbildung 50: Evolution als Regress*

*Abbildung 51: Lovecrafts Cthulhu-Mythos*

## 4. Genderspezifische und postkoloniale Ansätze

Gender Studies werden oft mit Feminismus gleichgesetzt, obwohl es nicht darum, sondern um das (soziale) Geschlecht von Frau wie Mann geht. Nichtsdestotrotz ist es wahr, dass vor allem Frauen unter dem Druck einer männlich orientierten Gesellschaft leiden müssen. So sind im Spanischen „la maté porque la quería“ und „la maté porque era mía“ fast austauschbare Rechtfertigungen für sexualisierte Gewalt. Hinter der tödlichen Liebe der ersten Ausrede („porque la quería“) steckt der Eigentumsgedanke der zweiten („porque era mía“). Wenn die Frau dem Mann aber gehört, dann ist sie keine Frau mehr, sondern nur noch Objekt (Adorno / Horkheimer 1988: 119). Der Mann liebt dann nur eine idealisierte Frau. Diese Verdinglichung drückt sich oft verbal aus und fühlt sich in der westlichen Literatur sehr zu Hause – das beste Beispiel sind wahrscheinlich die Gedichte Petrarcas (Waller 1993: 84), die noch heute fortleben (Forster 1969: 2).

Es ist nützlich, sich patriarchalischer Klischees über Frauen in der Fiktion bewusst zu sein. Viele dieser Klischees basieren auf Umkehrungen maskuliner Darstellungen und sind Ausdruck eines reduktiven Biologismus (Beauvoir 1972: 15–16; Soper 2000: 139): Frau sein ist dann eine Effekt des Östrogenspiegels, zwischen mütterlichem Instinkt und sexuellem Verlangen. Daraus ergeben sich bestimmte Werte, wie hier aus einem bekannten Textbuch (Abbildung 52):

| Feminine | Masculine |
|---|---|
| beautiful | strong |
| smooth | rough |
| quiet | noisy |
| home- and child-centred | job- and task-centred |
| private and personal (interior) | public and impersonal (exterior) |
| passive | active |
| emotional | rational |
| arts and education | sciences and engineering |

*Abbildung 52: Maskuline und feminine Werte (Pope 2007: 112–113)*

Viele Werte, die der Frau zugeschrieben werden, basieren vom semantischen Standpunkt aus nur auf dem einfachen Gegensatz Natur / Kultur bzw. Metaphysik, wie z.B. „beautiful / strong“ und „smooth / rough“ oder „quiet / noisy“. Der Mann wird hier einfach mit wilder Natur gleichgesetzt, während die Frau ihren Platz eher im ästhetisch-kulturellen, also auch gesellschaftlichen Bereich findet. Bei anderen Gegensätzen wird das Weibliche primär mit dem Mütterlichen verbunden, wie z.B. bei „Home- and child-centred“ oder „Private and personal (interior)“. Das Mütterliche basiert seinerseits auf einem primitiven, weil emotionsgeladenen Verständnis von Gesellschaft. Beim Mann hingegen wird ein institutionelles, modernes Verständnis von Gesellschaft vorausgesetzt („job- and task-centred“, „public and impersonal“). Wer sich berufs- und gesellschaftsorientiert zeigt, wird auch eher als „active“ angesehen als derjenige, der zu Hause bleibt und ein abgeschiedenes Dasein führt. Weiblicher Primitivismus und männlicher Fortschrittsgedanke machen sich auch im Gegensatz („emotional / rational“) bemerkbar. Hier wird Männlichkeit um die Rationalität ergänzt, Femininität bleibt naturverhaftet. Bei „arts and education / sciences and engineering“ ändert sich an männlicher Rationalität nichts. Dafür wird die Repräsentation der Weiblichkeit sozialisiert („education“). Interessant ist dabei, dass die metaphysische Komponente, die der Kunst („arts“) oft zuerkannt wird, in diesem Kontext nicht präsent ist und Kunst wie Erziehung mit Gesellschaft, aber auf der Ebene von Heim und Familie, gleichgesetzt werden. Die sublime Kunst bleibt somit Domäne des Mannes.

Ähnliche Wertaufstellungen lassen sich bei anderen literaturtheoretischen, vor allem postkolonialen Ansätzen aufstellen. In Fällen, in denen beide Ansätze gefragt sind, weil der Text sowohl auf (sozial-)geschlechtlicher wie auf ethnischer Ebene arbeitet, wird die Analyse doppelt interessant. Die Werteskala in einem Ansatz stimmt dann oft mit der des anderen Ansatzes teilweise überein, weicht aber auch teilweise von ihr ab. Beispiele dafür sind Slave Narratives:

– In Aphra Behns‘ Novelle *Oroonoko* (1688) ist die Erzählerin Mulattin. Manchmal schlüpft sie in die Rolle einer weißen Frau der Mittelschicht, die sich von den rebellischen, von König Oroonoko geführten Sklaven bedroht fühlt. Oft entwickelt sie aber auch Sympathien für Oroonoko.

- In Frederick Douglass' *Narrative of the Life of Frederick Douglass* (1845) wird die Erfahrung eines entkommenen männlichen Sklaven in erster Person erzählt. Wie erwartbar unterscheidet sie sich von der Weltanschauung eines weißen Gutsbesitzers. Andererseits neigt sie auch zu ‚weißen', kapitalistischen Weltanschauungen, vor allem im Umgang mit Frauen und beim Thema Familie. Hier ist ein Vergleich mit von Frauen geschriebenen Slave Narratives sehr aufschlussreich (z. B. Harriett Jacobs' *Incidents in the Life of a Slave Girl* [1861]).

## 5. Angela Carter, *The Snow Child* (1979)

Repräsentationen der Weiblichkeit können natürlich auch ihre eigene Umkehrung bilden. Verstößt die Frau gegen das Ideal der Weiblichkeit patriarchalischen Denkens, kann das Ideal leicht in seinen Gegensatz kippen. Der Engel wird schnell zum Monster und Teufel (Gilbert / Gubar 1979: 20–27). Diese Möglichkeit wird anhand von Angela Carters Kurzgeschichte *The Snow Child* aus *The Company of Wolves* (1979) näher betrachtet. Zuerst wird die Erzählung als Erzählung analysiert und erst dann wird sie einer genderspezifischen Interpretation mithilfe des Tools unterzogen. Um die Diskussion besser verfolgen zu können, wurde der Text in sechs Absätze aufgeteilt.

1. Midwinter – invincible, immaculate. The Count and his wife go riding, he on a grey mare and she on a black one, she wrapped in the glittering pelts of black foxes; and she wore high, black, shining boots with scarlet heels, and spurs. Fresh snow fell on snow already fallen; when it ceased, the whole world was white. 'I wish I had a girl as white as snow,' says the Count. They ride on. They come to a hole in the snow; this hole is filled with blood. He says: 'I wish I had a girl as red as blood.' So they ride on again; here is a raven, perched on a bare bough. 'I wish I had a girl as black as that bird's feather.'
2. As soon as he completed her description, there she stood, beside the road, white skin, red mouth, black hair and stark naked, she was the child of his desire and the Countess hated her. The Count lifted her up and sat her in front of him on his saddle but the Countess had only one thought: how shall I be rid of her?
3. The Countess dropped her glove in the snow and told the girl to get down to look for it; she meant to gallop off and leave her there but the Count said: 'I'll buy you new gloves.' At that, the furs sprang off the Countess's shoulders and twined round the naked girl. Then the Countess threw her diamond brooch through the ice of a frozen pond: 'Dive in and fetch it for me,' she said; she thought the girl would drown. But the Count said: 'Is she a fish, to swim in such cold weather?' Then her boots leapt off the Countess's feet and on to the girl's legs. Now the Countess was bare as a bone and the girl furred and booted; the Count felt sorry for his wife. They came to a bunch of roses, all in flower. 'Pick me one,' said the Countess to the girl. 'I can't deny you that,' said the Count.
4. So the girl picks a rose; pricks her finger on the thorn; bleeds; screams; falls.
5. Weeping, the Count got off his horse, unfastened his breeches and thrust his virile member into the dead girl. The Countess reined in her stamping mare and watched him narrowly; he was soon finished.

6. Then the girl began to melt. Soon there was nothing left of her but a feather a bird might have dropped; a bloodstain, like the trace of a fox's kill on the snow; and the rose she had pulled off the bush. Now the Countess had all her clothes on again. With her long hand, she stroked her furs. The Count picked up the rose, bowed and handed it to his wife; when she touched it she dropped it. 'It bites!' she said.

Zunächst ist *The Snow Child* eine konfuse Geschichte. Das hängt mit der Vergewaltigung des toten Mädchens zusammen (5), aber auch damit, dass die Geschichte als Märchen erzählt wird. Märchen besitzen eine Erzähllogik, die der realistischen Erzählweise nur in begrenztem Maße Rechnung trägt. So ist Märchen der psychologische Realismus weitgehend fremd; die Charakterisierung der Handlungsfiguren läuft dafür oft über Parallelen und Vergleich.

Bei einer so verwirrenden Geschichte wie dieser wird normalerweise viel herumprobiert, ehe man einen Anhaltspunkt findet, von dem aus man den Text interpretieren könnte. Viele Aspekte können dabei zum Vorschein kommen:
- dass der Graf eine graue, die Gräfin eine schwarze Stute reitet (1),
- dass der Graf sich ein Mädchen wünscht und es automatisch da ist (1),
- dass Mädchen und Gräfin auf magische Weise die Kleider tauschen und jede dabei die Stellung der anderen einnimmt (3),
- dass das Mädchen durch einen Dornenstich zum Tode kommt (4),
- dass der Graf es vergewaltigt, als es schon tot ist (5),
- dass das Mädchen schmilzt (6) ...

Zwei gute, miteinander verbundene Ansätze für eine Interpretation finden sich zu Beginn der Geschichte, eng aufeinanderfolgend: die Beschreibung der Kleidung der Gräfin und der anfängliche Wunsch des Grafen nach einem Kind (1). Die Kleidung der Gräfin verstößt gegen unsere Erwartungen dessen, was in einem Märchen vorkommen sollte, der Wunsch des Grafen erfüllt in etwa diese Erwartungen. Die Anspielung auf das Wetter, die beide Textstellen voneinander trennt, erweist sich ebenfalls als bedeutungsvoll. Im Folgenden werden alle drei Textstellen tabellarisch aufgegriffen und erklärt:

| **Handlungsfigur** | **1. Gräfin** | **2. Graf / Snow Child** | **3. Wetter** |
|---|---|---|---|
| **Zitat** | she wrapped in the glittering pelts of black foxes; and she wore high, black, shining boots with scarlet heels, and spurs (1) | "I wish I had a girl as white as snow," says the Count. […] "I wish I had a girl as red as blood." […] "I wish I had a girl as black as that bird's feather." (1) | Fresh snow fell on snow already fallen; when it ceased, the whole world was white (1) |
| **Farben** | rot, schwarz | weiß, rot, schwarz | weiß |

| | | | |
|---|---|---|---|
| **Erklärung** | Die Kleidung der Gräfin widerspricht unseren Erwartungen. Die Farben – rot und schwarz –, ihr Glanz – „glittering“, „shining“ – und das Klangbild aus Plosiven und kurzen Vokalen deuten auf Härte und Aggressivität. „scarlet heels“ und „spurs“ haben sexuelle, fast sadistische Konnotationen. Die Gräfin könnte eine Prostituierte sein. | Wie bei Schneewittchen äußert sich der Wunsch nach einem Kind über die Farben weiß, rot und schwarz. Den Wunsch äußert hier aber der Vater, nicht die Mutter. Bei Schneewittchen wird weiß normalerweise mit Reinheit, rot mit Leidenschaft und schwarz mit dem Tod gleichgesetzt. | Die Gräfin wird mit rot und schwarz, nicht aber mit weiß, d.h. Reinheit, identifiziert. Das trennt sie von Schneewittchen und dem Wunschmädchen des Grafen. Der Kontrast zwischen „fresh snow“ und „snow already fallen“ deutet darauf hin, dass die Gräfin eine gefallene Frau ist und der Graf sich nach Reinheit sehnt. |

Es scheint also, als würde das reine, nackte Mädchen einen Kontrast zur angezogenen, sexuell-sadistischen und anrüchigen Gräfin bieten. Im Verlauf der Geschichte verliert die Gräfin aber ihre Kleider und bleibt nackt, während das Mädchen nun die Kleider der Gräfin trägt (3). Dieser Kleidertausch ist auch ein Rollentausch. Hier zeigt sich der märchenhafte Charakter der Kurzgeschichte. Wichtig ist dabei nicht der psychologische Realismus, mit dem die Personen in der Geschichte dargestellt werden – dazu sind sie sowieso zu skizzenhaft charakterisiert – sondern ihre Funktion. Denn die Gräfin ist das Mädchen, das Mädchen die Gräfin.

Dies wird klar, als das Mädchen sich an der Rose sticht und blutet (4). Rose und Blut weisen auf die Menstruation hin, das Mädchen wird zur Frau und stirbt somit als Mädchen (5), weshalb es gleich dem Schnee schmilzt (6). Übrig bleibt nur das zur Frau gewordene Mädchen, die Gräfin. Darum vergewaltigt der Graf das Mädchen auch nach ihrem Tode (5), denn erst jetzt ist sie zu einem sexuellen Wesen gereift, nur jetzt kann er sich ihr sexuell nähern.

Was dem Mädchen widerfährt, ist auch der Gräfin passiert. Auch bei ihr ist der Anfang märchenhaft: „Es war einmal ein reines Mädchen ...“. Auch sie hat den Kleidertausch durchgemacht, auch bei ihr wurde aus dem reinen Mädchen eine erwachsene Frau. Der Dornenstich der Rose am Ende der Geschichte erinnert sie daran (6).

Wenden wir uns dem Grafen zu, werden all diese Ergebnisse nochmals umgekrempelt. Obwohl der Graf eine unbedeutende Person zu sein scheint – er reitet eine graue Stute (1) und verfügt gegenüber seiner Frau nur über eine reduzierte Autorität – bedürfen sowohl das Mädchen wie auch die Gräfin seiner, um überhaupt zu existieren. Das Mädchen ist „the child of his desire“ (1), die Gräfin die zur Frau gereifte Version des Mädchens, die ihren Körper für ihre Kleider an den Grafen verkauft hat.

Ein genderspezifischer Ansatz sieht hinter dem Grafen den Mann, hinter den zwei Frauen Wunschvorstellungen des Mannes. Da Mädchen und Gräfin dieselbe Person sind, sind beide „the child of his desire“ (1). Deshalb gibt es aber die beiden Frauen auch gar nicht. Als Wunschvorstellungen sind sie nur in der Fantasie des Mannes, als wirkliche Frauen in einer von der männlichen Gesellschaft aufgezwungenen Rolle zu finden. Deshalb ist auch die Vergewaltigung in der Erzählung nicht eine primär körperliche, sondern auch eine metaphorische: Sexuelle Vollendung ist Tod des Verlangens und Nekrophilie weist auf die Sterilität der männlichen Fantasie hin. In vielen Aspekten gleicht die Vergewaltigung einer Masturbation, denn ein wirkliches Gegenüber gibt es nicht.

Das Analyse-Tool kann uns helfen, diese Interpretation in eine allgemeinere Form zu gießen: Als Wunschvorstellungen des Mannes sind die beiden Frauenbilder semantische Reduktionen. Die Reinheit des nackten Mädchens lässt auf eine metaphysisch verstandene Natur schließen, der gekleidete, prostituierte Körper der Gräfin auf eine sozialisierte Natur. Beide gibt es in Wirklichkeit nicht, wobei das Mädchen die idealisierte, die Gräfin die degradierte Version der Wunschvorstellung eines weiblichen Körpers darstellt. Wir befinden uns hier vor einer Abwandlung des klassischen Bildes, in dem die Frau als Engel oder Monster dargestellt wird, dabei aber nie sie selbst sein kann. Die wirkliche Frau, die in *The Snow Child* nie erscheint, verkörpert die abwesende Dimension in dieser Erzählung: die Individualität. Nur eine wirkliche Frau kann Individuum sein.

In diesem Text ist zu bedenken, dass semantische Felder auf verschiedenen Interpretationsebenen präsent sind. In *The Snow Child* geht Natur über den Frauenkörper hinaus. Die weiteste Interpretationsebene ist im Anfangssatz der Erzählung anzutreffen: „Midwinter – invincible, immaculate“ (1). Diese Art Natur bestimmt über den gefallenen Schnee und das schmelzende Mädchen den Handlungsablauf. Sofern der erste Satz nicht ironisch gemeint ist, ist in *The Snow Child* die Handlungslogik, die die Erzählung vorantreibt, somit „invincible, immaculate“, d.h. unabwendbar: Männer können nicht umhin, wie Männer zu reagieren. In dem Sinne mag das männliche Wunschbild der Frau Metaphysik, d.h. nicht wahr, und die Abwesenheit der weiblichen Individualität Wirklichkeit sein. Der Prozess scheint aber zwingend notwendig, die Figuren bewegen sich wie Marionetten und männliches Verlangen, das ja selbst Natur ist, wird durch seinen zwanghaften Charakter unmenschlich. Es ist demnach auch schwierig, hier von gesellschaftlicher Schuld oder Moral zu reden, denn letzten Endes scheint niemand verantwortlich zu sein. In solch einem Kontext geht das Gesellschaftliche wie auch das Individuelle verloren. Das Einzige, was bleibt, sind Natur – das Unentrinnbare – und Metaphysik – das, was nicht ist.

## 6. Übungsaufgabe

Lesen Sie bitte folgenden Auszug aus Joseph Conrads Klassiker *Heart of Darkness* (1899 veröffentlicht). *Heart of Darkness* ist eine Novelle, die wesentliche Aspekte des modernen Menschen behandelt, wie z.B. das Böse, die Identität, aber auch das Verhalten der europäischen Kolonialmächte in Afrika. Seit geraumer Zeit ist diese Novelle (wie auch andere Klassiker, siehe Twains *Huckleberry Finn* oder Shakespeares *Othello*) wegen ihrer problematischen Konstruktion afrikanischer und weiblicher Charaktere unter Beschuss geraten. Im folgenden Auszug finden Sie die Charakterisierung einer afrikanischen Frau. In der Novelle ist sie die Königin eines afrikanischen Stammes und die Geliebte der Hauptfigur dieses Buches, eines weißen Elfenbeinjägers, der unter dem Vorwand eines moralischen Kreuzzugs Belgisch Kongo ausbeutet. Bitte analysieren Sie diesen Auszug mithilfe des Tools. Um die Erklärung besser verfolgen zu können, ist der Text in fünf Absätze aufgeteilt (entspricht den Seiten 60-61 in Conrad 1988).

1. Dark human shapes could be made out in the distance, flitting indistinctly against the gloomy border of the forest [...]
2. And from right to left along the lighted shore moved a wild and gorgeous apparition of a woman. She walked with measured steps, draped in striped and fringed cloths, treading the earth proudly, with a slight jingle and flash of barbarous ornaments.
3. She carried her head high; her hair was done in the shape of a helmet; she had brass leggings to the knee, brass wire gauntlets to the elbow, a crimson spot on her tawny cheek, innumerable necklaces of glass beads on her neck; bizarre things, charms, gifts of witchmen, that hung about her, glittered and trembled at every step. She must have had the value of several elephant tusks upon her.
4. She was savage and superb, wild-eyed and magnificent; there was something ominous and stately in her deliberate progress. And in the hush that had fallen suddenly upon the whole sorrowful land, the immense wilderness, the colossal body of the fecund and mysterious life seemed to look at her, pensive, as though it had been looking at the image of its own tenebrous and passionate soul. [...]
5. Suddenly she opened her bared arms and threw them up rigid above her head as though in an uncontrollable desire to touch the sky, and at the same time the swift shadows darted out on the earth [...]

## 7. Literatur

*Grundlegend*

Adorno, Theodor W. / Horkheimer, Max. 1988. *Dialektik der Aufklärung: Philosophische Fragmente.* Frankfurt a. M.: Fischer.

Bal, Mieke. 2009. *Narratology: Introduction to the Theory of Narrative.* Toronto: UP of Toronto.

Barry, Peter. 2009. *Beginning Theory: An Introduction to Literary and Cultural Theory.* Manchester: Manchester UP.

Beauvoir, Simone de. 1972. *The Second Sex.* Harmondsworth: Penguin.

Conrad, Joseph. 1988. *Heart of Darkness.* Kimbrough, Robert (ed.) New York: Norton.

Davis, Robert Con / Finke, Laurie. 1989. Classical Literary Criticism. *Literary Criticism and Theory: the Greeks to the Present.* Davis, Robert Con /Finke, Laurie (eds.) New York: Longman, 3–7.

Derrida, Jacques. 1997. *Of Grammatology.* Baltimore: John Hopkins UP.
Fludernik, Monika. 2008. *Erzähltheorie: Eine Einführung.* Darmstadt: WBG.
Forster, Leonard Wilson. 1969. *The Icy Fire: Five Studies in European Petrarchism.* Cambridge: Cambridge UP.
Gilbert, Sandra M. / Gubar, Susan. 1979. *The Madwoman in the Attic: The Woman Writer and the Nineteenth-Century Literary Imagination.* New Haven: Yale UP.
MacIntyre, Alasdair. 2007. *After Virtue: A Study in Moral Theory.* Notre Dame: UP of Notre Dame.
Pope, Rob. 1998. *The English Studies Book.* London: Routledge.
Soper, Kate. 2000. Naturalized Woman and Feminized Nature. Coupe, Laurence / Bate, Jonathan (eds.), *The Green Studies Reader: From Romanticism to Ecocriticism.* London: Routledge, 139–43.
Waller, Gary F. 1993. *English Poetry of the Sixteenth Century.* London: Longman.

*Weiterführend*
Aldama, Frederic Luis. 2010. Ethnicity. *Teaching Narrative Theory.* Herman, David / McHale, Brian / Phelan, James (ed.) New York: MLA, 252–265.
(Interessante Einführung in den postkolonialen Ansatz, unter Berücksichtigung narratologischer Kriterien)
Boyd, Brian. 2009. *On the Origin of Stories: Evolution, Cognition, and Fiction.* London: The Belknap P. Evolution and *Human* Nature, 19–30.
(Eine Diskussion darüber, wie sich ein darwinistischer Ansatz auf unser Menschen- und Kunstverständnis auswirkt)
Montrose, Louis Adrian. 2004. 'Shaping Fantasies': Figurations of Gender and Power in Elizabethan Culture. *Shakespeare: an Anthology of Criticism and Theory 1945–2000.* McDonald, Russ (ed.) Oxford: Blackwell, 481–510.
(Schwierig zu lesende, aber auch brillante Aufdeckung gesellschaftlicher Strukturen um den Status der Frauen im Elisabethanischen England und Shakespeares *Midsummer Night's Dream*)
Warhol, Robin. 2010. Gender. *Teaching Narrative Theory.* David Herman, Brian McHale and James Phelan (ed.) New York: MLA, 237–251.
(Eine gute Einführung zu Gender mit einem narratologischen Zusatz)

## 8. Lösungsvorschlag

Die Beschreibung kann in drei Teile aufgeteilt werden: Am Anfang wird die Königin vor allem in ihrer Ganzheit beschrieben (Absätze 2 und 4, erster Satz), dann richtet sich der Blick auf individuelle Körper- und Kleidungsteile der Königin (Absatz 3). Am Ende wird die Königin in ihrem Verhältnis zu der sie umgebenden Natur beschrieben (Absätze 4 und 5).

*Die Königin in ihrer Ganzheit* (Absätze 2 und 4, erster Satz): In diesem Teil der Beschreibung kann man vor allem zwei Elemente hervorheben. Zum einen wird die Königin mit wilder Natur und Primitivität gleichgesetzt. So ist die Königin „wild", „wild-eyed" und „savage", sie trägt „barbarous" Schmuckstücke. Zum anderen ist ihr Gehabe königlich – „She walked with measured steps [...] treading the earth proudly", ihr Gang ist „stately" – was sie aber nicht in Richtung Gesellschaft führt. Vielmehr verweist es auf Erhabenheit – sie ist nämlich eine „apparition", „superb" und „magnificent" und darüber hinaus „ominous" – das ordnet sie der Domäne der Metaphysik zu.

*Individuelle Körper- und Kleidungsteile der Königin* (Absatz 3): Die oben beschriebene semantische Aufteilung verstärkt sich in Absatz 3. Auch hier wird die Königin als exotischprimitives Wesen dargestellt. Aufgrund der Beschreibung der Schmuckstücke, die sie trägt, und die als „bizarre, charms, the gifts of witchmen" charakterisiert werden, wird die Königin mit Magie in Verbindung gebracht. Wie wir in Kapitel 9 gesehen haben, ist die Magie ein Zeichen von Primitivität, das in die Metaphysik führt.

Die Erwähnung des Schmucks gibt auch Auskunft über den Erzähler selbst. Indem er darauf hinweist, die Königin „must have had the value of several elephant tusks upon her", beschreibt er nicht nur die Königin. Er zeigt auch, dass seine Maßstäbe westlich und finanzieller Art sind. Damit weist er sich in Abgrenzung gegen die Königin als zivilisierter Mensch aus und stellt sich auf die gesellschaftliche Ebene. (Diese Diskussion ist allerdings im Kontext der ganzen Novelle komplexer. Man kann hier gleichzeitig bedenken, dass es weit schlimmer gewesen wäre, wenn der Erzähler das „upon her" weggelassen hätte: „she must have had the value of several elephant tusks".)

Bevor dies alles im dritten Absatz geschieht, wird die Königin aber über ihre Kleidung als Krieger dargestellt – „her hair was done in the shape of a helmet". Der Effekt dieser Charakterisierung ist mehrschichtig: Zum einen erweitert sie ihr königlich-erhabenes Auftreten. Andererseits maskulinisiert sie die Königin, denn unter Kriegern verstehen wir normalerweise Männer (man kann sich natürlich fragen, ob ein aus Haaren geflochtener Helm eine wertlose Nachahmung oder eine wesentliche, weil körperliche Identifikation mit dem Kriegerischen darstellt). Im Gegenzug wird aber die afrikanische Gesellschaft als Ganze entmannt. Die Königin mag zwar erhaben sein (Metaphysik), die Afrikaner um sie herum werden dafür umso mehr entmenschlicht. Als formlos huschende Schatten werden sie gleichsam deindividuiert – z.B. in „Dark human shapes could be made out in the distance, flitting indistinctly" – und vom semantischen Feld der Natur verschluckt – „against the gloomy border of the forest". Die hervorstechende Königin stellt Afrika als weibliches natürlich-metaphysisches Prinzip dar, besiegelt aber somit den Untergang der natürlich-deindividuierten Afrikaner. Primitive Naturverhaftung birgt immer auch die Gefahr eines Verlustes an Individualisierung.

*Verhältnis der Königin zur umgebenden Natur* (Absätze 4 und 5): Der Dschungel ist von sich aus schon Natur; dies wird hier mit dem Hinweis auf „fecund [...] wilderness" noch einmal unterstrichen. In Absatz 4 tritt der Dschungel zudem entschieden in den metaphysischen Bereich: Er ist maßlos überdimensioniert – „immense" und „colossal" – geheimnisvoll – „mysterious" – und besitzt eine Seele, die mit der Erfahrung des Numinosen als *Tremendum* (siehe Kapitel 6) assoziert werden kann – „tenebrous and passionate". Da die Königin sich in der Natur widerspiegelt, teilt sie all diese Eigenschaften mit der Natur. Das plötzliche Hochreißen der explizit nackten Arme in Absatz 5 ist auch Natur („uncontrollable desire"), und die Arme, die in Richtung Himmel schnellen, deuten auf Metaphysik.

Die Analyse zeigt, dass in diesem Auszug sowohl die Königin wie auch Afrika dasselbe Schicksal erleiden. Afrika ist das Land, Afrika sind die Afrikaner und Afrika ist auch der Dschungel. Die Königin wird zwar klar von den Afrikanern unterschieden und wird im Vergleich zu ihnen viel stärker individualisiert. Letztlich treffen sich aber beide wieder in ihrer Zugehörigkeit zur Natur, denn die Individualisierung der Königin führt auf Natur (und auf ihre metaphysische Komponente) zurück.

# Resümee: Anmerkungen zur Selbstbeurteilung

In diesem Nachsatz soll kurz darauf hingewiesen werden, wie die Kompetenz in der Handhabung des Analyse-Tools beurteilt werden kann. Diese Hinweise sind das Ergebnis langjähriger Erfahrung mit dem Tool, sowohl im Unterricht als auch in der Interpretation.

Beurteilung interessiert vor allem (werdende) Lehrerende. Mit einer Grundform des Tools kann ohne Weiteres in der Sekundarstufe ab der 10. oder 11. Klasse gearbeitet werden (siehe Candel 2013). Es wäre natürlich vorteilhaft, dafür Beurteilungskriterien zu entwickeln. Aber auch aus Sicht des Lerners ist es angemessen, diesen Prozess näher zu beleuchten, weil die angemessene Selbsteinschätzung beim Lernen helfen kann.

Für die Beurteilung der Tool-Kompetenz lohnt es sich zu wissen, wie kognitive Fähigkeiten eingeteilt werden. Als Modell hat sich seit mehreren Jahrzehnten Blooms Tabelle kognitiver Prozesse (Bloom 1956) ausgezeichnet, die von Anderson / Kratwohl (2001) um einiges verbessert worden ist. Im Folgenden wird eine vereinfachte Version von Anderson / Kratwohl auf das Tool zugeschnitten. Diese kognitive Unterteilung ist aber aus zwei Gründen nur beschränkt gültig. Die Komplexität kognitiver Fähigkeiten ist nämlich

- *erfahrungsabhängig*: Mit zunehmender Fertigkeit werden Prozesse, die einst höhere kognitive Fertigkeiten in Anspruch nahmen, automatisiert und in niedrigere Ebenen versetzt.
- *textabhängig*: Einfache Texte erlauben eher die Einsetzung höherer kognitiver Fähigkeiten, bei schwierigen Texten mag selbst eine niedrigere kognitive Fähigkeit äußerste Konzentration erfordern.

Letzteres sollten Lehrende bei der Vorbereitung des Unterrichts berücksichtigen und wenn nötig die Texte mit Hilfe von linguistischer Vereinfachung – lieber leichte als vereinfachte Texte – und kontextueller Einbettung durch Bilder oder Diagramme näherbringen (Cummins 2000: 68).

In Abbildung 53 sind auf der linken Seite sechs kognitive Fähigkeiten aufgelistet, die von unten nach oben an Komplexität zunehmen. Auf der rechten Seite wird jede dieser Fähigkeiten nochmals in verschiedene Teilfähigkeiten unterteilt:

**Höhere kognitive Fähigkeiten**

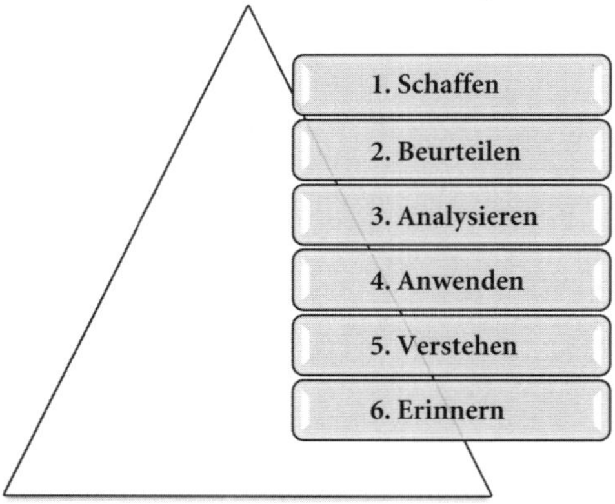


1. Machen, entwerfen, konstruieren, planen, produzieren, erfinden
2. Überprüfen, Hypothesen aufstellen, experimentieren, urteilen, testen, beobachten
3. Vergleichen, organisieren, abgrenzen, finden, strukturieren, integrieren
4. Umsetzen, ausführen, benutzen
5. Vergleichen, erklären, klassifizieren, ein Beispiel geben, zusammenfassen
6. Erkennen, aufzählen, beschreiben, identifizieren, abrufen, nennen, finden, definieren

**Niedrigere kognitive Fähigkeiten**

*Abbildung 53: Kognitive Fähigkeiten*

Diese sechs kognitiven Fähigkeiten werden in Bezug auf das Tool der Einfachheit halber in drei Paare angeordnet.

## Erinnern / Verstehen

Am leichtesten ist es, sich an etwas zu *erinnern*, denn dafür muss man nur auswendig lernen. Dazu gehören, wie man auf der rechten Seite des Diagramms sehen kann, Fähigkeiten wie ‚erkennen', ‚beschreiben' oder ‚identifizieren'. Auf das Tool und den Erwerb einer Interpretationskompetenz zugeschnitten, handelt es sich hier darum, die theoretischen Grundbegriffe zu kennen und sie im Text zu identifizieren, wenn sie offensichtlich sind: Wenn im Zeichentrickfilm *Biene Maja* Majas Freund Willi stöhnt, er hätte Hunger, dann wird Hunger als Trieb und Natur identifiziert. Wichtig ist auch, gewisse Definitionen oder Merkmale von Grundbegriffen zu kennen: Wie definiere ich Natur oder Metaphysik (siehe Kapitel 1), was sind deren Grundmerkmale, was verstehe ich auf der Vermittlungsebene unter ‚Geld', ‚Wirtschaft' oder ‚Ehrfurcht' (siehe Kapitel 5)?

*Verstehen* läuft normalerweise fast parallel zu sich erinnern, ‚veredelt' aber sozusagen die Erinnerung. Beim Verstehen werden nämlich Zusammenhänge und Konzepte nicht nur papageienhaft, sondern auf kreative Weise wiedergegeben. Dabei wird die Form über ‚Zusammenfassung', ‚Erklärung', ‚Klassifikation' und ‚Veranschaulichung' modifiziert, der Inhalt bleibt erhalten oder wird erweitert.

Man könnte meinen, dass diese beiden kognitiven Fähigkeiten für das Tool leicht anzueignen sind. In gewisser Weise sind sie das auch, denn sie bilden eine Art Vorverständnis, das sich erst in der Textanalyse behaupten muss. Dennoch schleichen sich hier oft Fehler ein, die, gerade weil sie auf der untersten Stufe kognitiver Fähigkeiten stehen, die Grundlage angreifen, von der aus sich die höheren Fähigkeiten entfalten können. Auf zwei typische Fehler will ich aufmerksam machen. Sie sind zwar in Kapitel 5 schon behandelt worden, sind aber so wesentlich und kommen so oft vor, dass es sich lohnt, ein zweites Mal hinzuschauen:

- Oft herrscht Desinteresse an der Vermittlungsebene (siehe auch Kapitel 6). Dabei erweist sie sich später als besonders nützlich, um auf sichere Weise vom Text zu den vier semantischen Feldern zu gelangen. Gerade weil die Vermittlungsebene in hohem Maße intuitiv ist, wird sie oft vorausgesetzt und deshalb bei der Textanalyse nicht bewusst zurate gezogen. Irgendwann begeht unser intuitives Denken dann einen Fehler, oft gerade da, wo es anfängt, etwas komplizierter, aber deshalb auch interessanter zu werden.
- Oft herrscht Unkenntnis über die Zusammenhänge zwischen Vermittlungsebene und semantischen Feldern. Wir alle wissen, dass Geld und Wirtschaft zunächst als gesellschaftlich eingestuft werden. Können wir aber erklären, warum das so ist? Dieses Problem wird in höheren kognitiven Prozessen vor allem dann deutlich, wenn Zitat und abstrakte Konzepte miteinander verbunden werden sollen.

Textinterpretationen, in denen ein (impliziter oder expliziter) Bezug auf eine Vermittlungsebene und/oder ihre Zusammenhänge mit den semantischen Feldern weitgehend fehlt, kommen oft nicht über erste Intuitionen hinaus.

## Anwenden / Analysieren

Wenn wir mit einem Tool arbeiten, dann geben sich die kognitiven Fähigkeiten *anwenden* und *analysieren* die Hand, denn um einen Text zu analysieren, muss man das Tool anwenden, es dem Text sozusagen überstülpen. Damit dieses Stülpen nicht mechanisch erfolgt, muss analysiert werden.

Bei der *Analyse* werden nicht mehr nur intuitiv ableitbare Dimensionsbezüge bestätigt: Es wird ‚gefunden', also wird auch gesucht, und was gesucht wird, ist nicht unmittelbar vorhanden. Deshalb können wir hier ein aktives Suchen im Bereich der Vermittlungsebene und kleinere Verstöße gegen schematisches Denken erwarten.

Auch wird ‚verglichen', ‚strukturiert', ‚organisiert' und ‚integriert', was heißt, dass verschiedene Befunde miteinander auf logische Weise kombiniert werden, um ein Ganzes zu ergeben. ‚Abgrenzen' gehört genauso dazu: Grenzen der Analyse werden erkannt, Unterteilungen und Differenzierungen. Diese kognitiven Fähigkeiten sollten auf jeden Fall beherrscht werden.

Auf zwei Gefahren will ich wieder hinweisen, denen wir in Kapitel 3 bereits begegnet sind:

- Bei der Anwendung des Tools wird oft erwartet, dass alle vier semantischen Felder im Text vorkommen. Dies ist nicht unbedingt nötig. Es muss wieder darauf verwiesen werden, dass im Normalfall Natur und Gesellschaft eher vorgefunden werden als Metaphysik und Individualität.
- Bei der Anwendung des Tools werden oft einzelne semantische Felder einfach auf Textelemente gestülpt. Dies erweckt den Eindruck, dass jedes Element, jede Dimension ein einsames Leben fristet. Wünschenswertes Ergebnis einer Interpretation ist aber, den Text als einheitliches Ganzes zu erfassen. Hilfreich ist dabei oft, einen ‚naiven' Blick auf den Text zu werfen und Elemente herauszugreifen, die zunächst einmal mit dem Tool nicht in Verbindung gebracht werden können, aber relevant erscheinen. Hilfreich ist auch der Versuch, die verschiedenen Elemente und Dimensionen miteinander in Verbindung treten zu lassen, z.B. moderne und vormoderne Weltsichten.

## Beurteilen / Schaffen

Solide Studierende sind noch nicht überdurchschnittlich. Dazu müssen sie imstande sein, zu *beurteilen* und zu *schaffen*, denn diese sind die höchsten kognitiven Fertigkeiten:

- *Beurteilen* ist im Kontext unseres Analyse-Tools die Fähigkeit, von dem Tool und einer Interpretation Abstand zu nehmen, sie zu ‚beobachten', mit beiden zu ‚experimentieren', sie zu ‚testen' und auf ihre Hinlänglichkeit hin zu ‚überprüfen', manchmal sogar ‚Hypothesen aufzustellen', um zu klären, warum etwas am Tool oder an der Interpretation funktioniert bzw. nicht funktioniert.
- *Schaffen* schließlich kann auf die Erstellung einer vollständigen Interpretation hinauslaufen oder gar auf die Verbesserung des Tools, denn ‚Schaffen' beinhaltet ein kreatives Moment, das diverse Tätigkeiten wie ‚machen', ‚entwerfen', ‚produzieren' oder ‚erfinden' mit einschließt.

Diese beiden kognitiven Fähigkeiten provozieren das Neue in einer Art und Weise, die bei den niederen kognitiven Fähigkeiten nicht möglich ist. Neue Wege kann man hier aber nur gehen, wenn die niederen kognitiven Fähigkeiten gut beherrscht werden. Ansonsten fehlen Beurteilung und Kreativität, die notwendige Basis, auf der sich das Neue bilden kann. Richtig Neues geht nur aus Altem hervor, nicht aus dem Nichts. Der geniale Studierende baut deshalb auf dem Soliden auf.

Erlauben Sie mir hier eine etwas überspitzte Analogie des Tools und der kognitiven Fähigkeiten:

- Erinnern und Verstehen bilden eine Art Basis, die über einen engen Kontakt zu ersten, instinktiven Interpretationen eng mit Natur verwandt ist.
- In der Anwendung und Analyse zeigt sich das gesellschaftlich angelernte und verfeinerte Können.

– In der Beurteilung und im kreativen Schaffen zeigt sich erst die Individualität und ein besonderes Etwas, das Interpretation der Metaphysik, die ja nicht von dieser Welt ist, näherbringt.

Der Abstand, der Beurteilung erlaubt, und die Kreativität, die das Schaffen möglich macht, beruhen ihrerseits auf metakognitiven Prozessen. Diese sind für diese Stufen der Kognition unabdingbar und verwandeln das Analyse-Tool in ein Denk-Tool (siehe Kapitel 3).

## Literatur

Anderson, Lorin W., Kratwohl, David R. et al. 2001. *A Taxonomy for Learning, Teaching, and Assessing: A Revision of Bloom's Taxonomy of Educational Objectives.* London: Longman.

Bloom B. S. 1956. *Taxonomy of Educational Objectives, Handbook I: The Cognitive Domain.* New York: David McKay Co Inc.

Candel Bormann, Daniel. 2013. Advanced Literacy and the Place of Literary Semantics in Secondary Education: a Tool of Fictional Analysis. *Semiotica.* Im Druck.

Cummins, Jim. 2000. *Language, Power and Pedagogy: Bilingual Children in the Crossfire.* Clevedon: Multilingual Matters.

## Grundfragen der Interpretations- und Literaturtheorie

V&R

Tom Kindt / Tilmann Köppe (Hg.)

**Moderne Interpretationstheorien**

Ein Reader

UTB 3101.
2008. 282 Seiten, kartoniert
ISBN 978-3-8252-3101-9

Nicht nur für die Literaturwissenschaft ist das Interpretationsproblem von immenser Bedeutung. Dieser Reader versammelt zwölf grundlegende Aufsätze zum Interpretationsproblem.

Jeder der Aufsätze wird mit einleitenden Bemerkungen zum Autor, Entstehungszusammenhang und Gegenstand vorgestellt, die Texte werden im theoretischen Spektrum verortet. Einführung und Auswahlbibliografie erleichtern Einstieg und Vertiefung.

Arne Klawitter / Michael Ostheimer

**Literaturtheorie – Ansätze und Anwendungen**

UTB 3055.
2008. 304 Seiten, kartoniert
ISBN 978-3-8252-3055-5
Auch als E-Book erhältlich:
ISBN 978-3-8385-3055-0

Dieses Studienbuch präsentiert den Kernbestand des gegenwärtigen literaturtheoretischen Wissens in Theorie und Praxis. Die maßgeblichen Methoden der Literaturtheorie werden strukturiert vorgestellt und anschließend in einem Anwendungsteil an drei – im Band enthaltenen – Modelltexten erprobt. So ergibt sich ein Überblickskompendium, das in einführenden Veranstaltungen benutzt werden kann und zugleich zum Selbststudium geeignet ist. Die Modelltexte stammen aus verschiedenen Kulturen und Epochen.

Vandenhoeck & Ruprecht